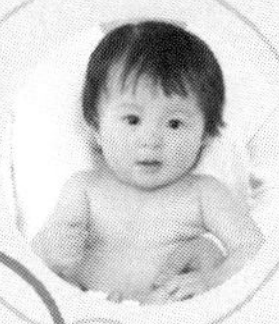

自治体

活動と
地方議会

『議会と自治体』編集部—編

新日本出版社

まえがき

（一）

日本共産党は、二〇一三年の東京都議選、参議院選挙、二〇一四年の総選挙につづいて、二〇一五年四月のいっせい地方選挙でも躍進し、多数の新人地方議員が当選しました。

これをふまえ、日本共産党中央委員会発行の弊誌『議会と自治体』二〇一五年六月号に、「〈必携特集〉新人議員　これだけは知っておきたい（2015年版）党自治体局」を掲載したところ、「すべての議員があらためて学びなおしたい内容」との感想を、数多くいただきました。また、同特集で、参考文献として紹介した、一九九八年の「日本共産党全国地方議員会議での報告・結語」、二〇〇二年の「日本共産党全国地方議員代表者会議での報告・まとめ」などが、現在では手に入りにくくなっているとのご指摘もいただきました。

そこで今回、この「〈必携特集〉新人議員　これだけは知っておきたい」に加筆し、すべての地方議員のみなさんに読んでいただくもの（「一　地方議員　これだけは知っておきたい」）にして収録するとともに、〈必携特集〉で紹介した参考文献を再録しました。自治体活動、議員活動について学んでいただく基本的な論文を一冊にそろえたのが、本書です。

本書は、地方議員のみなさんはもちろん、地方政治に責任を負う地方党機関のみなさんや、自治体にむけた要求運動にとりくむ党支部のみなさんにとっても、大いに役立つ一冊となっています。

二〇一五年六月現在で、都道府県と市区町村をあわせた自治体数、千七百八十八にたいして、日本共産党の地方議員がいる議会数は千四百を超え、議員数で二千八百人を超えています。日本の地方自治制度は、執行機関である首長（都道府県知事、市区町村長）と議事機関である議会（都道府県議会、市区町村議会）の議員を、それぞれ住民の直接選挙で選ぶという、「二元代表制」からなっています。それだけに、自治体の民主的改革をすすめるには、行政へのはたらきかけ、議会へのはたらきかけ、それぞれが重要になりますが、いずれの活動にも、各地域で奮闘する日本共産党の地方議員がおおきな役割をはたしています。

本書が収録した論文・報告等は、その多くが地方議員に向けたものですが、同時にそこでしめされている内容は、議会内での議員活動の方向にとどまらず、自治体と地方議会にたいして必要となる総合的な活動を、明らかにしたものとなっています。

（二）

本書の「二」以下の諸報告、文献等は、前述のように、『議会と自治体』二〇一五年六月号での新人議員向け〔必携特集〕で参考文献として紹介されており、「一」の内容を補充するものとなっています。同時に、「二」以下は、それぞれ独自に、現在でも自治体活動、地方議員の活動での指針となっている文献です。

このことを、具体的にみてみましょう。

「一　地方議員　これだけは知っておきたい」（以下「知っておきたい」）は、今日でも党地方議員の活動の基本となっているものとして、一九九八年にひらかれた「日本共産党全国地方議員会議」での不破哲三委員長（当時）の報告で提起された「七つの提案」をあげています。この提案は、日本共産党の議員活動をしていくにあたって、「少なくともこういう角度の問題をしっかり考えてほしいという」ものとして提案されました。本書では、「三　地方政治と議員活動」と題して、この会議での報告・結語の全体を収録しました。

二〇〇〇年にひらかれた第二十二回党大会での党規約改定では、地方議員の活動にかかわり、その議会に議員が一人しかいない場合でも、周辺の自治体の議会の議員とあわせて議員団をつくることとし、議員団に属さずに一人で活動するという議員の同志は一人もいないようにするという、地方議員団の確立が党規約上、明確にされました。これは、適切な単位で党議員団を必ずつくり、すべての議員が原則として議員団で日常の党生活をおこなうようにした、重要な議員活動の方針の発展でした。本書では、「五」でこの党規約改定にかかわる党の報告など諸決定の抜粋を掲載しました。

この第二十二回党大会での党規約改定にかかわる諸決定の抜粋のなかには、このとき明確にされた、地方党機関の〝自治権〟にかかわる部分についても含めて掲載し、地方政治、自治体活動の指導にあたる地方党機関のみなさんの活用にも役立てていただけるようにしました。

この第二十二回党大会での党規約改定をふまえて、さらに地方議員・議員団活動の改善と強化の方向をしめしたのが、二〇〇二年にひらかれた「日本共産党全国地方議員代表者会議」での志位和夫委員長の報告です。この会議では、事前にすべての地方議員のみなさんにおこなったアンケートにつづられた悩みや要望をふまえ、①議員と党支部が支え合い、協力する、②議員と党機関が心の通った関係をきずく、③議員団の確立と強化——の「三つの努力目標」が提案されました。本書の「四『自治体らしい自治体』取り戻す、希望ある地方政治の流れ大きく」のなかで、この提案がおこなわれています。

地方議員を対象にした二つの全国会議（一九九八年、二〇〇二年）の報告で、共通して日本共産党の議員活動の方針の基本として紹介されているのが、「人民的議会主義」という言葉です。若いみなさんには聞きなれない言葉かもしれませんが、一九七〇年七月にひらかれた第十一回党大会で、直接には国会での活動について、解明された方針をさす言葉です。同年の翌八月にひらかれた「日本共産党第一回地方議員全国研究集会」で、不破哲三書記局長（当時）が、人民的議会主義にもとづく自治体活動の方針について報告しました。これが、本書の「六」に収録した「自治体活動と人民的議会主義——第一回地方議員全国研究集会での最終報告」です。

このなかでは、第十一回党大会が、「議会活動の三つの任務」として定式化した人民的議会主義の方針は、基本的な点において地方議会での活動にも共通するものであることをのべています。この「三つの任務」の内容は、地方議会での今日的な言葉で表現すれば、①その自治体の政治・行政の実態を住民の前に明らかにする、②住民のための改良の実現をはじめ、住民要求を自治体行政に反映させる、③革新・民主の自治体の確立をめざすとともに、民主勢力が地方議会の多数派となり、それによって自民党政治のもとでも、それぞれの地方で民主的な地方政治を樹立する可能性を追求する、というものです。また、「自治体活動と人民的議会主義」のなかでは、『なんでも反対』『なんでも賛成』の誤り」、「法案審査の三つの基準」なども紹介されています。これらは、今日なお、自治体活動、地方議会での活動の基本方針として、実践的意義をもちつづけているものです。

（三）

本書は、自治体活動、地方議会での活動の方針とともに、日本共産党の地方政治論の基本についても、学ぶことのできる内容になっています。

「一」の「知っておきたい」では、社会変革の事業のなかでの地方政治への党のとりくみの位置づけを明確にしている党綱領からときおこし、二〇一五年一月にひらかれた第二十六回党大会第三回中央委員会総会（三中総）の報告を引いて、最新の地方政治論の要点を紹介しています。同報告では、安倍政権がかかげる「地方創生」「アベノミクスの地方への波及」などにたいする見方を明確にするとともに、本当の地方再生の対案をかかげた「四つの対決点」をしめしています。

本書には「二」で、この三中総のいっせい地方選挙関係部分の全文を収録しました。

「三」と「四」に収録した、二つの地方議員を対象にした全国会議の報告は、今日の党の地方政治論の基礎となっている文献です。

「三」の一九九八年「日本共産党全国地方議員会議」での報告では、七〇年代の革新自治体の流れを、自民党政治が八〇年代から九〇年代にかけて、自治体が「開発会社」に変わったといわれるまでに、どのように変質させてきたかが解明されました。この「地方自治の本旨」を投げ捨てた自治体の現状は、今日も都道府県や大都市の多くにみられる状況です。同時に、革新・民主の自治体が「自治体らしい自治体」として、日本の地方政治に対照的なもう一つの流れを広げつつあることを明らかにしています。これも現在、保守層との共同でこの流れがいっそう広がってきており、今日に通ずる指摘となっています。

「四」の二〇〇二年「日本共産党全国地方議員代表者会議」の報告は、その後の数年の新しい特徴として、一方では、自治体での「逆立ち」政治がいよいよゆきづまり、「自治体が自治体でなくなる」というべき変質がすすむなか、さまざまな矛盾がふきだしていること、他方では、そのなかで本来の「自治体らしい自治体」を取り戻そうという、新しい希望ある変化が全国各地で生まれつつあることを明らかにしました。合併押しつけと地方財政切り捨てにたいするたたかい、自民党政治の地方でのゆきづまりが、いくつかの県政、市町村政で、「住民が主人公」の方向への新たな変化と胎動となってあらわれていることを紹介しています。

一九九八年と二〇〇二年の地方議員の全国会議での解明は、十数年を経過したいま、今日の地方をめぐる矛盾がどのような経過をたどって形成されてきたのか、地方での保守層を含めた共同はどのように発展してきたのか、つかむことができるものとなっています。これらは、今日の党の地方政治論の理解を深めるうえでも、ぜひ学んでほしい文献です。

＊＊＊

「二」の「知っておきたい」のなかで、詳細は参考文献を参照してほしいとしている党の文献で、『新・必携　地方政治　これだけは知っておきたい』（『議会と自治体』編集部編、新日本出版社刊、以下『新・必携』）に掲載している「請願にどうとりくむか」、「ふまえておきたい予算編成のしくみと流れ」の項目は、本書に収録せず、『新・必携』にゆずりました。

『新・必携』には、「自治体予算の調べ方」、「地方財政、地方交付税のしくみと特徴」などの項目も掲載し、同書は、地方政治にとりくむうえでの、絶好の入門書となっています。

この『新・必携』を、本書とあわせてお手元においていただければ幸いです。

本書が、地方議員、地方党機関、党支部などのみなさんの、地方政治へのとりくみの一助となることを心より願っています。

二〇一五年六月

『議会と自治体』編集部

目次

四　「自治体らしい自治体」取り戻す、希望ある地方政治の流れ大きく

六　自治体活動と人民的議会主義……………………不破哲三　273

――第一回地方議員全国研究集会での最終報告（一九七〇年八月二十六日）――

一　地方議員　これだけは知っておきたい

党自治体局

はじめに

二〇一五年のいっせい地方選挙で日本共産党は、前半戦（道府県議選・政令市議選）で党史上初めて全国四十七すべての都道府県議会に議席をもつなど、六十議席の躍進をし、後半戦（市区町村議選）でも六十二議席を増やして、「全体として躍進という結果を獲得することができました」（二〇一五年四月二十七日　常任幹部会声明）。日本共産党は選挙後、さっそく、戦争法案阻止をはじめ、安倍政権の暴走政治と対決し、平和・民主主義・暮らしをまもる国民的大闘争を発展させるとともに、国民の期待に応え、強く大きな党をつくるとりくみにふみだしています。

日本共産党の地方議員のみなさんには、選挙で掲げた公約の実践のためにも、安倍暴走政治に反対する草の根の共同をひろげて、議会で意見書を採択していくことや、議会質問で切実な住民要求についてとりあげていくことなども重要になるでしょう。これには、地方議会のしくみをよく身につけておくことが必要になります。

また、住民要求の自治体への届け方についても、行政に直接届ける場合、議会に届ける場合など、実現のために効果的な方法をえらぶためには、自治体交渉、議会への請願・陳情や、生活相談のすすめ方なども、よく知っておくことがもとめられます。

党の地方議員としての党活動・党生活をどうすすめていくかということについては、これまでだされている党の方針をふまえていくことも重要です。

本稿は、こうした党の地方議員としての活動をすすめるうえで、知っておきたい内容をとりまとめたものです。

すべての地方議員のみなさんはもちろん、指導、援助にあたっていただく地方党機関のみなさん、地方議員と自治体にたいする要求運動をともにする党支部の方にもお読みいただき、また議員団として、今後の活動に役立てていただければ幸いです。

なお、以下の記述で単に「法」と表記されている場合は、地方自治法をさします。

1　地方議会のしくみと議会・議員の権限

地方議会のしくみは、どうなっているのですか。また、議会・議員の権限はどのようなものがありますか。なぜ、議会のしくみやルールを研究することが大切なのでしょうか。

地方議員のみなさんの活動の一つに、議会内でおこなう行政当局や他会派との質問・論戦があります。そのためには、地方議会のしくみや議会・議員の権限などを、きちんとつかんでおくことが必要です。議会とは、「独特のルールをもった政治闘争の舞台」とされています（「自治体活動と人民的議会主義――第一回地方議員全国研究集会での最終報告」不破哲三、本書三〇五ページ）。そしてこのルールを研究することは「議会で効果的にたたかうためであり、その反動的反民主的なしくみを効果的にうちやぶって、自治体の民主的刷新という仕事を効果的にすすめるため」に必要なことです（同、本書三〇六ページ）。

しかし、地方議会のしくみなどに触れると、難解な行政用語などが次つぎに出てきます。こうした行政用語については、行政当局にたいして住民にもわかるような言葉で説明するよう要求したり、わからない場合には遠慮なく行政にたずねることが大切です。また、地方自治体で定着した言葉もあり、こうした用語にはくりかえし接することで理解が深まるものです。はじめはわからなくても、先輩議員などからアドバイスを受け、自分でくりかえし学ぶうちに身についてくるでしょう。

一　地方議会の権限としくみ

日本の地方自治体は、執行機関である首長（都道府県知事、市区町村長）と議事機関である議会（都道府県議会、市区町村議会）という、住民の直接選挙で選ばれた二つの機関でつくられています。首長と議会がそれぞれ独自の権限と役割を持ち、相互にチェック・アンド・バランス（抑制と均衡）の関係を保ちつつ、全体として、住民から選ばれた地方自治機関としての役割をはたすというのが、憲法と地方自治法で規定した現在のわが国の地方自治制度のしくみの特徴です。これを「二元代表制」と呼んでいます。

これにたいして日本の国会と政府との関係は、国会議員は国民から選挙で選ばれますが、内閣総理大臣は国会議員のなかから国会の議決で選ばれるという「議院内閣制」をとっています。日本の国会が憲法で「国権の最高機関」、「国の唯一の立法機関」とされ、内閣は国会にたいして責任を負うというしくみになっているのにたいして、地方自治では、首長も直接住民から選挙によって選ばれます。そのため、首長には大きな権限が与えられています。

地方議会の権限

議事機関という意味は、住民から選ばれた地方議員が、住民の代表として、議会の権限を行使して地方自治体の意思決定を合議によっておこなう機関、ということです。

地方議会は、その基本的機能として、①それぞれの地域住民の意思を代表する機能、②自治立法権にもとづき、条例の制定、予算の議決をはじめ、自治体の行政の基本をきめる機能、③行政執行機関を監視し、公正で民主的、効率的な行政がおこなわれるように批判・監視する機能、をもっています。

地方議会は、この基本的機能をはたすために多くの権限をもっています。地方自治法では、おもに第九十六条から第百条の二までに定めてあり、また、『議員必携』（第十次改訂新版　全国町村議会議長会〔編〕学陽書房刊、四〇ページ、以下『議員必携』）では、十一の権限が説明されていますが、ここでは、大きくわけて次の五つの権限にまとめて紹介します。ここでの権限は議会にあるのであって、議員個人にあるという意味ではありません。

なお、『議員必携』は、全国町村議会議長会が編集したものですが、町村議員だけでなく、すべての地方議員にとって参考になる文献です。ぜひ、活用してください。

(1) 議決権

議決権には、地方自治体という団体の意思を決定するもの（条例や予算の決定、契約の締結など）と議員の提案にもとづいて議会という機関の意思を決定するもの（意見書・決議の決定など）などがありますが、これらは議会に与えられているもっとも重要な権限です。地方自治法第九十六条には、議会の議決すべき事項が、①条例の制定・改廃、②予算の議決、③決算の認定、④地方税の賦課徴収、分担金、使用料、加入金、手数料等の徴収など、十五項目にわたってしめされています。

(2) 選挙権

議会は、法律またはこれにもとづく政令によりその権限に属する選挙をおこなわなくてはなりません（法第九十七条第一項）。議長、副議長などの議会の内部組織の構成員（法第百三条第一項）と選挙管理委員及び補充員の選挙権（法第百八十二条第一項、第二項）などがあります。

(3) 執行機関への監視、監督権

議会は、①自治体の事務にかんする書類及び計算書の検閲、事務の管理、議決の執行と出納の検査（法第九十八条第一項）、②監査委員にたいする監査と監査結果にかんする報告の請求（法同条第二項）、③副知事（副市区町村長）、監査委員、教育長、教育委員などの人事にたいする同意などの権利があります（法第百六十二条、第百九十六条第一項、地方教育行政の組織及び運営に関する法律第四条第一項、第二項）。また、④調査権として、地方自治法第百条は、自治体の事務にかかわる問題で、選挙人その他の関係人の出頭、証言、記録の提出を請求でき、刑罰規定をもつ強力な権限を定めています（第一項から第十一項、いわゆる百条調査権）。この権限は、汚職腐敗事件などの追及に強力な役割を発揮しています。

さらに、⑤議会には、長にたいする不信任議決権があります（法第百七十八条）。

(4) 意見表明権

地方自治法第九十九条は、自治体の公益に関する事件について、関係行政庁に意見書を提出できることになっています。二〇〇〇年の地方自治法の改正により、国会にたいしても意見書が提出できることになりました。最近では、「集団的自衛権の閣議決定の撤回を求める意見書」、「秘密保護法の廃止・撤廃を求める意見書」や、「消費税率の引き上げに反対する意見書」、「環太平洋戦略的経済連携協定（ＴＰＰ）に反対する意見書」など、国政の重要課題や国民の切実な要求をかかげた意見書が、多くの地方議会で議決され、大きな政治的影響をもたらしています。

また、法令にもとづかないものでも、議会の意思表明としておこなわれる決議、宣言（たとえば、「非核・平和自治体宣言・決議」）なども同様に、この意見表明権にもとづくものです。

（５）自律権

自律権とは、議会がその内部組織、運営について、法令の定める範囲内において、どこからの干渉も受けないで自主的に決定する権限です。議会の会議規則の決定や住民の請願、陳情を審査し、議会の意思決定をすること、などです。

地方議会の会議

議会では、さまざまな会議が開かれますが、代表的なものは本会議と委員会です。

（1）地方自治法、会議規則、委員会条例

地方自治法では、「第六章　議会」の章に、議会の組織、権限などが定められています（第八十九条から第百三十八条）。そのなかで法第百二十条は、地方自治体の議会が、会議規則を設けることを義務づけています。会議規則は、都道府県議会、市議会、町村議会のそれぞれに、各議長会が例示した標準都道府県議会会議規則、標準市議会会議規則、「標準」町村議会会議規則があり、これを参考にして各議会の会議規則がつくられています。会議規則は、地方自治法や会議原則にしたがって会議の運営の細かい手続きを決めたものです。

委員会については、法百九条で、条例で置くことができるとされ、これもそれぞれ、標準都道府県議会委員会条例、標準市議会委員会条例、「標準」町村議会委員会条例があり、各議会はこれを参考にして、委員会の設置、運営について決めています。

それぞれの議会の会議規則や委員会条例に、まずざっとでも目をとおしておくことが大切です。そして、少しずつでもその内容を検討し、その活用に熟達するとともに、必要な場合は、民主的改善を求めていきましょう。

（2）定例会と臨時会

定例会とは、定期的に招集される議会のことで、「定例会は、毎年、条例で定める回数これを招集しなければならない」（法第百二条第二項）と規定されています。全国市議会議長会の調査（二〇一四年九月）では、九九・八％の市議会が年四回開くことを条例で定め、二月～三月、六

月、九月〜十月、十一月〜十二月に議会が開かれています（全国市議会議長会「平成二十六年度市議会の活動に関する実態調査」、八百十二市の調査結果）。

一方、二〇一二年の地方自治法の改正で、議会は、条例の定めにより、定例会・臨時会の区分を設けず、通年の会期とすることができるとされました。内容は、①議会は、条例に定めることにより、「定例会及び臨時会とせず、毎年、条例に定める日から翌年の当該日の前日までを会期とすることができる」（法百二条の二第一項）こととし、②この場合「議会は、条例で、定期的に会議を開く日（定例日）を定めなければならない」とされています（法同条の二第六項）。また、③長は、議長にたいし「会議に付議すべき事件を示して定例日以外の日において会議を開くことを請求することができる」（法同条の二第七項）とされました。

臨時会は必要がある場合に特定の事件にかぎり審議するために開かれるもので、回数に制限はありません（法百二条第三項）。

（3）議会の招集

議会の招集は首長の権限でおこなわれます（法第百一条第一項）。また、①議長は、議会運営委員会の議決を経て、長にたいし、会議に付議すべき事件を示して臨時議会の招集を請求することができ（法同条第二項）、さらに、②議員定数の四分の一以上の議員は、長にたいし会議に付議すべき事件を示して臨時議会の招集を請求することができます（法同条第三項）。そして、③として、①と②の規定による請求があった場合、長は請求のあった日から二十日以内に臨時議会を招集しなければなりません（法同条第四項）。①と③の規定は、二〇〇六年の地方自治法の改正で新たに加わりました。

さらに、法同条第二項の議決を経て、議長から長にたいして議会の招集請求のあった日から二十日以内に、長が臨時会を招集しないときは議長が臨時会を招集することができます（法同条第五項）。また、法同条第三項により、長にたいし招集請求のあった日から二十日以内に長が臨時会を招集しないときには、議長は請求者の申し出のあった日から都道府県と市の場合は十日以内に、町村の場合は六日以内に臨時会を招集しなければなりません（法同条第六項）。この二点は、二〇一二年の地方自治法の改正で新たに加わりました。

議会の招集は、議会の開会の日の前、都道府県、市の場合は七日前、町村の場合は三日前までに告示（議会を開くことを議員および一般住民に公式に知らせること）しなければなりません。ただし、「緊急を要する場合は、この限りでない」とされています（法同条第七項）。

なお、議案や説明資料の配布については、『議員必携』でも「議事日程とともに早く議員に配布して、議案の事前検討ができるよう議会事務局に手配させることが望ましい」（一〇九ページ）と述べています。ひどい例は、議員が議場に入ってからはじめて議案が配布されるということがあります。こうしたところでは、事前に配布させるよう改善させましょう。

（4）本会議

全議員で構成される会議で、地方自治法で定められている議会の議決、同意、決定、承認、採択などは、本会議で決められてはじめて効力を生じます。

(5) 委員会

議会は、条例で、①常任委員会、②議会運営委員会、③特別委員会を設置することができます(法第百九条第一項)。委員会は、本会議から付託された議案や所管事項を専門的に調査、審議するものです。委員会では、発言への制約条件が少なく、修正案の提出が一人の議員でもできるなど、専門の分野についての調査、審議を深める条件がありますので、よく研究して臨み、住民要求実現のため積極的に活用しましょう。

①常任委員会

常任委員会は、「その部門に属する当該普通地方公共団体の事務に関する調査を行い、議案、請願等を審査する」ことになっています(法同条第二項)。常任委員会は、実質的な所管事務、議案、請願、陳情などの調査、審議をおこないますので事前によく準備して臨みましょう。委員会条例では、常任委員会の名称、委員の定数及び所管、任期などを定めています。

②議会運営委員会

議会運営委員会は、①「議会の運営に関する事項」、②「議会の会議規則、委員会に関する条例等に関する事項」、③「議長の諮問に関する事項」について調査をおこなうほか、「議案、請願等を審査する」とされ、議会の運営に重要な役割をはたすものです(法同条第三項)。会派制度をとっている議会の場合、少数会派からも委員を選ぶなど、いろいろな意見をもつ議員が広く選ばれるようにする民主的運営の保障を求めることが大切です。

多数会派による横暴な議会運営がおこなわれている場合には、改める努力をねばりづよくおこなうことが大切です。また、全会派が一致して議会運営をすすめていくことなど、民主的な運営がはかられるよう努力する必要があります。

議会運営委員会の設置、定数、委員の任期については、委員会条例で定めます。

③特別委員会

特別委員会は、「議会の議決により付議された事件を審査する」（法同条第四項）もので「特定の付議事件の審査のために設けられるもの」（松本英昭著『新版　逐条地方自治法〈第7次改訂版〉』学陽書房刊、四二一ページ、以下『新版　逐条地方自治法』）です。委員の選任などは委員会条例で定められますが、議会全体の意思が公正に反映されるよう、少数会派を特別委員会に加えないなどという不当なやり方をやめさせ、民主的な構成にさせることが重要です。

（6）全員協議会

全員協議会は、議員が長の招集など正規の法的手続きなしに集まって論議する会議でしたが、二〇〇八年の地方自治法の改正で、会議規則に定めることにより、「議案の審査又は議会の運営に関し協議又は調整を行うための場を設けることができる」（法第百条第十二項）とされ、法律上にも位置づけられました。

全員協議会の運営

その運営については、①全員協議会の招集は、「議長のみの判断だけでなく、議会運営委員会に諮ることも必要な場合がある」こと、②全員協議会の傍聴は、「委員会と同様に考えられ、議長が判断することになる」こと、③法定の会議であることから、「会議の概要、出席議員の氏名等必要な事項を記載した記録を作成する必要がある」こと、④「協議や調整の経過について住民が知り得るような配慮が必要である」こと、⑤「必要に応じて、町村長その他の執行機関の職員や行政委員会の委員等に出席を求めることができるように措置しておく」ことが大切です（『議員必携』一八〇ページ）。

全員協議会の開催例

全員協議会は、①「議会自体の行事や運営・活動について協議したり、意見調整をする」場合、②「本会議の審議の過程で、必要に応じて、議会を休憩して話し合いをする場合」、③首長が、「議会に提案予定の案件についての事前説明を行う場合」、「行財政運営上の重要問題」等について議会の意見を聞く場合、などに開催されます（同、一八〇～一八一ページ）。

開催に当たって、②の場合は、「その後の本会議の運営が円滑に進められる長所がある」ものの、「本会議の機能を代替するものではなく、また、すべてが公開の場で協議されるとも限らないので、必要最小限度にとどめるべき」とされています（同、一八一ページ）。また、③の場合、「議員にとって、行政内容あるいは提出議案について、理解を深める機会にもなっているが、本会議や委員会と同様の実質審議となることがないよう、節度を持って運用すべき」としています（同ページ）。

おもな会議の原則――地方自治法および会議規則に規定されている原則

議会の会議の基本的なしくみやルールをよく知り活用することは、議員活動を効果的にすすめるうえで、また、「政治を変革するため」(「自治体活動と人民的議会主義――第一回地方議員全国研究集会での最終報告」不破哲三、本書三〇六ページ)にも非常に大切です。

①議事公開の原則

地方自治法第百十五条第一項は「普通地方公共団体の議会の会議は、これを公開する」と定めています。公開の内容には、会議の傍聴の自由、報道の自由、会議録の公開・閲覧の自由があるとされています。ただし、例外規定として秘密会(一定の条件のもとに公開を停止することができること)があります。

しかし、この法の規定は、本会議について定めたもので、少なくないところで「委員会は、議員のほか、委員長の許可を得た者が傍聴することができる」(「標準」町村議会委員会条例第十七条)ことを理由に、公開の原則を制限しているところがあります。しかし、『議員必携』でも、「委員会の審査の質を高めるという観点からも、特別の支障のない限り、原則公開として、できればすでに一部で試みられている有線放送やインターネット中継の利用等必要な条件整備をする配慮が望まれる」(一七三ページ)とのべています。

なお、全国市議会議長会の前出「平成二十六年度市議会の活動に関する実態調査」によると、常任委員会を原則自由公開している市は三百二市（三七・二％）で、制限公開している市は五百三市（六一・九％）となっています。同様に、議会運営委員会は、原則公開している市が二百七十四市（三三・七％）、委員長・委員会の許可により公開している市が五百四市（六二・一％）となっています。今回の調査では、常任委員会を原則公開している市は約四〇％となっており、四年前の調査に比べて一〇ポイント以上増加しています。

委員長・委員会の許可により公開がおこなわれているところでも、常任委員長が許可して傍聴することができるようになっている議会もある一方、常任委員長が許可せず、傍聴することができない議会も少なからずあり、原則公開を委員会にも適用させるよう、議会運営の民主化をすすめる必要があります。

②定足数の原則

地方議会は「議員の定数の半数以上の議員が出席しなければ、会議を開くことができない」（法第百十三条）ことになっています。

③過半数表決の原則

「議会の議事は、出席議員の過半数でこれを決」するという規定（法第百十六条第一項）がこの原則です。可否同数の場合は、「議長の決するところによる」（法同条同項）とされています。ただし、特別多数議決といって、重要問題については特別の多数で議決をしなければならないことになっています。たとえば、事務所（都道府県、市区町村の庁舎）の位置を定めたり変更する場合には、出席議員の三分の二以上の賛成が必要ですし（法第四条第三項）、長の不信任議決には、議員の三分の二以上の出席でその四分の三以上の同意が必要（法第百七十八条第三項）などです。

④議員平等の原則

すべての議員は、議員としてその経験年数、年齢、性別、社会的地位、思想信条、所属政党などにかかわらず、対等平等の権利をもちます。一人一票の表決権、選挙権、討論・発言の自由、多数決議決、少数意見の尊重などはこの原則にたっています。少数会派を理由とした発言回数・時間の制限などは、この原則から逸脱したものです。こうした点については、住民にも知らせ、ねばりづよく改めさせていくことが大切です。

⑤一議事一議題の原則

議長は、一件ごとに議題として審議することを定めた原則です。ただし、同じような種類の議題がある場合には、例外として一括して審議することもできます。

⑥一事不再議の原則（会議規則に規定）

一度議決された事件については、同一の会期中にはふたたび審議の対象とはしない、ということです。この原則は、地方自治法には規定されていませんが、それぞれの会議規則で定めています。「標準」町村議会会議規則では、第十五条にその規定があります。ただし、長から議会がおこなった条例の改廃や予算の議決について異議があるときには、十日以内に理由をしめして再議を求めることができます（法第百七十六条第一項）。この場合、議会が同じ議決をするには、三分の二以上の同意が必要になります（同法同条第三項）。

⑦会期不継続の原則

会期中に決定されなかった議案は、審議未了、廃案となります（法第百十九条）。ただし、議会の議決によって、継続審査にすることができます。

⑧委員会審査独立の原則

委員会は、付託された議案の審査について、「全く独自の立場に立って、独立した見解で審議を行い、本会議からなんらの干渉や制約も受けないという」原則です（『議員必携』七一ページ）。

⑨公正指導の原則

公正指導とは議会の議長のあり方にかんする原則のことで、議長は特定の党派の立場にかたよらないで、公正な議会運営をおこなうべきである、ということです。

そのほか、会議の原則としていくつかあげられていますが、大事なことは、住民の代表としての議員の立場に立って、これらの会議の原則を活用して活動をすすめることです。慣習的な原則については、議会制民主主義と住民本位の立場から、よりよい会議原則をかちとっていくことも必要です。

二　地方議員の権限

地方議員は、住民の利益をまもるために、議会の機能や権限を生かして、真に自治体としての使命と役割をはたすことができるよう活動することが求められています。そのために、地方議員にはさまざまな権限があたえられています。しかし、この権限にも以下でみるように、人数要件など不当な制約が設けられている場合があります。地方議員が、この権限を活用するためにも、議会の民主化のたたかいとしてとりくんでいく課題が多くあります。

(1) 発言権

議会は、〝言論の府〟であり、議員活動の基本は言論です。そのため、議会における議員のもっとも重要な権利は「発言の自由」であるといわれており、議員には、自由な論議が基本的に保障されています。地方自治法や会議規則で「議員は、無礼の言葉(注)を使用し、又は他人の私生活にわたる言論をしてはならない」(法第百三十二条)などのルールは当然ありますが、「もしも言論の自由がなくなれば、議員は、その職責を果たすことは、とうてい不可能である」(『議員必携』一二七ページ)とされるほど重要なものです。

(注)「無礼の言葉」とは、「議員が議会の会議に付された事件について、自己の意見や批判の発表に必要な限度を超えて、議員その他の関係者の正常な感情を反発する言葉をいう」とされています(札幌高裁判決　昭和二十五年十二月十五日、『議員必携』、一三四ページ)。

しかし、実際には質疑、一般質問、討論にあたって、少数会派の議員の発言の機会などを不当に制限するなどしているところが少なくありません。こうした不当な制限などをやめさせていくたたかいが重要です。

なお、二〇一二年の地方自治法改定で、長等の議場への出席義務について「正当な理由」がある場合の解除規定が盛り込まれました（第百二十一条第一項ただし書き）。しかし、「正当な理由」の判断権限は長等の側にあると説明されており、この乱用は、議会が行政機関にたいするチェック機能を発揮するうえで障害となるものです。健康上の理由、災害対応など、真に必要となる場合以外には、これまでどおり、長等を出席させることが重要です。

①質疑

議題となっている議案などにたいし、討論、表決をおこなう前提として、その内容を明確にするために疑義をただすことを言います。多くの議会の会議規則には、質疑は、議題外にわたってはならないという制限があり、質疑の回数にもルールを設けているところもあります。

②質問（一般質問、緊急質問）

議員は、その自治体の行財政全般にわたって執行機関に疑問点をただして、首長にたいして所信の表明を求めることができます。このことを質問といいます。前述した議案にたいする質疑とともに、選挙中の公約実現のために、欠かすことのできないものです。

議員がおこなう質問には、一般質問と緊急質問があります。一般質問とは、自治体の一般事務についておこなうもので、議長の許可を得ておこない、定例会におこなわれます。緊急質問とは、「緊急を要するときその他真にやむを得ないと認められるとき」（「標準」町村議会会議規則第六十二条）に、議会の同意を得ておこなう質問で、定例会でも臨時会でもおこなうことができます。

この議員がおこなう質問権は、「町村の重要な意思を決定し、住民に代わって行財政の運営を監視する権能を有する議会の構成員である議員が、行財政全般について執行機関の所信や疑義をいつでもただすことができないとその職務を十分果たすことができないから、議員固有の権能として与えられているもの」とされています（『議員必携』、一四八～一四九ページ）。そして、質問の範囲は、自治体の「行財政全般」とされ、「具体的には、自治事務、法定受託事務であるとを問わず、町村が処理する一切であって、一般行政はもちろん、教育、選挙、農地行政等全般に及ぶもの」とされています（同、一四九ページ）。

一部の議会で「一部事務組合に関することは一般質問になじまない」とか「一般質問がおこなえるのは年〇回」などと質問内容を制限したり、質問をさせない定例会を設けているところがありますが、上記の趣旨を逸脱したものですから、改善を求めていくことが必要です。

一般質問は、ほとんどのところで会議規則に定められた期間内に、議長に質問の要旨を通告しなければならない規定があるので注意しましょう。また、質問回数も無制限としているところもありますが、多くのところでは回数を〇〇回と会議規則で定めています。質問の順序は、議長が定めます。

③討論

討論とは、表決がもとめられる議案にたいしての賛否の意見を表明することです。討論は、議長の許可を受けること、一議題につき一議員一回の発言が認められること、討論は賛否交互におこない、反対者に最初発言させることなどが会議規則で定められています。

なお、秘密会の発議（法第百十五条第一項、第二項）など、法や会議規則で規定がある場合に、

「討論を行わないで」採決することが規定されています（秘密の内容に触れるため）。ただし、「議会運営の簡素化」などとして、必要な討論を省略するような議会運営は改めさせていくことが必要です。

（2）議案提出権

議員には、議会で議決すべき議案の提出権があります。ただし、予算案や人事案件は首長にだけ発案権があるため、この提出権から除かれます（議員の提案による予算の修正は可能）。条例などの団体意思の決定（議会による議決がその自治体の意思となるもの）にかかわる議案は、議員定数の十二分の一以上の賛成がなければ提出できないようになっています（法第百十二条第二項）。なお、二〇〇六年の地方自治法の改正で、常任委員会も、地方公共団体の事務に関するものについて議会に議案を提出することができるようになりました（法第百九条第六項、第七項）。一方、意見書の提出など機関意思の決定にかかわる議案は、法律の制約はありません。

多くの自治体では、党議員団が議案提出権を使って子どもの医療費助成対象年齢を引き上げる条例案などを提案し、成果をあげています。また、議案提出権を行使する場合には、議会事務局の協力を得ることも大切です。

（3）資料を提出させる権限

さきにのべた議会の権能からみて、その本来の役割をはたすためには、審議に必要な資料をきちんと十分に提出させる必要があります。「情報公開なくして民主主義なし」といわれているときに、議会にたいして情報の公開、資料の提出があまりにも不十分な自治体がしばしば見受けられます。たとえば、予算や決算の説明資料が少なく、内容がよくわからないとか、各種の条例制定・改定のさい、そのくわしい内容の資料や、地域住民への影響などの資料が十分提出されていない例、などです。

地方自治法は、首長にたいして、①首長が予算を議会に提出するときには、「政令で定める予算に関する説明書をあわせて提出」しなければならないことを定めています（法第二百十一条第二項）。「政令で定める予算に関する説明書」とは、歳入、歳出予算の事項別明細書、給与明細書、「その他予算の内容を明らかにするための必要な書類」など五項目にわたって定められています（法施行令百四十四条第一項）。

「その他予算の内容を明らかにするための必要な書類」とは、「予算の大要、内訳説明その他積算の基礎となる計数、前年度との比較等を簡潔に示したもの」とされています（『新版　逐条地方自治法』七百四十四ページ）。

法第百二十二条は、首長にたいして、②「その他当該普通地方公共団体の事務に関する説明書」の提出も義務づけています。この場合は、首長にたいし「地方公共団体の事務に関する説明書」の提出を義務づけているわけですから、これらを根拠にして資料の提出を迫っていくことが大切です。なかなか資料が提出されないときには、こうした法的根拠や議会の実態を「民報」や「議会報告」などで住民に知らせ、改善をはかっていくことも必要です。

また、資料要求は、質問の準備などのために議員個人で資料をとる場合のほかに、委員会などで公式に議会に資料を提出させる場合もあります。要求の正当性を当局や全議員にあきらかにできる場合、公式な資料にしておくことが必要な場合も出てきます。こうした判断については、慣れるまで議員団や党機関などに相談しながらおこないましょう。

（4）議会図書室を利用する権限

地方議会は、議員の調査研究を促進するため、図書室を設置することになっています（法第百条第十九項）。「政府は、都道府県の議会に官報及び政府の刊行物を、市町村の議会に官報及び市町村に特に関係があると認める政府の刊行物を送付しなければならない」ことになっており（法同条第十七項）、また、都道府県は、市町村の議会や他の都道府県の議会に、「公報及び適当と認める刊行物」を送付しなくてはなりません（法同条第十八項）。一方、議会には、送付を受けたものを保管する義務が定められています（法同条第十九項）。

しかし、実際には、議会図書室が設置されていないところや、あっても形ばかりのところもあります。議会図書室の設置状況は、町村で四百三町村（四三・四％）と過半数に満たず（全国町村議会議長会「第六十回町村議会実態調査結果の概要」平成二十七年一月）、市議会は「調査していない」（全国市議会議長会調査広報部）状況です。

『議員必携』でも、「未だ図書室を設置していない町村は、できるだけ早い時期に設置して、政府及び都道府県から送付される官報・公報・刊行物等を整理保管し、また議員の調査研究に必要な書類等を整備して、議会の政策形成機能の充実強化に活用したいものである」とのべています（三九ページ）。ときどき、地方議員相談室に議案に関係する法律の内容についての問い合わせがありますが、議会図書室ですぐわかるように、議会図書室に議会の審議に必要な資料や法令などを整備させるなど議会図書室の内容の充実をはかり、いつでも利用できるようにさせていくとりくみが必要です。

2　議会での質問の準備の仕方

定例議会で質問をおこなううえで、どんな点に留意したらよいのでしょうか。

（1）公約の整理と一般質問の準備

定例議会は、多くのところで年四回開かれます。それぞれの議会が開会される前に、党支部とも相談するなどして選挙中に公約した切実な住民要求や、そのほか住民から寄せられた要求を整理し、どのように実現をはかっていくのかを検討しておくことが大切です。そのなかで、①自治体と交渉するなどしてすぐに解決をはかっていくもの、②署名運動など時間をかけてとりくんでいくもの、③これまでの運動をもとに直近の議会でとりあげるもの、などに整理します。

議会でとりあげていく要求については、必ず議員団で相談しましょう。これまでの、その要求での議会論戦の経過や、他の自治体での経験も聞くことができます。政策的に困った場合には、都道府県委員会、地区委員会の指導・援助を受けるようにしてください。

そして、議会でとりあげる要求を決めたら、そのための質問準備を開始します。議会では、議案にたいする質疑の中でもこれに関連する要求については、積極的な対案をしめした質問でその実現をせまることに心がけましょう。ここでは、一般質問による要求実現の方法、要求実現の具体例についてのべてみます。

なお、公約の実現に関連して、一部の自治体で広がっている「議会基本条例」の考え方のなかに、長に対抗するには議会での「合意形成」を基本にすることが重要などとして、「与党、野党で対立するより、議会がまとまることが大事」、「それぞれの議員の公約を絶対とするより、議員相互の議論で議会が一致するために、住民に説明して公約から変わることも大事」などの議論が出される場合があります。もちろん、意見書の提出など一致点にもとづく「合意形成」に努力することは大切ですが、そのことと異なる考え方のすり合わせをめざすことを議会審議の日常の基本方向としてよいかは、別の問題です。上記の議論は、政党の役割や公約の重要性を否定する議論に行き着くものとなりかねません。こうした議論に警戒していくことが必要です。

（2）一般質問のテーマを決める

まず、議会でとりあげる一般質問のテーマを前述した相談をふまえ、決めることからはじめましょう。たとえば、公約したものや切実な住民要求には、「国民健康保険料（税）の引き下げ」、「子どもの医療費の無料化――対象年齢の拡大について」、「○○道路の整備について」「○○へのカーブミラーの設置について」などいろいろあると思います。また、福祉・教育、都市計画、環境問題、農業など自分の得意な分野があれば、その中から住民要求を考慮し質問のテーマを決めるとよいでしょう。

(3) 重要な現場の調査活動

テーマが決まったら調査をおこないます。党議員の質問は、当局も他会派も注目して見ています。議会は、住民要求を実現するための論戦の場ですから、質問の裏づけになる住民の生の声をつかむことが、論戦を深めるうえで欠かすことができません。そのためにも現地の調査が大変重要です。調査でつかんだ現場の実態や住民のリアルな声を示すことにより、要求の正当性を主張できるからです。たとえば、国民健康保険（国保）の問題(注)でしたら、国保料（税）が高くて払いきれない住民、資格証明書を発行された住民などの生活実態、健康状態、受診状況などをよく調べることです。

質問準備の原則は、①必ず現地へおもむくこと、②住民（当事者）や関係者の生の声を聞くこと――このことを常に握って離さないようにしましょう。

（注）国民健康保険については、二〇一五年五月二十七日、国保法など医療保険制度改悪法が国会で成立し、二〇一八年度から財政運営の責任主体を都道府県に移すことになっています。国

保料（税）の平準化による値上げや国保料（税）の徴収率の向上などを誘導する仕組みが導入されますが、市町村ごとに国保料（税）を決め、徴収事務などをおこなうしくみは変わりません。

（4）要求の正当性を裏付ける資料を集める

つぎに、こうした要求の正当性を裏付ける資料を収集します。前述の国保問題であれば、まず、国保制度の大まかなしくみについて、先輩議員や地区内の議員（団）、民医連（全日本民主医療機関連合会）や民商（民主商工会）の方など、国保制度に明るい人にレクチャーを受けるとよいでしょう。すぐに全部理解することは困難かと思いますが、わからないところを何回も聞くと身についてくるものです。そのうえで資料の収集は、まずは自分の自治体の実態を掌握することからはじめます。お年寄り、自営業者、国保加入者などの人口割合、世帯構成などがどのようになっているのか、国保料（税）の現在の水準と他の自治体との比較、国保料（税）の収納率、資格証明書・短期証の発行数、一般会計から国保会計への繰入額はどのくらいか、などです。各自治体は、「（市区町村）民のしおり」や福祉の関係資料集などを発行しているところも多くありますのでそれらを入手し、調査の手がかりとすることも大切です。

また、都道府県委員会、地区委員会によっては、社会保障推進協議会などと協力して、自治体の国保の実態などを系統的に研究しているところもありますので、そうした財産を活用することも大切です。

なお、地方議員には、その自治体の『例規集』などが貸与されますので、必要な条例、規則などを調べることを継続しておこなっていくことが重要です。

（5）わからないことは自治体職員などに聞く

地方議員を何期か務めても、わからないことはあるものです。わからないことがあったときには、自治体の職員に臆せずなんでもたずねるという習慣を身につけることに心がけましょう。「地方議員なのだから、職員に聞くのはどうも」という人がベテランになるほどいますが、けっしてそうではありません。「議員は、わからないことを勉強するのが仕事」、「職員は、行政のエキスパート」と割り切って対応することが大切です。

党議員のなかには、「新人議員のときからわからないことがあると、あらかじめ連絡をとって自治体の職員と会い、職員からくりかえしレクチャーを受け、わからない問題を身につけてきた」という経験を持つ人が数多くいます。職員に聞きにいくと、はじめはけげんそうな顔をする人もなかにはいますが、何回も何回もたずねるにしたがい、「○○議員は熱心だ」、「○○議員はよく調べている」と、党議員にたいして信頼と尊敬を寄せてくれるものです。党議員は、自治体職員とそういう関係を築きあげたいものです。職員に事前にたずねることにより、事実と異なった質問をするという失敗を避けることもできます。

（6）周辺の自治体の議員（団）や、都道府県議会議員（団）などと連携・相談する

子ども医療費無料化や多子世帯の保育料軽減など周辺市町村がどこもとりくんでいるような問

題であれば、その比較などの情報を、周辺の自治体の議員（団）からえることも重要になります。都道府県の補助にもとづく場合や、許認可権が都道府県にある場合などは、都道府県議会議員（団）と相談するとよいでしょう。都道府県内の自治体に共通する要求や問題であれば、都道府県委員会の自治体部に連携をお願いしましょう。

また、法律にかかわる問題であるなら民主的な法律事務所と、医療・税金、雇用などにかかわる問題であるなら、関係する民主団体や民主医療機関、労働組合などと相談し、意見を聞くことも大切なことです。そのほか、質問することに関係する出版物を研究したり、専門家に相談したりするなど、さまざまな角度から資料を充実させてください。

（7）議事録を読んで研究する

つぎに、議会の議事録を入手し、先輩議員や近隣の党議員などの質問内容を読んで質問の仕方などを研究しましょう。最近は、議会のホームページから議事録を入手できるところが増えていますので、活用するとよいでしょう。

議事録を読んで研究すれば、まず質問のはじめは、どのように入っていったらよいのか、中心的な内容の質問をどのようにおこなっているか、当局の答弁はどうか、当局が住民の要求をないがしろにする答弁をした時に、それを打ち破るための質問はどのようにおこなっているのかなど、コツがわかるものです。

党の国会議員（団）の国会質問のテレビ中継は、すすんで視聴するようにしましょう。

（8）住民に議会傍聴にきてもらう

議会で質問するときには、関係団体や住民に声をかけ傍聴に来てもらいましょう。みずからの要求がどのようにとりあげられ議論されるのか、住民に直接見てもらうことは、要求実現にとっても、党議員の活動を知ってもらうためにも意義あることです。傍聴者が多いと、行政当局は住民要求にたいしてないがしろな答弁はできず、また、地域住民にとっても、議会や行政の実態がよくわかり今後の運動の力になります。

（9）議会外の運動と連携し、要求実現へねばりづよく

一回の議会質問では、公約や要求の実現にいたらない場合のほうが多いものです。その場合でも、その後の議会で、角度を変えたり、新たな材料をもとにするなど、くりかえしとりあげていくことが、もちろん大事です。同時に、住民とともに運動をおこして、行政や議会が考慮せざるをえなくなるような、地域の世論をつくりあげていくことが重要です。こうして、一期目は無理だったが、二期目で実現したとか、最後は、他会派も同じ要求をとりあげるようになって実現した、などの経験は数多くあります。要求実現には、執念をもって、ねばりづよくとりくむことが大切です。

3　住民要求の議会と行政への届け方

議会と行政にたいして、住民要求をどのように届けたらよいのでしょうか。

切実な住民要求を実現するには、議会での質疑・質問のほかに、住民や関係団体自身が、議会に請願・陳情をおこなう方法や、行政に直接交渉をおこなう方法があります。議員として、こうした住民や関係団体の行動を援助していくことも重要な活動です。

（1）議会への請願・陳情

請願・陳情は、地域住民の要求を実現するための重要な権利の一つです。地方政治における請願は、地方議会にたいしておこないます。地方議会に提出する請願は、議員の紹介がなければなりませんが、この場合は議員一人の紹介でできます（法百二十四条）。しかし、議会によっては、議員の二人以上の紹介がないと受けつけないとか、また、せっかく提出された請願も、議会運営委員会だけで審議して不採択にしてしまったり、請願を審議しないで審議未了にしてしまう議会も見受けられます。こうした住民の要求をふみにじるやり方には、地域住民に実態を知らせ、住民とともに改善させていくとりくみが必要です。請願の内容によっては党議員だけではなく、他会派・無所属の議員にも紹介議員になってもらうことを追求することも、要求実現にとって大切です。

また、請願書の書式について、議会でひな形をつくっている場合もあります。署名をそえる場合、多くの議会ではなつ印がなくても自筆の署名であれば認められるようになっています。これらを議会事務局に事前に確認し、相談に対応できるようにしましょう。

住民が請願署名運動にとりくむなかで、請願署名の数が増えれば増えるほど世論が広がり、何を要求しているのかが鮮明になるとともに、議会のなかで誰が要求実現の先頭に立っているのかなどが、住民の前に明らかになります。そして、こうした広範な住民の運動と議会の論戦が結びつくことにより、要求は実現に近づきます。議会のなかの共産党の議席は少数でも、広範な世論の支持があれば切実な住民要求を実現できることは全国各地の経験が証明しています。同時にこのことは、住民からの行政参加、住民による行政の民主化につながります。「住民運動と結びついた議会活動」はたいへん重要な課題ですので、議員活動のなかにぜひ位置づけてください。

集団的自衛権容認（戦争法案）反対や秘密保護法の廃止・撤回、消費税一〇％への引き上げ反対、環太平洋戦略的経済連携協定（ＴＰＰ）反対をはじめとした国政課題で、意見書採択をもとめる請願を地方議会に住民が提出するという運動方法が、各地で定着しています。議会で多数をえて、この請願が採択されれば、こんどは議会として、請願をふまえた意見書を採択して、関係機関に提出するということにつながります。

なお、陳情については、紹介議員は必要ありません。陳情書については「陳情書又はこれに類するもので議長が必要であると認めるものは、請願書の例により処理するものとする」（「標準」町村議会会議規則第九十五条）となっていることから、請願書と同様の扱いをしている議会がある一方、単に議員に資料として配布しているだけの議会もあります。

しかし、地方自治法は、常任委員会などの固有の機能として「議案、請願等を審査する」としています（法第百九条第二項）。この条文は、二〇一二年の地方自治法の改正で「議案、請願等」とされ、改正前の「陳情」が「請願」になりました。「改正前は請願は議案のうちに含まれているると解されてい」ましたが、「改正により請願を明文化し」たとされています（『新版　逐条地方自治法』四百十八ページ）。そして、「『等』には陳情及び陳情類似の要望、意見書のようなものも含むものとすることとされた」としています（同前）。

『議員必携』でも「採択された陳情についても、請願同様必要に応じて、関係の執行機関に送付して、その処理の経過と結果について報告を受けるなどして、議会全体で関心を持ち、その処理状況を確認して、必要な措置を講じて、住民に対する政治的責任を果たすことが必要である」（一八二ページ）とのべていることから、請願と同様の扱いをするよう改善を図ることが大切です。なお、請願・陳情については、『新・必携　地方政治　これだけは知っておきたい』（『議会と自治体』編集部編、新日本出版社刊）一三ページ「請願にどうとりくむか」を参照してください。

（2）住民とともに行政に交渉し要求を実現した例

議会に要求を届けるだけでなく、住民や関係団体が行政に直接要求を持ち込むことも、たいへん重要です。具体的なイメージをもっていただくために、ここでは、ある町の党議員の要求実現のとりくみを紹介しましょう。

住民から、「この地域の排水溝にふたをしてほしい」と、党議員のところに相談が持ち込まれました。そこで党議員は、まず相談を寄せてくれた人を訪ね、近所の人にも声をかけます。そして、一緒に現地をまわってその実態を調査。住民からの要求をさらに丹念に聞いて、住民が自治体に向け、近隣住民の署名を盛り込んだ要望書をつくることを援助しました。

つぎに、住民といっしょに町の担当課に行き、その要望書を提出して要望内容を説明。しかし、町としての事業計画がまだなかったため、担当課に現地を一度見てもらうことにしました。担当課が現地に来る日には、議員も一緒に現地に出かけ、住民とともに具体的な実情を訴えました。その後、こうした努力が実り、要求が実現。住民は、「みんなで運動すれば要求が実現することがわかった」などと語りあい、党議員への信頼も広がっています。

なお、多額の費用のかかる住民要求については、自治体の予算に事前に計上することが必要になるため、早期の実現のためには、年間の予算編成作業のタイミングをのがさないことも必要になります。これについても、詳細は、『新・必携　地方政治　これだけは知っておきたい』二五ページ「ふまえておきたい予算編成のしくみと流れ」を参照してください。

要求が実現した場合には、民報やミニビラなどで住民に知らせる活動が重要で、今回のいっせい選挙（二〇一五年四月）でも大きな力を果たしました。

(3) 生活相談活動を活発に

消費税率の引き上げ、年金、医療、介護など社会保障の連続改悪、円安による諸物価の高騰などにより、住民の生活苦が増大していることはご承知の通りです。このため、貧困と社会的格差が新たな層に拡大し、さまざまな生活相談が党議員や党支部に寄せられています。地域住民の要求は切実で、きわめて多様、多面的になっています。

第二十五回大会(二〇一〇年一月)決議では、「国民の暮らしの『SOS』を受け止め、苦難軽減のために献身する活動にとりくむ」として、生活相談活動などをすすめることが強調されています(『前衛』二〇一〇年四月臨時増刊、四二ページ)。党議員は、党支部と協力して、住民から気軽に生活相談が寄せられるよう、連絡先(電話番号)をしめした民報を発行したり、定期的な生活相談会の開催や条件があれば住民が気軽に出入りできる生活相談所や連絡所を開設して、いつでも相談に応じられるようにしておくことが大切です。

どんな小さな生活相談も軽視せず誠意をもって対応し、生活相談カード(ノート)などに記録し、蓄積していくようにしましょう。そうすれば、行政の側にある共通した問題などが浮かび上がってきます。それらを議会質問に結びつけるなど、相談で出てきた問題を、住民全体の利益の向上につなげることが重要です。

地方議員が生活相談を受けるさいの心構え

日本共産党の地方議員のみなさんの重要な活動は、住民から選ばれた議員として、それぞれの地域における党の代表として、住民の利益をまもってたたかうことにあります。そのため、住民から寄せられるどんな要求にたいしても、一つひとつ真剣に、誠実に対応していくことが求められています。地方議員が住民から相談を受け、解決していくうえで、どのようなことに心がけたらよいか、まとめてみました。

●聞きっぱなしにしない

まず、住民から寄せられる相談事にたいして、聞きっぱなしにしないことが大切です。「〇〇議員に相談したが、何の連絡もない」との苦情が寄せられることがあります。当該議員に連絡すると、「いま、解決に努力している最中です」との返事がきます。行政や関係者に依頼、問い合わせをしたまま、相談者にたいして経過報告をおこなっていない事例が多々あります。相談を受けた人にたいしては、結果が出ればもちろんですが、とりくんでいる経過も適宜知らせることが大切です。

●一人で請け負わない

地方議員が相談を受けた場合、議員一人で住民の要求を請け負ったり、電話だけで処理することもありがちです。相談事にたいしては、可能な限り相談者と一緒に交渉するなどして、解決にとりくむことが大切です。前述の「住民とともに行政に交渉し要求を実現した例」（本書四九～五〇ページ）を参考にしてください。

●専門家の力も借り、「代理人」にはならない

相互に利害がぶつかり合う民事的な相談や交通事故の相談、また、法律、税金、財務処理など専門分野にかんする相談は、相手からよく事情を聞き、弁護士、税理士、労働組合、民主団体など専門家を紹介したり、その力を借りて、本人自身が対応できるようにすることが大事です。

交通事故にかんする相談を受け、地方議員がその相談者の「代理人」として相手との交渉にあたったことで、交渉相手の恨みを買い、別次元のトラブルに発展した例もあります。また、地方議員が相談事を請け負うことで、権限外の行為をおこなうことになったり、法に触れるおそれが生まれたりすることもありますので注意が必要です。

また、一人暮らしの高齢者の財産処理の相談にのって、大きな金銭問題に巻き込まれてしまった例があります。こうした相談は、行政の担当者（窓口）や弁護士などの専門家を紹介しましょう。

●金銭の貸し借り、連帯保証人を引き受けない

相談者からの金銭の貸し借りや連帯保証人の要請にたいしては、地方議員は直接の当事者にならないことが大切です。地方議員は、住民から選ばれ、住民全体の利益をまもっていくことに最大の任務があるからです。

これまでに、連帯保証人を引き受け、債務の返済を背負わなくてはならなくなったり、金銭の貸し借りによるトラブルが発生しているケースもあり、住民の信頼をいちじるしく損ねた例も生まれています。相談者の話をよく聞いて、しかるべき専門家や相談機関を紹介するのがよいでしょう。

●さまざまな可能性を追求する

また、相談によっては、現状ではいかんともし難い問題も多々あります。地方議員が相談者に対応するさい、「わかりました。私が何とかしましょう」と即答することは避けましょう。相談事が解決しなかった場合に、「安請負をした」と信頼を失ったり、責任を問われることになります。しかし一方、「それは、無理ですね」と、頭から相談者を突き放すような対応も適切ではありません。「一緒に解決策を探していきましょう」と相談者を励まし、さまざまな可能性を追求していきましょう。

工事代金の未払い問題で、地方議員に相談を持ち込んだ当事者自身が「解決はむずかしい」と思っていたケースでも、労働組合や党の国会議員などの力も得てねばり強く交

渉し、「未払い分を払わせた」などの解決例も数多く生まれています。また、五年、十年の長い期間、住民と党議員（団）の努力で、中学校の学校給食が実現した例などが全国各地で生まれています。

●要求実現に執念持ち

大切なことは、住民の願いに応えるため、要求実現に執念を持ち、「あきらめず、投げ出さず、知恵を絞る」ことです。また、住民とともに考え、悩み、行動し、問題の解決のために献身的に奮闘する態度を貫くことです。「問題の性格や解決の障害になっているものはなにか、どのようにすれば解決の道が開けるか」などについて、専門家の知恵と力を借りてよく考え、行政との交渉や請願・陳情などの署名・運動、国、県への働きかけ、国会議員団ブロック事務所や都道府県議団、民主団体、労働組合などとの連携など、あらゆる面で可能性を追求していくことが大切です。

もちろん、生活相談の解決や要求の実現の方法は、その内容がどんなに切実なものであっても、道理と節度をもち、住民の支持が得られるやり方を堅持することが大事です。

生活相談を解決していくためには、党支部や地区委員会との相談、協議・連携が大切です。生活困難な人の相談の場合、当面の問題を解決したあとも生活再建などで、持続的・継続的な支援が必要になってくるケースがあります。

労働組合、民主団体などと一緒に問題の解決をすすめてきた場合には、要求が実現して「一件落着」とせず、労働組合や民主団体などに加入していない人には加入を呼びかけ、ともに運動に参加してもらうことが大切です。そのことにより、住民自身が成長し、組織も強化されます。

●党支部、地区委員会などとも協議して制度の改善へ

生活相談活動でもっとも重要なことは、そこで出された住民要求をまとめて、議会質問や行政に申し入れるなどの活動をつうじ、住民要求を実現させ、住民全体の利益の向上につなげることです。地区委員会、都道府県委員会などと協議し、署名を集めるなど住民運動をおこし、制度そのものの改善をもとめていくことや、地域の政策につなげていきましょう。各地で数多くの生活相談がもとになり、たとえば国民健康保険や介護保険の制度などを改善するための学習会やシンポジウム、アンケート活動、署名運動などがとりくまれています。

4　議員としての党活動・党生活

党の地方議員の任務とはどのようなものなのでしょうか。また、当選後の議員としての党活動・党生活をどのようにしたらよいのでしょうか。

一　党の地方議員の任務について

地方議員の任務について党規約第四十四条では、党の地方議員および地方議員団は「地方住民の利益と福祉のために活動する」とのべています。つまり、「党の地方議員のもっとも重要な活動は、有権者から選ばれた議員として、『地方住民の利益と福祉のために活動する』こと」であり、これが「議員の第一義的な仕事」です（「『自治体らしい自治体』取り戻す、希望ある地方政治の流れ大きく――全国地方議員代表者会議の報告」、志位和夫、本書二四一～二四二ページ）。「同時に、わが党の議会活動は、国会でも、地方議会でも、国民の運動のなかの有機的な一部分であり、党の政治活動の有機的な一部分であって、それと切り離されて存在しているわけでは」なく、「住民運動にしても、党建設にしても、それぞれの議員の同志が、それぞれの条件や可能性――議員ならではの条件や可能性を生かして、力を発揮してこそ、議会活動も豊かなものとなるし、党と国民の運動を発展させること」ができるとしています。そして、「ここに、人民的議会主義にもとづく、わが党の基本的見地があり」、「党大会決定などで、党議員が『党活動全体にわたる「けん引力」』を発揮しようと、くりかえし強調してきたのは、そうした立場から」とのべています（同、本書二四二ページ）。この指摘をたえず行動の指針にして活動していくことが大切です。

二　党の地方政治論と議員活動の方針の中心をつかむ

地方議員のみなさんは、この間、第二十六回党大会決定（二〇一四年一月）や第三回中央委員会総会決定（二〇一五年一月）、いっせい地方選挙政策アピール（二〇一五年二月）などにもとづき活動をすすめられてきたことと思います。党の地方議員として活動していくうえで、あらためて、地方政治と議員活動の全体にかかわる党の方針の中心点をつかんでおくことが大切です。

（1）党の地方政治論

日本共産党の綱領

わが党は党綱領のなかの第四章で、「現在、日本社会が必要としている変革は、社会主義革命ではなく、異常な対米従属と大企業・財界の横暴な支配の打破――日本の真の独立の確保と政治・経済・社会の民主主義的な改革の実現を内容とする民主主義革命である」とのべ、現在、日本社会が必要とする民主的改革の主要な内容の一つとして「地方政治では『住民が主人公』を貫き、住民の利益への奉仕を最優先の課題とする地方自治を確立する」とのべています。さらに、統一戦線によって国民多数の支持を得て、国会で安定した過半数の議席を占めて、民主連合政府をつくるたたかいのなかで「全国各地で革新・民主の自治体を確立することは、その地方・地域の住民の要求実現の柱となると同時に、国政における民主的革新的な流れを前進させるうえでも、重要な力となる」とのべ、その位置づけを明確にしています。

第三回中央委員会総会報告（二〇一五年一月）

最近の党の地方政治論の基本文書は、第二十六回党大会第三回中央委員会総会での幹部会報告の地方政治についての関係部分です。

第三回中央委員会総会は、「3、いっせい地方選挙の躍進を必ずかちとろう」（本書八八ページ）のなかで、「地方政治の主要な対決点について」の冒頭に、「安倍政権は、『地方創生』『アベノミクスの地方への波及』などを旗印に選挙をたたかおうとして」いるが、「長年の自民党政治にこそ地方の衰退をもたらしてきた責任」があることを明確にし、「消費税大増税、社会保障切り捨て、格差拡大、ＴＰＰ推進、中小企業と農林水産業破壊の『アベノミクス』こそ、地方の衰退を加速する元凶」として、「この『先のない道』の転換を求め、本当の地方再生の対案を示して、選挙戦をたたか」うとしています。

そのうえで、①「国保、介護、医療、子育てなどを熱い焦点として、福祉と暮らしを破壊する政治の自治体への押し付けを許すのか、それとも『住民の福祉の増進』という自治体本来の原点にたって福祉と暮らしを守る『防波堤』としての役割を果たすのか、このことが鋭く問われ」ること、②「地方経済をめぐっては、『国際競争力』を看板にした巨大開発、外からの大企業呼び込みの『特区』など、破たんした大企業応援・依存の政治を転換し、地域に根をはって頑張っている力――中小企業、農林水産業を応援し、地方自治体としても非正規から正社員への転換を応援する施策をすすめてこそ、本当の地域再生の道は開かれること」、③東日本大震災、阪神・淡路大震災の教訓から、「すべての被災者の生活と生業《なりわい》を再建するまで必要な公的支援をおこなうことを復興の基本原則にすえ」て、「防災・減災対策を促進し、災害に強い街をつくるとともに、災害時に住民の命を守る地域の医療・福祉のネットワークの強化、自治体の体制強化を求め」ること、④「自治体のあり方をめぐっては、地方切り捨ての自治体再編はやめ、地方自治の再生への転換を要求し」、「安倍政権の『地方創生』が掲げる『集約化』なるものは、公共施設や行政サービスを、『拠点』となる中心自治体に統廃合し、身近な住民サービスの低下と周辺部の切り捨てを進め、地方の衰退を加速するもの」であること、「いま求められるのは、『平成の大合併』で、自治体が広大になりすぎ、住民自治の機能が大きく後退している状況を転換し」て、「自治機能の再生をはかること」、の四つの対決点をしめしています（本書九二〜九三ページ）。

現在の地方政治論にいたる流れをつかむ

現在の地方政治論にいたる流れをつかみ、理解を深めるうえで、本書の「三」と「四」として掲載した、二つの地方議員の全国会議の内容――一九九八年の「地方政治と議員活動――全国地方議員会議での報告、不破哲三」と、二〇〇二年の「『自治体らしい自治体』取り戻す、希望ある地方政治の流れ大きく――全国地方議員代表者会議での報告、志位和夫」は、なお今日的な意義をもつ文献となっています。都道府県や大都市の多くにみられる、自治体が「開発会社」化し、自治体本来の役割から変質している状況、一方で、長年の自民党政治は、地方で住民との矛盾を深刻にし、「自治体らしい自治体」を取り戻す、新しい希望ある地方政治の流れが広がっていることは、この二つの全国会議をつうじて解明された内容ですが、今日の地方政治の見方の基礎となるものです。

現在でいえば、自治体内外での公共施設や行政サービスの「集約化」や、地方の財源保障の抑制と制度改悪をねらうなど、自民党の地方自治への攻撃がつよめられる一方、他方では、地方で保守層との共同が国政・地方政治のさまざまな課題でひろがり、地域再生の共同したとりくみも前進していること、政府・与党も、地方での支持を維持していくことなどを考慮し、これに一定の対応をせざるをえなくなっていること、の両側面としてみることができます。

地方政治においては、自民党政治の反動的ねらいと、地方での矛盾のあらわれ、という二つの側面から、さまざまな問題をみていくことが、共通して重要になっています。

（2）党地方議員（団）の活動の基本

党規約第四十四条は、「党の地方議員および地方議員団は、（規約）第四十三条の国会議員団の活動に準じて、地方住民の利益と福祉のために活動する」と定めています。党規約第四十三条では、国会議員団の活動の主なものとして、①「国民の利益をまもるために、国会において党を代表してたたかい、国政の討論、予算の審議、法案の作成、そのほかの活動をおこなう」こと、②「国会外における国民の闘争と結合し、その要求の実現につとめる」こと、③「国民にたいして、国会における党の活動を報告する」ことをあげています。これが、地方議員の活動においても基本となります。

これらの党地方議員の議会活動のありかたについて、詳しく解明を行っている文献は、一九七〇年の「自治体活動と人民的議会主義——第一回地方議員全国研究集会での最終報告、不破哲三」です。

この報告のなかには、「議会活動の三つの任務——革命と改良の関係」、「議会での政策活動——『なんでも反対』『なんでも賛成』の誤り」、「法案審査の三つの基準」なども解明されており、学習することをお勧めします（本書二八三～二九四ページ）。

（3）党地方議員（団）の活動をさらに発展させる方針

一九九八年の全国地方議員会議での報告「地方政治と議員活動」（本書一〇〇ページ）で、不破哲三委員長（当時）は、「これから議員活動をさらに発展させるうえで、みなさんがぜひ頭においていただきたいこと」、「議員活動にあたって、少なくともこういう角度の問題をしっかり考えてほしいということ」について、「七つの提案」をおこないました。

その内容は、①「地方政治の問題に住民の目線でとりくむ」こと、②「一つ一つの要求を、困難を解決して実現する努力」をおこなうこと、③「産業政策など地域経済の問題に目をむける」こと、④「行政側の重大な攻撃を見逃さない」こと、⑤「他の議員と共同の努力」をつくすこと、⑥「議員活動で絶対に〝脱線〟しない」こと、⑦「議員を増やせる活動を志す」こと、です（本書一四七～一六二ページ）。

これらの提案は、今日でもベテラン議員をふくめたすべての党地方議員（団）にとっての活動の指針となるもので、みずからの活動がこの「七つの提案」に即しているのかどうか、絶えず振り返ってみることが大切です。

その後、二〇〇〇年十一月の第二十二回党大会での党規約改定では、すべての地方議員が議員団に所属して活動するという重要な地方議員活動の発展がありました。

さらに、二〇〇二年の全国地方議員代表者会議での志位和夫委員長の報告「『自治体らしい自治体』取り戻す、希望ある地方政治の流れ大きく」では、議員のみなさんへのアンケートをもとに、議員活動の改善と強化の方向として、①議員と党支部が支えあい、協力する、②議員と党機関が心の通った関係をきずく、③議員団の確立と強化――の「三つの努力目標」を提案しました。（本書二四三～二四七ページ）

これらの議員団の確立、党機関、党支部との関係については、次項以下で詳しく解説します。

三　地方議員団を確立しての活動と地方党機関

（1）すべての地方議員が議員団に加わる

①第二十二回党大会での党規約改定で明記

日本共産党は、「支部が主役」の党活動をすすめるうえで「週一回の支部会議」の開催をよびかけています。同じように、地方議員は党議員団に所属し、議員団会議に参加して活動することにしています。地方議員のみなさんは、自治体や議会の動きとその対策、自治体での住民の要求と運動の分析や対応、また、議員ならではの悩みや相談したいことなど、独自に対応すべきことがらがあり、定期的に議員団会議をおこない、こうした問題を解決していくことが必要だからです。

議員に当選したら、党議員団に加わり（その自治体の党議員数が少ない場合には、周辺の自治体の党議員とともに議員団をつくっています）、原則として議員団を中心とし日常の党生活をおこなうことになります。このことは、二〇〇〇年の第二十二回党大会での党規約改定で明確にされました。

この党規約改定以前にも、地方議員は、党議員団を構成することになっていましたが、全国の地方議員のなかの約三割の議員が議会で一人のため、その自治体だけで議員団を構成できず、多くの議員が、議会での対応や生活相談の対処、また予算書の見方などについて、なかなか相談できないという悩みをかかえていました。そこで、第二十二回党大会の党規約改定で、「各級地方自治体の議会に選挙された党の議員は、適切な単位で必ず党議員団を構成する」（第四十四条）ことが明記され、「その議会に一人しかいないときには、周辺の自治体の議会をあわせて議員団をつくり、議員団に属さずに一人で活動するという議員の同志は一人もいないようにする」（第二十一回党大会第七回中央委員会総会での党規約改定案についての報告、本書二七〇ページ）ことになりました。

なお、党規約で、「すべての議員は、原則として議員団で日常の党生活をおこなう」（第四十四条）と、「原則として」という言葉が入っているのは、党規約改定案の論議のなかで、「現実には、地方議員が地域支部の支部長をやっている場合がかなり多い」という意見が多くだされたため、「弾力的な対応のできるゆとりを、規約の中に明記し」た（第二十二回党大会での党規約改定案の討論についての結語、本書二七二ページ）ものです。その場合も、所属する議員団を決め、議員団会議に出席する必要があります。

二〇〇二年八月に開かれた全国地方議員代表者会議でも、志位委員長は、「議員団を確立し、団会議を定例化しているところでは、議員活動でも、住民運動や党建設でも、大きな力になっている」とのべ、「団活動は新人議員にとっても心づよく、励みになっている」、「要請されて立候補して議員になり、右も左もわからない世界に一人取り残されて精神的に屈しそうになった時に、議員団が結成されて救われました」という地方議員の声を紹介しました（本書二四七ページ）。

そして、議員団の活動として、「議会対策を第一義的にとりくむことは当然」ですが、「党中央の決定をはじめ、県・地区の決定など」の討議、「綱領や科学的社会主義についての学習」にとりくむことが大切です。それは、地方議員のみなさんが「日常の対自治体闘争の先頭に立って議会で論戦を」おこなうために不可欠のことだからであり、「そうしてこそ、日本共産党の議員としての真価を発揮できる」からです（浜野忠夫著『民主連合政府をめざして——党づくりの志と構え』新日本出版社刊、一〇一〜一〇二ページ）。

②地方党機関が果たす責務

同時に、党規約では地方党機関（都道府県委員会、地区委員会）の責務も明確にされています。党規約第四十四条の後半部分では、「都道府県委員会および地区委員会は、地方議員および地方議員団を責任をもって指導する」としています。この件について不破哲三委員長（当時）は、一九九七年の第二十一回党大会で「党建設の重点的な努力方向を提起する」として、その第一に、「その地方・地域で日本共産党を代表しての政治活動・大衆活動を重視する」ことをあげ、「地方政治の分野で……起こってくる諸問題にたいして、住民の利益を代表して必要な対応をし、必要な努力をするというのは、党機関の重要な任務であります。ましてや地方議員、地方議員団への指導と援助が任務であるということは党規約にも明記されているとおりであります」とのべ、「もしも、自分が責任を負っている自治体で何が起こっているかについて無関心で過ごしている党機関があったとしたら、これは、党を政治的に代表する機関としては失格だということを銘記していただきたい」とのべていました（第二十一回党大会にたいする中央委員会の報告、『前衛』一九九七年十一月臨時増刊、七四〜七五ページ）。

二〇〇〇年の党規約改正

その後、二〇〇〇年十一月に開かれた日本共産党第二十二回党大会では、さらに、「地方的な性質の問題については、その地方の実情に応じて、都道府県機関と地区機関で自治的に処理する」（第十七条）との党規約の改正がおこなわれました。

この「自治的」という言葉について、不破哲三委員長（当時）は、第二十二回党大会での党規約改定案についての報告のなかで、「地方党機関の自主的権限について、ほかのところでは『自主的に処理する』と書いてあるものを、この第十七条ではなぜ『自治的に』と、わざわざ『自治』という言葉を使ってあるのか」との質問にたいして答えて、「地方的な問題を地方党機関が自主的に処理するということは、規約の建前はいままでもそうなってい」たものの、「実際問題として建前どおりにはすすまない実態」があったとし、「その点で、党の新しい発展段階にふさわしく、この問題をより鮮明にうちだすという意味」から、「『自治的に処理する』ということを明記した」とのべました。そして、前述の第二十一回党大会で強調した内容に触れ、「政治活動の任務を党の機関の活動の第一の重要課題にするという位置づけをしたことに対応するもの」とのべました（本書二七〇〜二七一ページ）。

③議員と党機関が心の通った関係を築く

地方政治についての責任は、地方党機関がもっています。地方議員のみなさんは、党機関と力をあわせて活動することが大切です。前述したように、党規約では、「地方的な性質の問題については、その地方の実情に応じて、都道府県機関と地区機関で自治的に処理する」（第十七条）ということとともに、「都道府県委員会および地区委員会は、地方議員および地方議員団を責任をもって指導する」（第四十四条）と、党機関の指導責任について定めています。

二〇〇二年の全国地方議員代表者会議での志位和夫委員長の報告でも党機関の責任について、「まず何よりも議員と議員団が、議会活動において先駆的な役割を発揮できるように、機関自らが地方政治の中心点をつかみ、地方政治に責任をもって、議員団の活動を援助する」ことが重要であると強調しました（本書二四五ページ）。

しかし、地区委員会によっては、数多くの行政区をかかえて地方政治にたいするとりくみに時間がさけず、また、地方議員にたいする援助も不十分なところもあります。地方議員のほうも、配達・集金の過重負担など、「自分ががんばればよい」と問題を一人でかかえてしまっている例もあります。ですから全国地方議員代表者会議では、「同時に、議員の側からも、悩みを、率直に党機関に提起し、……矛盾を解決するための努力を図る責任があります」と、自ら胸を開いて地方議員の側からなんでも相談できるようにしていくことものべています（本書二四五ページ）。

こうした点から、二〇〇二年の全国地方議員代表者会議での報告では、地方議員・議員団活動の改善と強化のために提案された「三つの努力目標」の一つに、「議員・議員団と党機関が、心の通った指導・援助の関係を築くために、互いが努力する」（本書二四六ページ）ことが位置づけられました。

二〇一四年の第二十六回党大会決議は、こうした内容をあらためて指摘し、「党機関は、適切な単位の党議員団を確立し、すべての議員が政治討議と学習をつよめて活動水準を高め、市民道徳と社会的道義をまもり、支部と力をあわせて要求実現と党建設を前進させるよう援助を行う。

同時に、議員の側からもその悩みを率直に党機関に提起し、困難や矛盾を解決するために努力をはらう。議員と党機関が、心を開いて何でも相談できる関係を築くことが大切である」（『前衛』二〇一四年四月臨時増刊、四五ページ）と、強調しています。

これらの提起を受け止めて、「議員団会議へ出席し、党機関と心の通った関係をつくる」、「議会の傍聴に出かけ、議会活動の内容をともに学びあう」、「新人議員研修のあと、新人議員（一期目）にたいして毎月、新人議員の要求に基づき、研修会を実施」している地方党機関がひろがっています。

④複数の自治体をかかえる地区委員会では補助指導機関を設置する

「多くの自治体をかかえる地区委員会の場合、一つひとつの議会の問題を地区委員会が日常的にすべてを掌握して指導することは大変困難」（浜野忠夫『民主連合政府をめざして――党づくりの志と構え』、一〇六ページ）であるため、党規約第十八条にもとづき、補助指導機関としての市・区・町・村委員会を確立し、自治体のなかの支部の代表などとともに党議員も加わり、自治体闘争を前進させていくとりくみも重要です。「補助指導機関を正しく活用することによって、議員の議会でのがんばりと、党組織の自治体に対する要求運動が一体となって進む」（同一〇六～一〇七ページ）ことになります。

（3）議員団会議を軸にした議員活動

①団会議を定期的に開き、参加する

地方議員の活動のよりどころになるのが議員団です。それぞれの地方議員は、議員団会議を軸

にした議員活動が前進するよう、議員団会議の定期開催のためにおたがいに努力しましょう。団会議が定期化されていなかったところで、新人議員の要望がきっかけとなって会議が定期化したところもあります。新人議員のみなさんから、率直に要望も出して、みんなが参加できる日程を決めることも大切です。議員団の確立や運営などについて意見や要望があれば、遠慮なく団の責任者に相談しましょう。また、党機関の指導と援助を受けておこなうことが大切です。

②学習を重視する

議員団会議では、学習を重視しましょう。団会議が活動のよりどころになっているところでは、毎日の「しんぶん赤旗」の内容や『議会と自治体』誌、党の発表した方針・政策、党幹部の文献、綱領や科学的社会主義などを、系統的に集団でねばり強く学習しています。もちろん、学習は独習が基本ですが、「学ぶ意欲をおこしてくれる」のが集団学習です。

③活動上の悩みを出し合う

議員団会議のなかで、先輩議員が新人議員にたいして懇切・ていねいな援助をおこない、新人議員が確信を持って活動している例や、新人議員の新しい提案に先輩議員が学ばされ、相互に成長しあうという例も生まれ、生きいきとした活動が展開されています。新人議員のみなさんは、活動上の悩みがあれば遠慮なく議員団会議で相談してください。

団会議で悩みを出し合うことが、議員団活動の力になります。群馬県の吾妻郡議員団（七町村中三町村に四人）は、東京二十三区の面積の二倍の地域で活動しています。党規約改正を受けて議員団を確立して以来、今日まで原則として週一回の団会議を継続しています。山間地域のため、会議場所まで五十キロメートル、車で一時間以上かかる議員もいます。女性村議は、「党勢もあまり強くないため、議員にかかる負担が大きいことや、活動がうまくすすまないときなど、負けそうになることもあり、グチをこぼすこともありますが、週一回の団会議が大きな支えになっています。周りは保守の男性議員ばかりで、戸惑うことも多いなかで、議案への対応をはじめ、何でも相談できる議員団があったから、党議員として自信を持って活動することができた」とのべています。

④要求実現活動、議会対策をおこなう

議員団会議では、それぞれの自治体でおこっている問題の対策や議会対策をおこなうことも大切な仕事の一つです。共通した議会の議案にたいする研究・検討や住民要求実現のための経験交流、議会運営の民主的改善のたたかいや生活相談のやり方などを互いに相談でき、大きな力になっています。十七人に躍進した東京都議団は、団会議で相談し、区市町村議員団と協力して、認可保育所の建設の促進、特別養護老人ホームの大幅な増設、東京都に非正規雇用の正社員化のとりくみを踏み出させるなどの成果をあげています（「しんぶん赤旗」二〇一五年二月十一日付）。

⑤党建設について討議し目標を出し合う

団会議でつねに党員や「しんぶん赤旗」読者の拡大など党建設について、論議をすることが重要です。国民の党にたいする期待にこたえるうえでも、次の国政選挙、地方選挙で躍進をかちとるうえでも、また、民主連合政府の樹立に向けて、「党勢倍加」、「世代的継承」という党建設の「二大目標」を達成していくうえでも、党勢拡大で新たな高揚をつくりだすことが、どうしても

必要になっています。

地方議員は、有権者から選ばれた代表として、住民のなかで大きな信頼をえている存在です。また日頃の議員活動のなかでのさまざまな結びつきも数多くもっています。議員団会議で、それらの条件を党勢拡大にどう生かすことができるのか、よく相談し、経験も交流して、それぞれの議員の目標も出し合い、議員団としての目標も確認しましょう。

⑥議員団の共同行動

「一人では、宣伝行動などなかなか足が出ない」などの悩みを解決するために、議員団の共同したとりくみが各地でおこなわれ、各議員の確信になっています。

秋田県の北秋田市は、旧四町が合併して〇五年にでき、東京都の面積の二分の一以上を占める地域です。二〇一四年三月の市議選で定数六減のなか、党は三人全員当選して二議席から三議席へ議席回復を果たしました。市議団は、定期的に会議を持つとともに、地域が広大なことから、議員団の共同行動を重視しています。たとえば、二〇一四年の教育委員会改悪法が提出されたときには、「安倍政権の『教育委員会改悪法』に反対する国民的共同をよびかけます」（しんぶん赤旗」号外）を持ち、三人の議員が市内の小中学校の全校（十六校）を訪問し、各学校長に「号外」を手渡し懇談しました。市議団は、教育委員、ＰＴＡ会長らとも懇談しました。学校長からは、教育への政治介入に懸念をしめす声や「しっかり勉強したい」、などの反応が寄せられました。

四　議員と党支部が支え合い、協力する党活動

「議員と党支部が互いに支え合い、協力する党活動」も、二〇〇二年の全国地方議員代表者会議の志位和夫委員長の報告で提案された、議員活動の改善と強化の「三つの努力目標」の一つにあげられた内容です（本書二四三～二四七ページ）。

党支部は、日常的に議員の活動を支え、議員は、党支部が自覚的な活動ができるよう、必要な協力と援助をおこなうことが必要です。党支部のなかには、党議員を当選させるために選挙のときには一生懸命がんばるものの、当選させたあとには、要求運動などは「議員まかせ」になっているところもあります。また、議員のほうも、当選したあとに、議会や住民の動きについて、支部への報告が十分なされていない例もあります。

これでは、活動の負担が議員に集中するという状況になってしまい、党支部が切実な地域住民の要求を実現し、計画的に党をつくり、地域の多数者の支持を獲得するという、「支部が主役」の仕事をはたすことができなくなってしまいます。

地方議員の第一義的な仕事である議員活動を保障するために、配達・集金の過重負担を解決する問題も、党の方針として強調されてきたところです（資料参照、本書七九ページ）。

①支部会議に出席し支部とともに要求実現の活動を

地方議員の活動は、なにかと忙しいものですが、党支部の会議には可能なかぎり出席しましょう。会議のなかでは、党支部から出される住民の要求をよく聞き、自治体や議会の動き、地方議

員に寄せられた住民の要求や生活相談の内容などを知らせましょう。住民要求が支部会議で討議されることは、なによりも支部の活性化につながります。そして、党支部とともに、住民要求実現のために力を尽くしていくことが大切です。

②定時定点などの宣伝活動にとりくみ、地域新聞・議会報告を発行する

地方議員は、党支部と協力して早朝の駅頭宣伝や夕方のスーパー前宣伝など、定時定点の宣伝活動にとりくみましょう。これらの活動は、議会や自治体の動きを住民に身近なものにするとともに、住民要求の実現、党議員（団）の活動や実績、日本共産党の役割・存在意義を広く住民に明らかにするためにも、欠かせない活動です。

また、地域新聞や議会報告を発行することも重要な活動です。現在、多くの地方議員（団）が、週一回の地域新聞（民報）を発行し、定例議会ごとに議会報告を全戸に配布したり、後援会ニュースを届ける活動をしています。地域新聞を数十年間、毎週発行している埼玉県の飯能市議団は、定数十九で四人の議席を持っていますが、毎週団会議を持ち、「地域新聞の発行を軸にした活動」を重視しています。

③支部とともにたえず党勢拡大を追求

党議員は、つぎの選挙では必ず再選を果たす構えで活動することが重要です。さらに、党の議席を増やすことや党機関に協力して、革新民主の首長の再選や誕生、空白議会を克服するために、積極的な役割を果たすことも期待されます。そして、民主連合政府の樹立をめざし、国政選挙での党の躍進のために、党機関、支部とともに自分の選挙として奮闘しましょう。そのために

は、公約実現・要求実現活動に旺盛にとりくむとともに、強大な党の建設を支部とともに計画的にすすめていくことがどうしても必要です。支部とともに行動し、支部を励まし、たえず党勢拡大を追求することに力を注ぎましょう。

インターネット、ＳＮＳの活用を

今日、インターネットは重要な情報発信媒体として欠かせないものになっています。二〇一三年の参議院選挙から、インターネットによる選挙運動がおこなわれるようになりました。

まず、地方議員としての活動を報告するために、ホームページやブログを開設しましょう。さらには、人と人との交流を目的にしたインターネットサービスであるＳＮＳの活用も重要です。二〇一三年の参議院選挙・東京都議選を前に開かれた第二十五回党大会第六回中央委員会総会（二〇一三年二月）では、「新しい結びつきを広げる活動で、ツイッターやフェイスブックなどインターネットのＳＮＳ（ソーシャル・ネットワーキング・サービス）や電子メールが、大きな力を発揮してい」るとして、「この媒体のもつ可能性を最大限活用する活動に挑戦」する、とのべました。

ＳＮＳの活用にあたっては、①「自分のペースを守って」とりくむこと、②党規約を踏まえておこなうこと、が大切です。党規約第五条第一項は「市民道徳と社会的道義をまもり、社会にたいする責任をはたす」としています。そして「市民道徳」の内容として「人間の生命、たがいの人格と権利を尊重し、みんなのことを考える」など、十項目がしめされています（第二十一回党大会決議、『前衛』一九九七年十一月臨時増刊、二五ページ）。③さらに、インターネットでの情報発信は、公の場所への情報の公開であることを絶えず念頭に置いておこなうことが大切です。そのうえ、インターネットは、公表され、記録が保存されることから、「党の内部問題は、党内で解決する」（党規約第五条第八項）ことを守らなければなりません。④また、情報を発信する際には、事実確認をしっかりおこなうことが大切です。事実を確認せずに掲載して批判が広がった例もあります。こうした点に留意して活用することが大切です（ＳＮＳの詳細は、『議会と自治体』二〇一三年六月号、「これならできるＳＮＳ」を参照してください）。

インターネット、ＳＮＳの活用にあたっては、党機関や支部の詳しい人の協力を得ることも大切です。

五　市民道徳と社会的道義を守り、民主的常識を身につけて

有権者から選ばれ、その付託を受けた地方議員が、飲酒運転や反社会的行為などをおこすことは、住民の信頼を裏切るものであり、絶対にあってはならないことです。その責任から、議員を辞職しなければならない場合も生まれています。

第二十二回党大会での党規約改定で、第五条の党員の権利と義務の冒頭に「（一）市民道徳と社会的道義をまもり、社会にたいする責任をはたす」と定めました。このことについて不破哲三委員長（当時）は、党規約改定案を提案した第二十一回党大会第七回中央委員会総会への報告で、「これは『なになにをしてはいけない』という『べからず』式の義務条項ではなく、日本共産党がこの面でも国民と社会の信頼をかちとる役割をはたすという積極条項としてとらえてほしい」こと、そして「日本の社会の現状は、この面でも、党が社会改革の先頭にたつことをつよく求めている」（『前衛』二〇〇一年二月臨時増刊、一四七ページ）ことを明らかにしました。

第二十六回党大会にたいする中央委員会報告は、「党内のごく一部ですが、社会のさまざまな退廃的風潮におかされ、社会的モラルに反する誤りをおかして、党への信頼を深く傷つけている実態があった」とのべました。そして「国民の党への理解や信頼は、党の路線、政策、理念への信頼とともに、身近に活動している党員の一人ひとりの生活や言動を通して寄せられ」るとし

て、「党規約の精神にのっとり、市民道徳と社会的道義を大切にした党づくりに取り組むことは、国民の多数者を社会変革の事業に結集していくうえでも、各分野の国民運動の健全な発展のうえでも、欠くことのできない重要な仕事」とのべています（『前衛』二〇一四年四月臨時増刊、九七ページ）。

その地方での党の代表者である地方議員は、とりわけその実践の先頭にたちましょう。また、地方議員は、住民との約束を守ることや相手の話によく耳をかたむけること、住民にたいする誠実な対応などの点でも日ごろから留意し、住民の信頼と支持を広げていくことがもとめられています。日常の住民要求実現や生活相談の解決のさいにも、住民から支持される方法でとりくみにあたっていくことが大切です。

【参考文献】

・**『新・必携　地方政治　これだけは知っておきたい』、新日本出版社**
福祉、教育、雇用、産業振興など切実な住民要求の実現や、直面する具体的な問題をつうじて、制度の内容や行政のしくみ、要求運動の勘所などがつかめるように、解説した本です。運動のなかで学んだ知識と知恵は、議員活動の財産になります。地方政治や住民運動にとりくむ人、みなさんに必携の一冊です。

・**『議員必携』第十次改訂新版、全国町村議会議長会［編］、学陽書房刊**
議会運営や議員としてふまえるべき法令などの内容をわかりやすく解説した文献。批判的に読む必要がある町村議長会の見解の部分もありますが、各議会の民主的運営を前進させるうえで、利用できることが少なくありません。市議会議員などにも必読です。

・**『議会と自治体』誌、日本共産党中央委員会発行**

日本共産党中央委員会の発行する月刊誌『議会と自治体』には、地方政治の動向をはじめとして、最近の社会保障や行財政制度のしくみの変化とその内容、各地のとりくみなどを掲載しています。いま、政府による各分野の制度の改悪・改定が連続しておこなわれており、しかもその内容が複雑であることから、地方議員はもちろん、地方党機関、党支部など、地方政治や住民運動にとりくむみなさんに、欠かせない情報を提供するものとなっています。是非、参考にしてください。

●資料●

地方議員の第一義的任務である議員活動の保障のため
配達・集金の過重負担の抜本的解決は急務

一九九七年七月十日　自治体局

はじめに

六日におこなわれた東京都議選で、わが党は、都民の大きな共感と支持をえて大躍進をかちとり、議席倍増の二十六議席、都議会第二党の地位をえました。不破委員長は、都議選結果の大勢が判明した同日夜の記者会見で、「オール与党」の悪政を打破して東京と日本の政治の立て直しをよびかけてきたが、その「大きな第一歩を踏みだした」とのべました。

こうした流れをさらに大きくしていくうえで、それぞれの地方で党を代表し、「住民が主人公」の立場にたって、日夜、住民要求の実現のために活動している地方議員（団）の役割はますます重要になっています。地方議員はまた、中間機関の幹部、活動家として、党支部への援助、党員拡大や「しんぶん赤旗」の拡大、国政や中間地方選挙でも全党の先頭にたって奮闘しています。

しかし、少なくない議員のなかには、さまざまな困難や矛盾に直面し、もっとも大切な議員活動にもてる力を十分に発揮できない状況があります。そのなかで、議員の配達、集金の過重負担が深刻な問題となっています。それだけに、議員活動の障害となっている「過重負担」の解決は急務です。

一、とりくみの現状と放置できない事態

（1）第十五回党大会八中総決定とその後のとりくみ

党中央は、七〇年代いらい、議員の配達・集金の過重負担を解決するという問題を、一貫して重視してきました。とくに、八〇年の第十五回党大会後、中央常任幹部会が欠配、未集金の根絶をよびかけていらい、「機関紙革命」ともいうべき機関紙活動のあらゆる面におよぶ改革がおこなわれ、そのなかで議員の過重負担の解決にも大きな努力が全党的にはらわれました。八二年三

月の第十五回党大会第八回中央委員会総会（八中総）の時点で、九カ月前（六中総）には残されていた三百部以上配達の議員はいなくなるなど、極端な状況は基本的に克服されました。しかし八中総では、百部（軒）以上の配達や集金をしている議員がいぜんとして多く残されていることを重視し、議員の配達、集金についての基準として、「配達は五十部以下、集金は五十軒以下、有職議員は三十部（軒）以下」をめざすことを提起し、党機関が責任をもってとりくむことを決定しました。

その後、この決定にもとづいて全党的に「過重負担」解決への努力が続けられてきました。九〇年代に入ってからも、第二十回党大会決定はもちろん、二中総、五中総決定をはじめ、くりかえし強調されてきました。しかし、積極的な経験は生まれているものの、全体的な傾向としては、基準をこえて過重負担をかかえる議員は、八〇年代半ばには六割でしたが九〇年代に入ってもこうした状況は改善されず、現在日曜版配達で二千四百三十五人（五八・八％）、集金で二千八百八十八人（七二・四％）となっています。また、その中には極端な状況も少なからず生まれています。たとえば、二十四道府県からの報告によれば、二百部以上の配達をおこなっている議員は九十人、うち三百部以上が十人、四百部以上が三人います。また、集金軒数では、二百軒以上が百八十二人、うち、三百軒以上が三十三人、四百軒以上が九人もいます。

第十五回党大会八中総以後をみても十五年余、議員の過重負担の解決が一貫して強調されてきましたが、全体としては解決の方向ではなく、逆に過重負担をかかえる議員が増大し、極端な例もあらたにひろがっていることはきわめて重大な問題といわざるをえません。

（2）「過重負担」は議員活動の弱点としてあらわれている

かつて不破委員長（当時、書記局長）は、議員の過重負担の深刻な状況を指摘し、「地方議員が、議会活動や世話役活動をやりながら、百部、二百部、三百部という機関紙を配達し、集金する任務をおうていたのでは、どちらかがおろそかになるのは当たり前であって、これは一刻も早く解決する必要があります」と強調したことがあります（八一年六月、第十五回党大会六中総）。昨年、党中央がおこなった機関紙活動の全国的な実態調査や、最近、自治体局として、いくつかの県の過重負担をかかえる議員から聞き取りをした結果からも、「過重負担」が議員活動の大きな障害となっています。

たとえば、ある市議は、五日間の早朝配達をふくめて市の七割以上にあたる三百部近い配達と三百軒をこえる集金を乱れなくやりぬき、また日夜、住民からの生活相談にも献身的にこたえていますが、こうした忙しさから、予算、決算分析や山積する市政の問題についての調査、研究が十分できず、「議会活動で失敗したと思うことがしばしばあった」と報告しています。三百部をこえる集金をしているある市議と町議は、「一年中集金のことが頭から離れず、暇さえあれば集金している。それでも未集金を残してしまうばかりか、準備の不足で議会質問はいつも不十分に終わっている」と同様にのべています。

また、毎日の早朝配達、あるいは週三、四日の早朝配達をしながら、百部（軒）、二百部（軒）をこえる日曜版の配達、集金をしている議員からは、「配達と集金が過重で、時間的にも気持ちのうえでも余裕がなく、自治体分析をきちんとしたことがない」とか、「早朝配達で夜は早く睡眠をとらざるをえないので学習不足が悩み」などの報告もだされています。また、「議会活動のためにも、読者との対話が重要だが、集金に追われ、読者から要求を聞く時間も十分とれない」、「早く次の集金にまわろうという気持ちが先にたち、読者にたいして後向きで手をさしだして集金している感じ」など、読者との対話や結びつきが弱まっている状況も率直に報告されています。

ここに、議員の過重負担の深刻さがしめされており、また、ことしの三月議会後に全国の議員から提出された「季報」では、「これ以上の配達、集金は無理だ。もう限界だ」とか、「過重負担の解決を機関になんども要請したが、なしのつぶてだ」など、「過重負担」の解決をもとめる議員の切実な声が報告されています。

二、地方議員の第一義的任務は議員活動に力をつくすこと

くりかえし強調されてきたにもかかわらず、議員の過重負担が解決しないのはなぜか、ここでは地方議員の第一義的任務は何かという根本の問題が問われています。それには、なによりもまず、「過重負担」が議会活動の弱点としてあらわれている問題をどうみるのかについて、議員のほんらいの活動にてらして検討することです。

いうまでもなく党の地方議員のもっとも重要な活動は、有権者から選ばれた議員として、したがってまた、それぞれの地域における党の代表として、住民にとってもっとも身近な政治闘争の場となっているそれぞれの議会で、住民運動とむすんで住民の利益をまもってたたかうことで

す。それは、だれも代わることができない議員だけができる活動であり、議員の第一義的任務です。だからこそ、党規約は、地方議員が、この地方議会で、党の方針、政策にもとづいて「地方住民の利益と福祉のために活動する」（第五十九条(注)）ことを定めているのです。

したがって、地方議員が過重負担によって、住民から付託された本来の任務である議会活動が十分にできないとか、事実上、議会活動がおろそかになったりすれば、党への有権者の期待を裏切ることになり、党の不誠実さ、無責任さが問われざるをえません。まさに、「過重負担」の問題は、選挙で選ばれた議員として、住民に責任をはたす活動が保障されているのかどうかという問題であり、国民のために活動し、たたかわなければならない日本共産党の活動のあり方の根本にもかかわる問題といえます。議員の配達、集金の基準をしめした第十五回党大会八中総が同時に、議員の配達、集金の原則の第一に、「議員ほんらいの活動が保障されること」をあげているのもそのためです。

三、議員活動を保障する体制確立にとっての党機関と議員の任務

「過重負担」が議員活動の障害となっているだけに、機関の地方政治にたいする責任と議員活動を保障する系統的な指導が不可欠です。

そもそも地方党機関のもっとも重要な任務の一つは、党規約でも明記しているように、「地方的な性質および地方的に決定すべき問題は、その地方の実情に応じて、都道府県機関と地区機関で自主的に処理する」（第二十条(注)）ことです。そのため地方党機関には、地方議会に強力な党議

員団を確立し、議員団が党の方針にもとづいて活動するよう指導、援助することがもとめられており、党規約でも「都道府県および地区委員会は、地方議員および地方議員団を責任をもって指導する」（党規約第五十九条(注)）とのべられています。

こうした立場にたって第二十回党大会決議は、「地方党機関は、地方政治の問題を、議員（団）まかせにするのではなく、地方政治に党として責任をおう機関にふさわしく、その政策的問題点を深くつかみ、また地方議員のおかれている状況と党生活確立の現状をよくつかんで、地方議員（団）の活動への指導と援助を抜本的につよめなければならない」と強調しています。したがって「過重負担」の解決はこの見地から、当面の議員にたいする指導、援助のもっとも重要な問題の一つとして位置づけてとりくむ必要があります。

同時に重要なことは、議員が地方党機関の幹部、活動家として、みずからの議員活動を保障するために「過重負担」の解決に率先してとりくむということです。地方政治でのたたかいを先頭にたって推進している地方議員は、役職についているといないとにかかわらず地方政治に日常的に責任をおう地方党機関を構成する重要な幹部、活動家です。したがって、たんに党機関の提起に協力するということではなく、地方党機関の幹部、活動家として、議員活動を保障するための努力をする責任があるのです。

実際、「みんなに負担をかけるという思いから遠慮していたが、こんごの党建設からみて避けて通れない課題だからがんばって解決しようと討議した」（新潟・南雲湯沢町議）、「自分ががんばればよか、といい聞かせていたが、これでは議員活動にさしつかえると考えて支部で討議した」

（福岡・与田大野城市議）など、議員自身の率直な訴えが、「過重負担」解決へ支部の活発な論議をまきおこしていることは教訓的です。

過重負担をかかえる議員は、党機関にたいしてその実情を知らせるとともに、機関と協力して率先して支部と党員にたいし、過重負担からくる議員活動の困難な実情をリアルに伝え、自治体闘争や議会活動の重要性とむすんで、その解決の緊急性についてよく理解してもらうために努力をする必要があります。さまざまな困難をかかえている支部もありますが、支部と党員を信頼して正面から訴えて論議をし、支部の活力、党の潜在力をたかめて解決するよう、ねばりづよくとりくむ必要があります。

「日本共産党学習・党活動のページ　別刷り」でも紹介されているように、「過重負担」の改善が議員への大きな激励となっています。たとえば、岩手県の久慈正夫矢巾町議は、みずからの過重負担の改善をつうじて、支部と力をあわせ、昨年六月から毎回の議会の前に「町政懇談会」をひらき、そこでだされた意見や要望を支部で討議し、政策化したり、議会でとりあげて実現するために奮闘しています。「過重負担」の解決にひきつづき努力をしていますが、支部は地域住民のくらし全体を視野に入れ、「政策と計画」を充実させるとともに、久慈議員自身、「懇談会では個人では気がつかない多様な問題がだされ、議会活動がやりやすくなった」と報告していることは重要です。

また、この間の全国各地の経験は、機関紙の支部管理の確立・強化が地方議員や機関幹部の過重負担を解決するうえで重要な意義をもっていることを示しています。一人ひとりの議員の過重負担の困難も、全党的な努力によれば、容易に解決できる部数です。「支部が主役」の機関紙活動を発展させ、配達・集金活動への参加者をふやし、安定した配達・集金体制を確立するために系統的に努力する必要があります。

七中総で志位書記局長は、第二十一回党大会の成功にむけ、ことしの全国的な政治戦の焦点となっている都議選をはじめあらゆる選挙戦で、また党建設で、わが党の新しい躍進、あげ潮をつくりだすための奮闘をつよくよびかけました。すべての地方議員はこの提起を正面からうけとめ、都議選での大きな前進に示される「第二の波」ともいうべき、わが党への期待と共感のあらたなひろがりのもとで、広い視野と大きな構え、大きな志で、議会活動をはじめ全党の先頭にたって奮闘しましょう。

（注）この一九九七年の自治体局論文での党規約の引用条文は、当時のものであることをご了解ください。

二　第二十六回党大会第三回中央委員会総会への幹部会報告（二〇一五年一月二十日）から

（3、いっせい地方選挙の躍進を必ずかちとろう）

報告の第三の主題は、前半戦の告示まで二カ月に迫った、いっせい地方選挙の躍進をかちとるための方針であります。

選挙戦をたたかう基本姿勢、政治目標について

躍進の可能性をくみつくし、やるべきことをやりきって

いっせい地方選挙は、それぞれの地方自治体と住民生活の今後を左右するとともに、安倍政権の暴走にたいする地方からの審判の機会となります。日本共産党にとっては、この選挙で躍進してはじめて、一昨年（二〇一三年）の都議選・参院選で開始し、昨年の総選挙で発展させた〝第三の躍進〟を、本格的流れに発展させたということができます。

選挙戦をたたかう基本姿勢として、次の二つが重要であります。

第一は、日本共産党躍進の大きな客観的可能性が生まれており、それを余さずくみつくす攻勢的なたたかいを展開するということであります。総選挙での躍進は、党と国民との関係を大きく変えています。また、四年前のいっせい地方選挙と比較した場合、「みんなの党」の消滅、「減税日本」の凋落《ちょうらく》、民主党の衰退など、政党間の力関係の大きな変動があります。躍進の可能性を現実のものにする攻勢的な大奮闘をしようではありませんか。

第二は、同時に、わが党にとって、どんな場合も「風頼み」の勝利はありえないということであります。この点にかかわって、総選挙で獲得した得票を「既得の陣地」とみることはできないということも強調したいと思います。総選挙で大きな力を発揮した政見放送や政党討論などは、地方選挙にはありません。文字通り草の根の自力で「風」をおこし、草の根の自力で「声」を届けてこそ、勝利をつかむことができます。やるべき時までに、やるべきことをやりきってこそ躍進の可能性は現実のものとなることを、お互いに肝に銘じて奮闘しようではありませんか。

地方議会第一党奪回をめざし、得票と議席の躍進に挑戦する

いっせい地方選挙で、わが党は、つぎの政治目標の実現をめざしてたたかいます。

第二十六回党大会は、「地方選挙の目標としては、現有議席の確実な確保とともに、議席増を重視し、議席数で次期第二十七回党大会までに、地方議会第一党の奪回をめざす」ことを決定しています。

いっせい地方選挙では、「次期党大会までに地方議会第一党の奪回をめざす」という目標の実現にむかって、総選挙の結果を踏まえて政治目標を見直すことも含めて、得票と議席の思い切った躍進に挑戦します。遅れている後半戦の候補者擁立をあらゆる可能性と条件をくみつくして最後まで追求します。

道府県議、政令市、東京特別区、県庁所在地、主要な地方都市の議員選挙は、いっせい地方選挙の全体の帰趨《きすう》を決めるたたかいとなります。特別に重視して必ず躍進をかちとるために力をつくします。

七つの県議空白県――栃木、神奈川、静岡、愛知、三重、滋賀、福岡の空白克服とともに、新たな議席空白県を絶対につくらず、党の歴史でもこれまでやったことのない「県議空白ゼロ」を必ず達成する選挙にしようではありませんか。「県議空白ゼロ」を達成することは、次の国政選挙でのわが党のさらなる躍進のうえでも、きわめて重要であります。政令市で県議空白となっている一四市の克服、前回選挙で議席を後退させたところの失地回復と前進を重視します。

「維新の党」は、大阪で、昨年の総選挙で得票を減らしながらも比例第一党を維持し、大阪市の解体、福祉切り下げと大型開発、自治破壊に導く「大阪都構想」を強行するために全力をあげる構えです。「都構想ストップ・維新政治ノー」の「一点共闘」をさらに強めるとともに、いっせい地方選挙での日本共産党躍進に全力をあげます。「維新の党」の野望を許さないことは、全国的にも重要な意義をもったたたかいであります。

いっせい地方選挙では、北海道、神奈川、福岡など十道県の知事選挙、五政令市、九十九市区長選挙、百十九町村長選挙がおこなわれます。これらの首長選挙を積極的に位置づけ、日本共産党と無党派の人々との共同を強め、革新・民主の自治体の流れを発展させるために、攻勢的なとりくみを進めます。安倍政治の暴走に反対する大義にたった共同の条件が生まれたところでは、保守の人々などとの大胆で柔軟な共同を追求します。

選挙戦をどうたたかうか（1）――政治論戦の基本について

国政上の争点と日本共産党の値打ちを大いに語ろう

選挙戦をどうたたかうか。まず政治論戦の基本について報告します。

いっせい地方選挙の政治論戦で、第一に強調したいのは、国政上の争点と日本共産党の値打ちを大いに語ろうということであります。

いっせい地方選挙は、安倍首相が「改革断行国会」と称して、各分野で暴走政治を進めようというさなかのたたかいとなります。国政問題が、有権者の政党選択の大きな基準となることは間違いありません。「暴走ストップ、日本の政治の五つの転換」を掲げ、安倍政権への審判を訴え、日本共産党の値打ちを語ることを、いっせい地方選挙での政治論戦の大きな柱にすえて奮闘しようではありませんか。

地方政治の主要な対決点について

地方政治の主要な争点では、つぎの点に留意してたたかいます。

――安倍政権は、「地方創生」「アベノミクスの地方への波及」などを旗印に選挙をたたかおうとしています。しかし、長年の自民党政治にこそ地方の衰退をもたらしてきた責任がありま す。そして、消費税大増税、社会保障切り捨て、格差拡大、TPP推進、中小企業と農林水産業破壊の「アベノミクス」こそ、地方の衰退を加速する元凶にほかなりません。この「先のない道」の転換を求め、本当の地方再生の対案を示して、選挙戦をたたかいます。

――福祉と暮らしをめぐっては、国保、介護、医療、子育てなどを熱い焦点として、福祉と暮らしを破壊する政治の自治体への押し付けを許すのか、それとも「住民の福祉の増進」という自治体本来の原点にたって福祉と暮らしを守る「防波堤」としての役割を果たすのか、このことが鋭く問われます。自治体の実態にそくして、福祉と暮らしを良くする具体的提案を財源的な裏付けも示してたたかいます。

――地方経済をめぐっては、「国際競争力」を看板にした巨大開発、外からの大企業呼び込みの「特区」など、破たんした大企業応援・依存の政治を転換し、地域に根をはって頑張っている力――中小企業、農林水産業を応援し、地方自治体としても非正規から正社員への転換を応援する施策をすすめてこそ、本当の地域再生の道は開かれることを、訴えてたたかいます。

――東日本大震災から四年、阪神・淡路大震災から二十年、この間の教訓にてらしても、被災者生活再建支援法の抜本拡充など、すべての被災者の生活と生業《なりわい》を再建するまで必要な公的支援をおこなうことを復興の基本原則にすえることが強く求められます。防災・減災対策を促進し、災害に強い街をつくるとともに、災害時に住民の命を守る地域の医療・福祉のネットワークの強化、自治体の体制強化を求めてたたかいます。

――自治体のあり方をめぐっては、地方切り捨ての自治体再編はやめ、地方自治の再生への転換を要求します。安倍政権の「地方創生」が掲げる「集約化」なるものは、公共施設や行政サービスを、「拠点」となる中心自治体に統廃合し、身近な住民サービスの低下と周辺部の切り捨てを進め、地方の衰退を加速するものです。その先には、新たな自治体再編や道州制が狙われています。いま求められるのは、「平成の大合併」で、自治体が広大になりすぎ、住民自治の機能が大きく後退している状況を転換し、どこに住んでいても必要な行政サービスが受けられるよう、自治機能の再生をはかることにあります。

日本共産党地方議員（団）の値打ちを生き生きと押し出す論戦を

政党対決の構図をふまえて、日本共産党地方議員（団）の値打ちを生き生きと押し出す論戦を重視してとりくみます。

地方政治の政党対決の構図は、四十七都道府県のうち三十二都府県が、わが党以外の「オール与党」自治体となっています。国政では「野党」を名乗る政党も、文字通りの「与党」となるもとで、「自共対決」がいよいよ鮮明であります。

日本共産党地方議員（団）の値打ちの押し出しという点では、以下の諸点に留意してとりくむようにします。

――第一は、住民要求で政治を動かす抜群の仕事をしているということです。たとえば四年前の「赤旗まつり」で、私は、わが党の地方議員のネットワークの力として、子どもの医療費助成、住宅リフォーム助成を紹介しました。その後の四年間でも、中学校卒業まで医療費助成を行っている自治体は約二割から五～六割に拡大し、住宅リフォーム助成をおこなっている自治体は、約百七十自治体から約六百三十自治体に大きく広がっています。

――第二は、住民の立場で行政と議会をチェックするかけがえのない監視役となっていることです。不要不急の大型開発にきっぱり反対を貫くとともに、政務調査費、政務活動費問題でも、全面公開によるチェックと是正を求め、自主的公開と改正提案を続け、ついに全都道府県での全面公開が実現しました。

――第三は、草の根から安倍暴走政治にストップをかけ、平和・民主主義・暮らしを守る役割を果たしていることです。集団的自衛権行使容認反対、秘密保護法反対、消費税一〇％反対などの意見書採択の先頭に立ってきました。歴史を偽造する逆流の地方政治への持ち込みを許さないという点でも、その役割は特筆すべきものがあります。

――第四は、議会に日本共産党議員がいるといないとでは天地の差だということです。党議員空白議会を克服するうえでは、この訴えがとりわけ大切になります。わが党議員がいない議会では「議会が議会でなくなる」――たとえば、首長の提案に対して何の議論もなくオール賛成の「翼賛議会」になっている、政務活動（調査）費による親族雇用など「お手盛り」が勝手放題に進められている、住民の切実な要求にもとづく請願署名を集めても紹介議員がいないなど、さまざまな問題が起こっています。空白克服は、「議会を議会らしくする」うえで決定的な力となることを、大いに訴えてたたかいます。

政治論戦の基本について報告してきました。国政の争点を大きく語る、それぞれの地方政治をめぐる対決の焦点を語る、日本共産党地方議員（団）の値打ちを語る――三つの角度から日本共産党のかけがえのない役割を明らかにし、魅力を大いに広げ、必ず躍進をかちとろうではありませんか。

選挙戦をどうたたかうか（２）――宣伝・組織活動について

いっせい地方選挙の宣伝・組織活動では、つぎの六点を提起したいと思います。

「支部が主役」の選挙戦――選挙勝利の最大のカギ

第一は、「支部が主役」の選挙戦にしていくことであります。

地方選挙は、選挙の単位が小さく、かつ多く、支部が候補者の当落に直接責任を負う選挙戦となるだけに、「支部が主役」の選挙戦にしていくことが、勝利の最大のカギであります。すべての支部が、得票目標と支持拡大目標をもち、「政策と計画」を具体化・補強し、後援会と協力して、逆算で勝利に必要な活動を推進しましょう。

住民要求にもとづく運動を強め、住民とともにたたかう選挙を進めましょう。毎週の支部会議を軸に支部の臨戦態勢を確立し、センターやたまり場を確保し、すべての党員が結びつき、得手と条件を生かして立ち上がりましょう。選挙のない自治体の支部も、いっせい地方選挙を自らの選挙と位置づけ、党機関と相談して、支援の活動に全力をあげましょう。党綱領の学習、党大会決定の三文献読了、新入党員教育修了のための努力を強めましょう。「支部が主役」で持てる力を総発揮し、勝利をかちとろうではありませんか。

草の根の宣伝力の総発揮で、日本共産党の風を吹かせよう

第二は、草の根の宣伝力を総発揮することであります。

日本共産党への新たな関心、注目、期待が広がるもとで、宣伝に打って出たところでは、どこでも温かい激励が寄せられています。演説会、「集い」に旺盛にとりくむとともに、ハンドマイクなどをつかった駅頭、街角、つじつじでの宣伝、地域の要求や関心にこたえた地域ビラやステッカー・ポスターなど、草の根の宣伝力の総発揮で、日本共産党の風を街に吹かせましょう。

政党選択で日本共産党を支持していただく宣伝を基本にすえながら、候補者の魅力、実績を広げる宣伝にもとりくみましょう。

結びつきを生かした対話と支持拡大の飛躍を

第三は、結びつきを生かした対話と支持拡大の飛躍をはかることであります。

地方議員選挙は、地縁・血縁も大きく作用し、それぞれの地域で激しい支持の奪い合いになります。それだけに、党組織と党員のもつあらゆる結びつきに光をあて、それを生かした対話と支持拡大がいよいよ大切となります。

「マイ名簿」、「声の全戸訪問」、「折り入って作戦」など、この間の一連の選挙戦で試されずみの組織活動を、全面的に進めましょう。「県は一つ」「全国は一つ」の立場で支持を広げに広げましょう。

党勢拡大の独自追求をはかり、上げ潮のなかで選挙をたたかおう

第四は、選挙勝利のための宣伝・組織活動と一体に、党勢拡大の独自追求をはかることであります。総選挙の躍進がつくりだした党勢拡大の広大な条件をくみつくし、党員と読者拡大の上げ潮を必ずつくりだし、上げ潮のなかで選挙をたたかいましょう。

すべての支部が、新しい党員を迎えて選挙をたたかうことをめざしましょう。読者拡大では、すべての支部が、毎月、新しい読者を増やすことに挑戦し、支部、選挙区、自治体のそれぞれで、前回のいっせい地方選挙時を回復・突破することをめざしましょう。みんなが確信をもって立ち上がれる選挙戦にしていくうえでも、全党員が「しんぶん赤旗」日刊紙を購読することを、心から呼びかけるものです。

総選挙を上回る一大募金運動にとりくむことを呼びかけます

第五に、総選挙を上回る一大募金運動にとりくむことを呼びかけたいと思います。

総選挙では、短期間に集まった供託金・選挙募金が、小選挙区での候補者擁立を支え、選挙で躍進をかちとる大きな力となりました。あらためて党内外のみなさんの募金活動へのご協力に、心からのお礼を申し上げます。

いっせい地方選挙での政治目標実現のための選挙財政を保障するためには、全党的には、総選挙を上回る募金が必要になります。「党を語って、広く訴えれば、募金は集まる」——総選挙でつかんだ教訓を確信に、募金のお願いの輪を二倍、三倍に広げるとりくみを、心から呼びかけるものであります。

同時に、過去における選挙で、収入の裏付けのない支出がされ、「躍進したが長期の赤字で苦しんだ」という苦い経験もあります。「支出をするときには、収入の裏付けを」の立場を貫き、「支出改善をはかる」ことと、「必要なお金は集める」ことを、選挙財政の両輪に位置づけてとりくむようにしたいと思います。

党機関と選対の臨戦態勢の確立——勝敗を分ける一つの大きなカギ

第六は、ただちに党機関と選対の臨戦態勢の確立をはかることであります。

非常勤役員、選挙ボランティアなど、党の持つあらゆる力を総結集して、臨戦態勢を確立しましょう。県・地区機関の集団的指導体制をしっかり維持しながら、統一選対と候補者ごとの選対体制の確立強化をはかることが大切であります。臨戦態勢確立にあたっては、直接選挙のない党組織からの思い切った「力の集中」もおこないます。党の持つあらゆる力を総結集して、支部と党員への援助の手が届く態勢をつくれるかどうか。ここに勝敗を分ける一つの大きなカギがあることを強調したいと思います。

大会決定も指摘しているように、前回の選挙では、前半戦では県議の議席を獲得したが、後半戦の市議選の独自準備をおろそかにして議席を失ったところや、県議選の独自活動が弱く「市議選に上乗せ」するなどのとりくみとなり県議で惜敗する失敗がありました。前半戦と後半戦を「同時に、独自に、相乗的に」の見地でたたかいぬきます。

学生分野のとりくみを、絶対に中断させず、発展させることが大切です。とくに今年の学生新歓は、総選挙での党の躍進により、かつてない可能性と条件が存在しています。これを生かし切り、独自の努力を強めれば、大きな前進が可能です。全党的にいっせい地方選挙をたたかうなかでも、党機関が目配りし、重視してとりくむことを心から訴えるものであります。

〝第三の躍進〟を地方政治でも花開かせるために、全党が心一つに大奮闘を

全党のみなさん。一昨年の都議選・参院選で開始し、昨年の総選挙で発展した、〝第三の躍進〟の流れを、地方政治でも花開かせるために、全党が心一つに大奮闘しようではありませんか。

参議院、衆議院、地方政治の三つの全国選挙で躍進をはたし、それを新たな土台として、二〇一〇年代に「成長・発展目標」を全面的に達成し、民主連合政府への道を切り開こうではありませんか。

いっせい地方選挙での躍進へ――全党の総決起を心から訴えて、報告を終わります。

（「しんぶん赤旗」二〇一五年一月二一日付）

三　地方政治と議員活動

――全国地方議員会議での報告（一九九八年四月二十七日）――

不破　哲三

会場におあつまりのみなさん、こんにちは。全国で衛星通信をごらんのみなさん、こんにちは。

これから、この歴史的な会議への報告をおこないますが、いま、これだけの規模の地方議員の全員集会をおこなうのは、党史上はじめてだという話がありました。地方議員の研究集会として最初の全国的な会議をもったのは、いまから二十八年前の一九七〇年八月であります。そのときの全国の地方議員の数が千六百八十六名でしたから（同年七月の第十一回党大会現在）、議員集会の参加者は約千人になるかならないかというところでした。議員の全国会議は、それ以来何回か回を重ねてきましたが、きょうのこの壮大なあつまりをみると、ほんとうに感無量のものがあります。（拍手）

このあつまりの規模をもう一つの角度からみてみますと、日本には、都道府県から町村まで全部あわせまして自治体が三千三百二ありります。そのなかで、残念ながら党議員がまだ空白のところがありますけれども、わが党の議員が活動している自治体は、全部で二千二百六十、自治体全体の数の六八パーセントにのぼります。つまり、きょうのこのあつまりには、全国の自治体の三分の二をこえる議会で活動しているみなさんがあつまっているわけです。私は正確に調べたわけではありませんが、こういう規模のあつまりは、日本の政治の歴史ではじめてではないかと思います。（拍手）

みなさんに全員発言をねがいたいところですが、計算してみますと、全員が十分ずつ発言するとすると一日八時間働いても八十三日かかる勘定になります。とてもみなさんをそれだけ拘束するわけにゆきませんので、あすは分科会をひらきますが、それでもかぎられたみなさんの発言になります。しかし、ぜひこの機会に、全国のみなさんの経験と知恵のすべてをよせていただいて、二日間の討論に素晴らしい成果が実ることを期待するものであります。

私はきょう、日本の地方政治の現状と日本共産党の議員活動のいくつかの問題について、総論的な話をさせていただきたいと思います。

第一章　地方政治の現状と問題点

一　国民生活の危機と地方自治体

一週間前にわが党の第二回中央委員会総会をひらきました（四月二十～二十一日）。そこで討論のひとつの中心点になったのは、日本の国民生活があらゆる分野でほんとうに危機的な状況にある、しかもその見とおしもたたない、そういう状態の根源に自民党の逆立ち政治があるということでした。

国民生活がそういうまちがった政治でおびやかされているときにこそ、実は、国民生活をまもる地方自治体というものの、ほんとうの重大な役割があるものであります。

国と同じ「逆立ち政治」が全国で横行

ところがいまの日本では、同じ逆立ち政治が、地方政治でも全国的に横行して、自治体本来の機能を麻痺《まひ》させたり破壊したりしている。今日の地方政治のいちばん大事な中心問題は、実はここにあると思います。

私は去年（九七年）の二月に、京都の蜷川虎三知事の生誕百年記念の集会に呼ばれ、地方自治の問題について話をしてほしいということで、あらためて、いま日本の地方自治体がぶつかっている問題を研究しなおしてみました。私自身この三十数年間、党中央で活動する立場から自治体問題にかかわってきましたし、また選挙戦で各地を訪問し、どこもひどいことになっているなということを痛感してきました。京都の集会の機会に七〇年代から今日にいたる歴史をあらためて調べてみて、自民党政治のもとでの自治体破壊のありようのすさまじさに、ほんとうに驚いたものです（講演「地方自治確立の新しい波を――『開発会社』化路線の歴史と決算」、論集『革新の本流を大河のように』所収）。

一九七〇年代――自治体本来の仕事をする流れが革新自治体から全国へ広がる

たとえば七〇年代にも、自治体は大部分、自民党が与党の中心というところが主流でした。しかし、それでも、自治体といえば〝住民のための仕事をするもの〟というのが、保守のところでもいわば最低限の常識でした。そのなかで、京都、東京、大阪などの革新自治体が、自治体とはこうあるべきなんだということを、実際の仕事でしめす。たとえばお年寄りの医療費無料化ということもそのなかで生まれたものです。中小業者への無担保・無保証人の融資という制度も、日本が不況になって中小業者がだれからも助けを受けられない、そういうときに京都から始まったものです。すべての子どもたちが高校へという運動も、革新の行政から生まれました。それらの成果は、革新自治体だけの財産にとどまらないで、全国に広がり、中小業者への無担保・無保証人融資のように、いまでも全国的な制度として生きている――こういうものもたくさんあります。

自治体の本来の仕事をやろうという流れが、革新自治体から始まって、全国に広がり、相手側も無視できなくなる、いわば自治体が国の政治を動かしたといってもいいような流れが力づよくあったのが、七〇年代でした。公害反対のたたかいの前進もその時代の大きな成果の一つでした。

二　自民党政治は自治体を「開発会社」に変えた

ゼネコン型開発の主要な負担が自治体に押しつけられた

ところが、いろいろなこれにたいする反動的なくわだて、攻撃があって、革新自治体がおもだった都府県からなくなり、いわば自民党が全国制覇をするという情勢が七〇年代後半につくりだされました。そういうなかで地方自治の根本を破壊するような攻撃が、八〇年代から九〇年代にかかって、系統的に加えられてきたのです。

いま七〇年代の最後のころと今日をくらべてみると、ほんとうに数字の上でみても、驚くような巨大な変化といいますか、変質といいますか、それが進行してきたことがわかります。

私たちは、その変質を、一口で、自治体が「開発会社」に変わった、と呼んでいます。地方自治法には、自治体の使命がちゃんと決められています。住民の安全をまもること、健康をまもること、生活をまもること、福祉をまもること、これが自治体の第一の使命です。ところが、その使命を忠実にはたすことではなく、それを投げ捨てて、ゼネコン向けの開発仕事をする、「開発会社」になるのが自治体の仕事だという、それこそまったく逆立ちした流れが、中央の自民党政府から強引に押しつけられてきた。これは、文字どおり自治体の機能を破壊することにほかなりません。

それがどんな規模ですすめられたかということを、数字でみてみましょう。これは去年調べて二月の京都の集会で話したことですが、七〇年代から八〇年代に移る時点、一九八〇年度の日本の公共事業の総額は、国と自治体あわせて、二十七兆八千七百六十五億円でした。それが一九九三年度には五十一兆千二百七十億円に増えました。つまり、十三年で一・八倍になったわけです。

ところが、その内訳をみますと、一九八〇年度には、二十七兆八千七百六十五億円の公共投資のうち、国と自治体の配分は、だいたい半々でした。国の負担が十三兆七千三百二十七億円、四九パーセントです。都道府県と市町村をあわせた自治体の負担額は、十四兆千四百三十八億円、五一パーセントでした。これでも自治体にとっては大きな負担でした。ともかく一九八〇年度にはほぼ半々という持ち分でした。

それが一九九三年度にはどう変わったか。五十一兆千二百七十億円の公共投資のうち、国の持ち分は十七兆八千七億円、一九八〇年から三割増えただけです。地方の持ち分は、三十三兆三千二百六十二億円。二・四倍に増えました。なんと国の公共投資の負担は一・三倍になっただけなのに、自治体の負担は二・四倍、自治体の持ち分の割合も、一九八〇年度の五一パーセントから、一九九三年度の六五パーセントへと急増しました★。

自民党政治は、「ゼネコン国家」といわれるほど、政治をあげてゼネコンに奉仕する流れを八〇年代から、九〇年代にかけていよいよむきだしにしたのですが、同時にその重荷の大部分を地方自治体にかぶせるようになった。これが七〇年代後半に革新自治体が消えて自民党が全国制覇をなしとげて以後にやった、最大の大仕事であります。まさに自治体の「開発会社」への変質でした。

★　行政投資（公共投資）の総額と、国と自治体の負担の状況を、より詳しい数字でしめすと、次のとおりです。

	80年度	93年度
総額	二七兆八七六五億円	五一兆一二七〇億円
国費	一三兆七三二七億円（四九・三％）	一七兆八〇〇七億円（三四・八％）
自治体負担	一四兆一四三八億円（五〇・七％）	三三兆三二六三億円（六五・二％）
都道府県費	五兆六八〇〇億円（二〇・四％）	一三兆九一〇七億円（二七・二％）
市町村費	八兆四六三八億円（三〇・三％）	一九兆四一五五億円（三八・〇％）

この十三年間に、公共投資の総額は一・八三倍に増えましたが、その内訳は、国費の負担は一・三〇倍にとどまったのにたいし、自治体の負担は二・三六倍にもふくれあがるという、たいへんゆがんだものだったのです。

公共事業の中身が「住民型」でない

しかも、こうして地方政治のなかにもちこまれた公共事業というのは、独特の性格、内容、やり方をもっています。

まず第一に、事業の中身が住民型でないのです。以前だったら、公共事業といっても、学校の建設や改築をするとか、福祉の施設をつくるとか、住民のための生活道路を整備するとか、そういう自治体ならではの公共事業が中心でした。それがすっかり変わって、自治体がひきうける公共事業の多くが、むきだしのゼネコン型の仕事となってきました。

それはいったい住民に役にたつのかというと、自民党などが説明するのは、こうやって大企業がやってくればやがては地域経済が栄えるだろうとか、大企業が活発になればその潤いがおのずから地域全体にまわってくるだろうとか、「ならば、ならば」の話ばかり、やがては「地域経済振興」に役だつだろうというたぐいの理屈だけでした。

自治体が自治体らしからぬ仕事に手をだしたいちばん大きな例に、各地で自治体が工場地帯づくりにのりだすという公共事業があります。多額のお金をかけて工業用の用地をさかんにつくり、用地ができたから、どうぞきてくださいと、工場の誘致運動に走り回る、いわゆる「呼び込み型」の工場地帯づくりであります。あらかじめそこにくる会社が決まっているわけではない、用地をつくったらくるだろうという見込みだけで用地をつくり、結局はもくろみがはずれ、工場がこないので苦労する。わざわざお金をつぎこんで苦労の種をつくるという、こんなばかな話はないのですが、そういうことも全国にはやりました。住民の利益とも要求とも関係のない、住民型でない公共事業というのが、第一の点です。

目的にも見通しにも合理性がない——本四架橋、「五全総」はその典型

第二には、そういう公共事業には、だいたい目的にも見とおしにも、何の合理性もないというのが特徴です。これは自治体をあれこれ指図をしている国自体がそうなんですね。

七〇年代から現在まで、いろんな公共事業が大規模にやられ、いまでは使い道もないばかな姿をさらしてマスコミの批判の的になっているというものがたくさんあります。その一つひとつの歴史をさぐってみますと、だいたい企業の集団がもちこんだ計画を無批判に受け入れてやって失敗したか、金をかけてできあがりはしたものの採算があわない、なんのための工事か、最初から目的がはっきりしなかった、こんな話は無数にあります。

本州と四国のあいだにかける橋ですが、三本かける計画で、いま二つできて（児島—坂出間、神戸—鳴門間）あと一つかけつつあります（尾道—今治間）。ところがこの計画について、なぜ本州と四国とのあいだに三本の橋が必要なのかということについて、きちんと説明した人はいままでにだれもいないんです。これは実は、七〇年代のはじめに首相になった田中角栄氏が、これからの日本は重油をたくさん必要とするから、その石油をはこぶ五十万トンタンカーが毎日何十隻も日本にくるようになる、そのタンカーを四国の南端につくる二つの港で受け入れて、それを石油パイプラインで関西や中国・九州地方の工場地帯に流そうと、その石油輸送のパイプラインを通すためにどうしても三本の橋がいるということで、はじめた計画なのです。これは彼なりに理屈があったわけですね。ところが「日本列島改造」論でぶちあげたその計画がみごとに崩壊して、石油輸送のパイプラインなどいらなくなったのに、政府は橋をつくる仕事はもとの計画どお

りつづけてきました。だから、なぜ三本の橋をつくるのか、政府自身、何の説明もできないまま、ついに今日にいたっているのです。

いまも三本目の尾道―今治間の橋をつくりつつあるのですけれど、最近の新聞でも「本州四国連絡橋公団は現在、利用者の低迷で七千二百億円もの赤字を抱え、投資に見合う利用は見込めない」（「日経」九八年三月二十七日付）と書かれるほど、経営の見とおしをたてられずに困っているのに、そんなことはおかまいなしに三本目の橋をつくりつづける。つまり経済的になんの合理性もないし、合理性など考えるつもりもないまま、ゼネコン仕事で走っているのが、いまの日本の公共事業の特徴です。

しかも、このあいだ五全総（新・全国総合開発計画）というものが、政府から発表されました。四国の三本の橋の採算の見とおしもつかないのに、また日本中に六本の超大型の橋をかける。東京湾横断道路ができて、これも採算性が問題になっていますけれど、東京湾でも、その外側にもう一本かけたい（東京湾口道路）。四国についてもこんどは、和歌山県からと九州からと、あと二本の橋をかける（紀淡連絡道路と豊予海峡道路）。伊勢湾の入り口に愛知県と三重県を結ぶ大きな橋をかける（伊勢湾口道路）。そういう計画が六つもならんでいます。

これほど経済的合理性を考えないで国の経済の運営にあたるという政府は、世界中どこをさがしても見当たらないといった、異常きわまりない非合理の世界であります。

この病気が、自治体の公共事業にもうつるわけですね。

一昨日、ある新聞が夕刊に、「日本列島　空港がいっぱい」という大型の記事をのせました

(「朝日」九八年四月二十五日付夕刊)。あの県、この県が、「自分の県に空港がほしい」という計画を競争でたてる。需要の予測は、自分の県以外に空港がないような顔で、空港利用者はみな自分の県の空港を利用するという勝手なやり方で、計算をしている。膨大な利用計算をし、成り立つはずがない空港計画を申請してくる。〝このままいったら日本中空港だらけでどうなるのか〟という記事でしたが、実は、政府自身もいま関西に三つ目の国際空港をつくるとか、関西のおとなりの愛知県に国際空港を許可するとか、全体の計算を無視して、財界の注文に応じた空港づくりを熱心にやっているでしょう。その無責任なやり方が、自治体にもうつるのですね。

いまそれぞれの自治体で、いろいろな大型計画をたてておりますけれども、それに住民の税金――県民、市民の税金を使っているのだから、無駄遣いは絶対できないはずなのに、ほんとうにこれが必要なものなのか、経済的に成り立つのかなどを真剣に計算して大型計画にとりかかるというまともな姿勢が、自民党政治のもとでまったく欠けてきている。これは非常に異常なことです。

豪華さを競う――庁舎から福祉施設まで

三番目に、豪華さの競争もすごいものです。自治体は住民の自治体だから、施設の建築などについても、切実な、どうしても必要な範囲で甘んじるのがあたりまえのことですが、こういう気風は、日本では自民党政治のもとですでに遠い過去のものとなりました。ヨーロッパにいきますと、市庁舎として何世紀も前の建物を使い、多少の不便があってもそこで仕事をしているというところが多くあります。しかし日本は、建てて二十年もたちますと、もっと豪華な新しいものがほしいということを、自治体の首脳部がいいだす。ですから、東京都庁の千五百六十九億円（九一年）が豪華庁舎のはしりでしたが、それから東京の足立区庁舎の五百十一億円（九六年）とか、鹿児島県の六百四十七億円（九六年）とか、庁舎をつくるのに何百億円という金を平気でつぎ込む。いまでも五百億円以上かけて庁舎を建てる計画をすすめているところが、茨城県、群馬県、長崎県、石川県、大阪府など、ずらっとならんでいます。そういうことが流行になっています。

福祉の施設をつくるという場合にも、この気風がはいりこんできて、かぎられた予算をどうやって使ったら広範な住民の福祉要求にこたえられるかというところから出発しないで、わが自治体の目玉になるような豪華施設をどうやってつくるのかが中心になる。そして施設をつくってしまったら、そのあとの肝心の福祉の運営は民間にまかせる。もともと豪華な施設をつくること自体が目的といったことがはびこっています。こういうやり方が、各地で悪徳業者を横行させ、福祉の世界をも政治腐敗の巣にするという言語道断な事態を生んだのは、私どもが最近多くみてきたことであります。

「第三セクター」方式にマスコミの批判も集中

第四に、そういう逆立ちの、破綻したやり方を決定的にしたものに、「第三セクター」方式というものがあります。

これは、田中角栄氏の「列島改造論」時代に生みだされたものですが、八〇年代のいわゆる「民活」ばやりのときに、自治体の力と民間会社の力を総合するといううたい文句で、日本中にぐっと広がりました。

最近のある調査によりますと、全国に五千あまりの開発関係の第三セクターがあるとされています。この方式だと、自治体がたいした金をださないでも、ちょっと出資すれば、それを何倍、何十倍も上まわる大規模な仕事ができる、これは便利だということで、とびついたわけですが、その仕事が失敗したらどうなるか。結局は、最後の負担は、自治体が負わなければならなくなるのです。それで失敗して、この何百億という負債を自治体がかかえてどうにもならないことになったという実例が、各地に生まれています。

私は去年(九七年)調べたときに、「第三セクター」に関係した大阪市の助役の嘆きの話を、関西版の新聞で読みました。民間会社と共同でやるというので、「第三セクター」という名のバスに「案内役のつもりで乗った」というのです。そしたら、「だれもハンドルをもたない」ので、やむをえず自分でハンドルをもつように運転手になってしまった(笑い)、しかもそこでとまらないで、ついには主力オーナー(企業の所有者)にされてしまった、というのです。そんな調子で運行がうまくゆくわけがない。しかも失敗すると全部自分がかぶる。それで、力をだしたはずの民間会社は、だめだとなったら、責任は負わないでさっさと手をひいてしまう。こういうことになる、ということを、昨年二月に京都で話したのです。

最近、一連のマスコミが「第三セクター」の問題をとりあげていますがどの調査も、私たちが分析してきたとおりのことを裏付けています。

去年(九七年)の十二月、日本経済新聞が全国調査の結果を発表しました(九七年十二月二十九日付)。「民間活力導入の切り札として誕生した地方の第三セクターの七割が累積赤字を抱えている……。このうち半数以上で赤字解消のメドが立っていない」。これが調査結果のまとめでした。

ことしの二月には、朝日新聞が「第三セクターの総点検を」という社説を書きました（九八年二月十六日付)。「地域起こしの決め手になるはずだった第三セクターが、あちこちで行き詰まっている。民間の経営感覚と自治体の信用力を兼ね備えるという看板も色あせてきた。……民間の信用調査会社である東京商工リサーチの推定では、開発型の第三セクターの半数が赤字に陥っているという。

経営破綻も目だってきた。……

第三セクターの多くは株式会社の体裁をとっている。役所も民間企業も、その形をそれぞれに都合よく利用してきた。

自治体の首長は、議会の承認を得なくても事業を進めることができる。支持者の子弟を送り込んだり、職員ＯＢの再就職の受け皿としたりする例も珍しくない。

実際の開発にあたる企業や建設業者から見れば、役所の信用が後ろ盾になる。赤字になっても、自治体予算つまり税金での穴埋めが期待できる」。――要するに、企業の側からいえば、最後は税金でとれるんだから、安心して乗り出せるということです。「そんな持ちつ持たれつの関係は、経営責任の所在をあいまいにする」――痛烈な告発です。この社説はスキー場の開発に失敗した青森県のある町の話を引いていましたが、失敗の結果、百六億円の負債が生まれてしまって、小さな町なのに、これを三十年間にわたって返しつづける羽目になったとのことです。まったくたいへんな惨憺《さんたん》たる事態です。

四月には、読売新聞が全国調査の内容を発表しました（九八年四月十七日付）。各自治体からよせられた公式の回答を累計したもののようですけれども、自治体が認めて報告しただけでも、赤字の第三セクターは二百七十五社で、赤字の累積総額は四千五十一億八千八百十四万円にのぼると書かれていました。それにつけくわえて、情報をかくしているところが多いとありますから、おそらくこの赤字は全体からみれば氷山の一角でしょう。★

★「読売新聞」九八年四月十七日付の「第三セクター　本社全国調査」は、調査の結論を、次のようにまとめています。

「金融不安を背景に第三セクター支援のための公費投入が相次いでいる。官の信用力を背景に少額出資で大規模事業を展開できる三セクのメリットに甘えたために借入金が膨れ上がり、金利負担が経営を圧迫しているためだ。読売新聞社が総支局を通じて行った主要三セク三十七社の金融不安の影響調査では、資本金総額約千五百十一億円に対し、累積赤字は二千九百三十億円、借入金総額は九倍以上の一兆三千七百八十八億円に達している。主要自治体の三セク経営情報公開調査では、決算概要の公表を渋る自治体の閉鎖体質も明らかになった」。

この調査によると、累積赤字百億円以上の自治体は、次の通りです。数字は、最初が赤字第三セクターの数、次が累積赤字総額です。

大阪府・一六社・八二五億九五五九万円。**東京都**・一四社・七二四億〇五〇〇万円。**大阪市**・一三社・三七五億八四〇〇万円。**北九州市**・二社・二六七億一八五八万円。**神戸市**・一一社・二〇二億九九〇〇万円。**千葉県**・四社・一三三億四五六三万円。**北海道**・二四社・一二二

億円。横浜市・六社・一一三億五〇三三万円。なお、大きな自治体のなかで、愛知県と京都府は赤字の実態そのものが「公表せず」とされています。

自治体の「開発会社」化を政府があおってきた結果、こんな破綻が全国ですすんでいる。これは、まさに自民党政治による人災であります。

三　地方自治という憲法の大原則はどこにいったか

全国の自治体の借金総額は予算の規模の一・四倍にもふくらんだ

もう一つ数字をあげますと、その結果、自治体がいまおちこんでいる財政危機の深まりです。自治体の借金と財政規模の関係をずっと調べてきますと、一九八〇年度には、自治体の借金、借入金残高は全国合計で三十九兆一千億円でした。それが十年後の九〇年度には六十七兆円に一・七倍になりました。いちばん新しい数字、九六年度の借入金残高は、百三十九兆一千億円と、九〇年度の二・一倍に増えました。八〇年代の増え方は、十年間に一・七倍だったのですが、九〇年代にはいると六年間で二・一倍と、さらに急激な増え方となりました。この借金を自治体の財政の規模とくらべてみます。八〇年度の借金三十九兆一千億円というのは、その年の歳出決算規模が四十五兆八千億円でしたから、予算の規模よりは小さかったのです。ところが、借金の増え方のほうが大きいので、九四年度からは借金残高のほうが予算より大きくなり、九六年度には借金残高百三十九兆一千億円にたいして、自治体の財政規模は九十九兆一千億円、つまり予算の一・四倍にものぼる借金を全国の自治体がかかえるようになりました。

歴代の悪政押しつけの結果、自治体財政をここまでめちゃくちゃにしちゃったわけで、自民党政治の責任はほんとうに重大であります。

政府の号令で全国の自治体が同じ道を走る

こういう問題について、「まちがったのは自治体じゃないか」と無責任なことをいう人がいます。しかしみなさん、全国の何千人もの自治体の首長が、あるとき突然同じようなまちがった考えにおちこんで、いっせいに同じ道を走りだす、そして同じまちがった道を長年ずっと歩きつづけて、同じたいへんな失敗におちこむ。ゼネコン〝真理教〟じゃありませんから（笑い）、そんなことはありうるはずがないのです。号令する人がいるから、その号令のもとに、全国の自治体――自民党がにぎっている自治体が、同じ道を走りだし、ここまで走りつづけてきたのじゃありませんか。

私は、こういう結果の重大さと同時に、こういうことを引き起こしたこの仕組み――政府の号令で全国の自治体が動かされるという仕組みに、いまの日本の地方政治の大問題があると思います。

「地方自治の本旨」とは――国から独立した自治体が、国の監督を排除して行政をおこなうこと

地方政治というのは地方自治であります。憲法には、第八章に地方自治がうたわれ、地方自治の条項が九二条から九五条まで定められています。冒頭の第九二条には、「地方公共団体の組織及び運営に関する事項は、地方自治の本旨に基いて、法律でこれを定める」とあります。地方自治の本旨、すなわち地方自治の精神にもとづいて決めるということです。

憲法にはこれ以上の細かい解説がありませんので、私は、多くの憲法学者の集団労作で、日本でいちばん権威ある書物の一つとされている『註解　日本国憲法』で、「地方自治の本旨」とは何かという問題を勉強してみました。ここではまず、これは戦前の地方政治の実態の反省のうえに生まれたものだということが、明確に書かれています。

もともと戦前の憲法（大日本帝国憲法）には地方自治という規定はなかったのです。地方行政は、中央のいわば意思伝達機関として考えられていました。大正デモクラシーといわれた時代に、一定の自主性が前進した時代があったけれども、戦争の拡大とともに、地方自治への多少の芽もつまれてしまい、最後にはこうなったと書いています。

「（地方自治の）実質はほとんどまったく否定され、地方行政は、中央集権的官僚行政の一環となり、地方公共団体は、国政の基本方針を末端まで滲透させるための国家行政の一手段と化した」（用字は多少変えました）。

しかしみなさん、『註解　日本国憲法』は、戦時下の日本はこんなにひどいことになったと書いていますが、みなさんがいまの文章を読んでも、あんまりひどいことには聞こえないのではありませんか。現実の日本の地方自治体は、ここであの戦争中の国家統制のひどい時代――地方自治がもっとも破壊された時代の特徴として書かれた、「地方行政は、中央集権的官僚行政の一環となり、地方公共団体は、国政の基本方針を末端まで滲透させるための国家行政の一手段」という文章がそのままあてはまるものになってしまっている。憲法の精神が否定されて、新しいかたちで、戦前と同じ状態に逆もどりさせられている。私は、ここにいまの日本の地方政治の実態があると思います。

『註解 日本国憲法』は、その反省から生まれた、憲法の地方自治の条項の解説に話をすすめます。

憲法でいう「地方自治の本旨」とはなにか。「地方自治の本旨」とは、「地方的行政のために国から独立した地方公共団体の存在を認め、この団体が、原則として、国の監督を排除して、自主・自律的に、直接間接、住民の意思によって、地方の実情に即して、地方的行政を行うべきことをいう」。これが憲法の地方自治の定義だというのです。

国から独立して、自治体が存立し、原則として、国の監督を排除して地方の行政をおこなう。「原則として」というのは、どうしても全国的に統一した形で実行しなければならないことがありますから、そのことをさしていうわけですけれども、基本は、国からの独立と国の監督の排除、これが憲法が定めた地方自治の原則です。

反憲法的な政府の自治体支配、その三つの手段

ところが、現実はどうか。国の監督を排除するどころではない。国の命令もあれば号令もある。自民党政府がこれがこれからの方針だといえば、日本全国の大多数の自治体が、いっせいにその方向に走らされる。「地方行革」が大事だといえば、そのやり方をこまかく定めたマニュアル（手引書）まで送られてきて、自治体ごとにその方針書をつくらされる。こんどはそれを「リストラ」と呼べといえば、どこでも「リストラ」計画にとりくむことになる。ゼネコン仕事に打ち込めということになると、それが日本の各地方自治体の共通の方針にさせられる。

まさにこの二十年間、憲法とはまったく反する、中央政府による自治体の統制がおこなわれ、それが全国の自治体の財政的、行政的破産をまねいたのです。自治体にたいする政府の支配は、反憲法的なものですけれども、調べてみますと、この支配の仕方には、三つの手段・方法があります。

「機関委任事務」を干渉の口実とする

第一は、機関委任事務です。地方自治法・別表には、五百六十一の委任事務が書かれていて、ある人の計算だと、都道府県の事務の七割から八割、市町村の事務の三割から四割が国からの委任事務だとされています。これは内容的に検討の余地のある問題ですが、全国的に統一した仕事をやるうえで必要な事務は、ある範囲内では当然ありうることでしょう。ところがそれが「くせもの」で、自治体に政府が委任するということでいろんな義務がおしつけられるわけですね。国の機関委任事務をやらせる以上、人をこれだけ配置しろとか、組織はこういうようにせよ、仕事のやり方はこうしなきゃいけないとか、これを口実にしてきて、自治体の仕事に国が干渉する、これが、自治体支配のためのひとつの手段になっています。

地方交付税なども行政指導の手段に

第二は、財政です。地方には経済力の大小がありますから、地方税を独自に徴収する自主財源に加えて、全国規模で一定の調整をすることは、当然必要になることで、「地方交付税」とか「国庫支出金」というかたちで、国から地方へのお金の流れが制度化されています。そのこと自体は、当然のことですが、政府は、国からのお金の流れを、自治体に号令したり、自分の思う方向に自治体を誘導したりする手段として、最大限につかっています。地方交付税などは、いまの制度のもとでも、その使い方は自治体の自主性にまかせてよいはずのお金ですが、地方交付税の計算のしくみ自体が、こういう仕事をやればお金が余計くるとか、こういう仕事をやってもお金は保障しないなどの仕掛けでつくられています。だからその仕掛けから誘導がはじまり、さらにこれをつかって強力な行政指導ができるようになるのです。

数千もの通達で自治体をしばる

この二つは、いろんな仕掛けを利用しておのずから誘導するというやり方で、まだ「かわいげ」があるのですが(笑い)、「かわいげ」がまったくないのが、第三の通達行政です。だいたい地方公共団体は政府の下部機関ではありませんから、政府から命令を受ける筋合いはないんですね。ところが命令をうける筋合いのない地方自治体にたいして、政府の各省庁がそれこそ無数の通達をだしている。この通達がどれだけあるかを数えようと思ったのですが、あんまりたくさんあるので、政府自身も数えきれないようです。

『基本行政通達』という通達集があるので、そこに収録されているものだけを調べてみました。まず、自治省の通達です。これまでに自治省がだし、取り消されておらず、現に機能しているはずの通達が千百八十もありました。その他の省庁の分は九五年度にだした分しかわかりません。その九五年度分をとってみますと、自治省が九十三通、その他の省庁が七百四十三通、あわせて八百三十六通です。九五年度分については、各省庁の通達は自治省の分の約九倍という勘定になりますから、それまでにだされて、まだ廃棄されず生きている通達も同じ割合になっていると考えると、少なくとも数千通の通達があるようです。これほどの、数えきれないほどの通達で、自治体の仕事を各分野でしばっているのです。

自治体には、憲法上はこれに服従する義務はないのですが、しかし、そこは政府がうまい仕掛けをつくってあって、それにしたがわないとあれこれの名目で補助金を削られるなど、いわゆるペナルティーという罰則がしばしばついています。ですから、いやおうなしに自治体が〝お上に従う出先機関〟みたいなことになってしまうわけですね。

こういうやりかたで、地方自治体をしばりあげて、政府の悪い方向に自治体を走らせてきた、その結果がさきほどしめしてきた大破綻です。ですから、今日の地方自治体の危機にたいして、いちばん責任を負わなくてはいけないのが、歴代の自民党政府であり、それを現にひきついでいる今日の自民党政権、橋本内閣です。このことをいまきびしく糾弾しなければなりません。

憲法と地方自治法の精神にたってこそ地方自治の復活がある

いま「地方分権」という言葉がさかんです。しかし、この歴史を洗い直し、地方自治をおかしている現状を正さないで、地方分権はありません。なにか細かい「規制緩和」をやれば、地方分権がすすむかのような話が横行していますが、憲法と地方自治法の精神にたって、政府による自治体への不当な干渉と支配の仕組みを全部洗い直し、それによって、日本の地方政治がどんなひどいところに追い込まれてきたかの実態と責任を明らかにすること、これがいま地方自治の復活、復権のためになによりも必要だということを、私は訴えたいのであります。(拍手)

四　自治体らしい自治体を——地方自治確立の新しい波

しかし、自民党政治のもとでの地方自治の荒廃のなかで、新しい流れ——憲法と地方自治法の定めに忠実な本来の自治体の精神にしたがった新しい政治の流れが、まだ数は多くはありませんけれども、全国に生まれ、育ち、発展し、自民党政治の荒廃と対照的な生きいきした姿を示しています。それが、全国各地の革新自治体、民主自治体であります。

七〇年代には、京都の民主府政が、「地方政治の灯台」と呼ばれて、自民党政治と対照的な、まともな地方自治体の姿をもっともあざやかにしめしました。きょうも三人の町長さん、村長さんがおみえですけれども、そういう革新自治体、民主自治体が、ほんとうの地方政治のあるべき姿をしめしています。

日本の地方政治に対照的な二つの流れが

革新・民主の自治体と自民党政治、その二つの流れの対照が、いま日本の政治を考えるときに非常に大事であります。

現在の到達点をいいますと、わが党が与党となっている革新・民主自治体は、現在全国に百二十一あります。そのなかで、わが党だけが与党で、いわばあとは「オール野党」――「オール与党」の逆ですけれども――というところが、七十四あります。そのなかで、日本共産党員が首長をつとめているところが七市町村あります。四年前には南光町一つでしたが、この間に七つにまで増えました。

こういう自治体の仕事ぶりの成果には、ほんとうにここで詳しく紹介したいものが無数にあります。ただ革新・民主の自治体百二十一、単独与党七十四となりますと、そのなかからとくにどれを選んで紹介するということは、公平性という点で、なかなかむずかしいのです。（笑い）

きょう、おみえになっている新潟の三和村、関口さんのところですけども、産業廃棄物処分場の問題で、暴力団が介入し、前の村長が「もうやっていられない」と逃げ出してしまうようなたいへんな状態があった。関口さんは、この悪条件のなかでがんばってこの問題を根本的に解決した。早朝みんなが仕事につく前に千百人の村民大会をひらくなどのたたかいで、不法投棄の産業廃棄物を撤去させることに成功しました（拍手）。こういう成果を上げた村政であります。

実は去年（九七年）の党創立記念講演会のとき――村民大会のすぐあとのことだったと思いますが、五人の党員首長をお招きしましてごあいさつおねがいしたら、関口さんが会場いっぱいにひびく大きな声なんですね。どうしてかと聞いたら、うちの村のマイクだったら、これくらい広い会場だったらあれくらいの大きな声を出さないと聞こえないんだろうと思ったと（笑い、拍手）。なるほどとわかりました。これは余談ですが（笑い）、こういうことをいちいち挙げていたらほんとうにきりがありませんので、きょうは、日本共産党員町長の町が地元のマスコミにどうみえているかということ――七人の共産党員首長のうち三人が兵庫県に集中していますので、「神戸新聞」にあらわれた三人の町長、三つの町政の姿をご紹介して、革新・民主自治体の成果の集約に代えたいと思います。

マスコミが見た〝共産党員首長〟――「神戸新聞」から

これはなかなかおもしろい記事なんです。四月十二日付ですから、二週間ほど前の、「神戸新聞」ですが、記者の方が三月議会を傍聴したというのです。「何が三人を生み出した要因なのか。その政治スタイル、成果、課題は……。向こう一年間の予算が審議され、町長にとって最も気を使う三月議会の傍聴を通じて探った」という書きだしです。

いちばん大きな見出しを二つあげますと、「地域重視の町政掲げ」「保守顔負け人情路線」（笑い）、こう書かれていました。

地元紙の記事ですから、書かれたご当人たちがどう受け取ったかは知りません。もっとよく書いてほしかったという思いもあるかもしれませんが、私は書いてあるとおりを正直にご紹介します。まず議会答弁の模様なんです。「議場は三者三様」という小見出しで、「三人……はそれぞれ質問に丁寧に答えていた。が、議場の雰囲気はまるで違う」といって、まず山田さんのところです。「南光町議会は粛々と、じゅんじゅんと。まれに出る耳の痛い質問に、五期十八年の長期にわたって町政を担っている山田兼三町長は、神妙な顔つきながら『議会のご協力もいただきまして前向きに……』と余裕の答弁」。（笑い、拍手）

それから福崎町です。「嶋田正義町長は一期三年目。痛烈な質問が飛んだ。目をつぶり、じっと腕を組んでいたが――答弁をしたのだとは思うんですけれど（笑い）――、意外にも予算議案はじめ重要案件すべてに『異議なし』。顔をほころばせ『あすは恒例の議会懇親会がありまして……』と、飲めないビールも苦くはなさそう」。（笑い、拍手）

最後は黒田庄町です。「二人に比べると、行政経験ゼロの黒田庄町の東野町長は針のむしろに座る思いだったのではないか」。ともかくいままでのまちがった同和行政を圧倒的多数で支持してきた議会で、新町長の与党という議員は少ないわけですね。「各議員から発せられる密度の濃い質問に懸命にメモをとる。頼りの助役は横にいない。選挙で敗れた前町長と命運を共にし、退職、空席のままだ。――議場に相談相手はいないんですね――それでも、議員の顔を見ながら自分の考えをはっきりと述べる答弁が続くと、議員から『よく勉強している』との声が上がった」。（笑い、拍手）

歴史も状況も違うのですが、そういう奮闘ぶりです。ご当人は不満なりあるかもしれませんが、私はその議会を傍聴していないので、この新聞で様子をうかがうしかないわけで、〝さも有りなん〟の実感ある描写だと思いました。

その傍聴記事の後、三町長がなぜ勝ったかの分析がつづくんです。見出しは「予想外の勝利」で、「いずれも奇跡に近い勝利」だという解説です。詳しい中身は略しますが、南光町、黒田庄町はどちらも同和問題があったこと、また福崎町と黒田庄町は、どちらも相手が「三選を狙うベテランの保守系現職との争い」だったこと。また、南光町の山田さんは「地縁、血縁全くなし」の候補者だったことなどの事情をあげて、「奇跡の勝利」という模様を解説しています。とくにそのなかでこの記者がみているのは、「地域との深い結びつき」、なによりも人間的なつながりです。

「同和問題が争点にならなかった福崎町では『腰が低くソフトムード』——これは保守系町議の言葉なんですね——が買われた。『ええ人でっせ。いっぺん（町長を）やらしてみいや。そんな空気が広がった』——これも保守系町議です——」

それから、黒田庄の東野さんについては「地元中学校のバレーボール部を近畿大会に出場させ、一気に声望を集めた」こと、「真夏の特訓で障害を持つ生徒に自転車乗りを教えてやり遂げた」ことなどが紹介されています。

「地縁、血縁全くなし」の山田さんについては、「敬老会でお年寄りにビールを注いで回ったり（笑い）、町政視察に訪れる来客のスリッパを自らそろえる山田町長のエピソードは有名だ」——そういうことをずっと書きながら、結論は共通なんです。

「『寅さん』や『金八先生』を思わせる人情ときずなの日本的世界。保守陣営が従来、最も得意としていたはずのこの世界で、逆に共産党員候補が優位に立った。保守を含む無党派層がぐぐーんと傾いていった様子が目に浮かぶ」

「保守顔負け人情路線」と書かれたこの姿勢は選挙のやりかたの問題ではないのです。そういうことが町の施策にあらわれる。そこにも記者はちゃんと目をむけていました。

「南光町の役場庁舎は県内でも指折りの古さだ。木造二階建てで築後四十三年。年々、手狭になり、壁を取っぱらったり、部屋を継ぎ足したり。働く職員の居心地は良いとは言えない。役場に隣接する小ぎれいな現代建築の文化センターとの対比が、山田町政の姿勢をうかがわせる（拍手）。住民優先、奉仕者（公務員）後回し」。なかなかいいことを書いていますね。

「この姿勢で小、中学校の建て替え、改築を進め、虫歯予防に取り組み、ひまわりの里、子ども歌舞伎を育成し、全国の他の自治体から『まちづくりのモデル』と高い評価を受ける。

『住民が主人公』は福崎・嶋田町政も黒田庄・東野町政も掲げている。目立つハコ物行政より（住民サービスの）ソフト重視が特徴だ」。このあと前の町政からもちこされた未解決の「難問」もあるとか、苦言をいろいろ書いてもいますけれども、私は、じかに町政をみての好意的な気持ちが、にじみでている記事だと思って読みました。

この記事をみながら、昨年（九七年）十一月でしたか、ある民放が、日本共産党についての一時間特集をやったとき、南光町の取材の後、ナレーターが「おとぎの国のような町づくり」といったのですね。その言葉が頭に浮かびました。そういう成果があらわれています。

私は、この成果を生みだしたのは奇跡ではなく、「住民が主人公」という地方自治の立場をほんとうに徹底して町政にとりくむ、地方自治法の精神で町政、村政、市政にとりくむ、そこになによりの原点があると思います。最初の一期目ではなかなかちがいがみえなくても、二期、三期と重ねられてゆくと、自民党のもとで荒れはてた地方行政とほんとうに地方自治の立場にたった民主行政とのちがいが、実にくっきりと、ある意味では七〇年代のとき以上に鮮やかにうきぼりになる、そこに大事な点があると思います。

普通のまちで新しい自治体が生まれる条件が広がる

しかも、こういう町政や村政あるいは市政をつくる条件というのは、なにか特別な地域にだけあるわけではないんですね。どこの共産党員の町長さん、村長さん、市長さんも、圧倒的につよい与党をもっているという方はいないのです。その議会で、日本共産党の議員は一人とか、二人というところが多い。さきほど紹介された木曽福島町のように、二人いたんだけれども、一人が町長選にたって当選したので議員は一人になったとか（笑い）、こういうところが圧倒的です。

これは、日本共産党が歴史的に特別に力がつよいとか、議会で大きな議員団をもっているとかの条件がなくても、いまの日本の情勢のなかでは、保守の無党派あるいは革新の無党派の方がたと力をあわせることで、ある意味ではごく普通の町でそういう市政、町政、村政が生まれる条件がある、それだけのことが、いまの日本の自治体のなかには満ち満ちているということを、あらわしているのだと思います。

木曽福島町は、日本共産党員の町長さんが生まれたいちばん新しいいちばん新鮮な町なんです（九八年の三月十五日投票）。私は、その当選の夜の様子を地元の新聞（「信濃毎日」）で読んでたいへん印象的でした。開票の夜の光景がこう書かれていました。

落選した現職の町長の方は、「県内選出の国会議員三氏や約百人の支持者とともに、祝勝会場に予定した――もう勝つと決めてお祝いの準備をしていたんですね――自宅近くの旅館の大型画面で、開票中継を見守った」とあります。当確がでたら、さっと乾杯をやろうと待ち構えていたらしいです。「落選が決まると、支持者から『うわー』という悲鳴」。こういう情景が一方で書かれています。

一方、勝った田中さんの方は「事務所にいた支持者はほんの十人ほど」（爆笑）。これはほんとうかどうか知りませんよ、「田中さんも厳しい表情で『期間が短かった。あと一週間、いや五日ほしかった』と選挙戦を振り返っていた」（爆笑）。そこへ当選の連絡が入って「いきなり拍手と歓声に沸き返った」というんです。

この記事から私は想像したのですが、町がわきたつような選挙戦で、終盤では勝利の手ごたえ十分といったことではなかったのだろう、ごく普通の町でごく普通の選挙をやって、町民の審判がでたら勝利になったということではなかったか。同じ記事では、相手側の、落選した現職町長の言葉が、「意外な結果だが、これも住民の選択。厳粛に受け止めざるをえない」。「木曽郡で初めて共産町政が誕生した。いいにしろ何にしろ歴史的なこと（爆笑）。実に不思議な現象だ」と紹介されていました。

私は、そういう普通の町で、「意外」でも「不思議」でもなく、そういう結果が生まれてくる、そういう条件が日本の社会の津々浦々に、多かれ少なかれ熟しつつあるというところに、いまの時代というものを非常につよく感じました。

こういうなかで、日本の地方政治の二つの道がクッキリあらわれているのが、現在であります。地方自治の精神をほんとうの意味でとりもどして、それが、国政での前進とならぶ二十一世紀の政治革新への重要なうねりとなるように、みなさんを先頭に全党で努力することをあらためて確認したいと思います。(拍手)

五　安保・基地問題は特定の地方だけの問題ではない

地方政治の現状をみる最後に、安保・基地問題についてのべたいと思います。

いまの情勢の特徴は、安保条約の問題が、基地がある自治体だけの問題ではなくなった、まさに全日本的な問題になった、というところにあると思います。

日本全土の基地・演習場化がすすむ

一つは、米軍に基地を提供しているのは、専用基地は十三都道県、共用基地をいれて二十五都道県ですが、現在、日本全土が基地化・演習場化されるという状況がすすんでいるという問題です。

たとえば、米軍機の超低空飛行訓練とか、夜間離着陸訓練(NLP)が各地で住民に大被害を与えています。超低空飛行のルートがひかれているところ、あるいは夜間離着陸訓練がおこなわれているところは、全国で三十二都道県にわたります。また、九〇年代にはいってから民間港湾にアメリカの軍艦が寄港したというところは十六都道府県、民間空港への米軍機の飛来は二十八都道府県にのぼります。

こういうものを全部あわせますと、米軍の軍事活動が実際にその県でおこなわれているというところは、四十五都道府県を数え、ほとんど日本全土をおおうところまできているんです。さらに海の共同訓練は日本海と太平洋の広い海域でおこなわれていますから、その影響を考えると、ほとんど例外なしに全日本が演習場化しているといってもよい、こういう事態であります。

自治体に米軍協力を義務づけるガイドライン法制

もう一つは、国会に政府が「周辺事態法案」をだそうとしていますけれども、ガイドラインの立法化で米軍の軍事行動への自治体の協力が法制化される、という問題です。この協力の内容として、よくあげられるのは、空港や港湾の利用という問題ですが、「周辺事態法案」で具体的にかかげられている米軍への軍事協力の内容はそれだけではありません。物資の補給、武器をふくむ輸送と修理・整備、さらに医療、通信などなど、たくさんの項目があげられていますから、さまざまな分野で自治体に軍事協力がもとめられる可能性があります。こういう事態が法制化されようとしているのです。

こういう二重の意味で、安保条約の問題、米軍基地の問題、米軍への軍事協力の問題が、全日本的な問題になっている。その点が重要です。

きょうはガイドラインや「周辺事態法案」について、詳しい報告をするつもりはありませんが、今朝の報道に、新しい重大な動きがありました。実は、ガイドライン発動の引き金となる「周辺事態」とは何かということが、国会でも大問題になってきました。これまでは、政府は〝これは地理的概念ではない、だから区域をしめすことはできない〟というごまかしの答弁で逃げとおしてきました。しかし「周辺」ということばは、だれが考えても地理的な概念です。それを地理的概念じゃないといって逃げること自体が、ひどい話でした。

「周辺」とは在日米軍の作戦範囲のこと――橋本内閣の右往左往ぶり

ところが、今朝ある新聞の一面トップの報道をみて驚きました。政府が新しい「基本見解」をだしてこの答弁を変えるというんです。やはり「地理的」だったということに解釈を変えて、「周辺事態」とは「(日米安保)条約に基づく『極東』とその周辺地域まで」(「読売」九八年四月二十七日付)とする新解釈にあらためるのだそうです。国会で地理的概念でないとあれだけいってきた橋本内閣が、いよいよ法律をつくることになったら、どうも具合が悪いとここでもまた政策転換をやって、実は「地理的概念」だった、といいだした。そしてこれまで安保条約で使って手慣れている「極東」の概念をもちだし、「極東とその周辺地域」ということで間にあわそうという話です。ここでも、その右往左往ぶりはひどいものです。

重大なことは、「極東とその周辺地域」ということになると、そのなかには当然、台湾海峡がはいってくることです。台湾問題というのは中国の内部問題です。中国の内部問題にアメリカが軍事介入したら日本がそれに参加することになる。「一つの中国」という、現に世界に公約している日本の外交的立場とまったく矛盾する軍事協力にふみこもうとしていることも、あきらかになりました。

しかもその新聞の解説によりますと、「現在の国際情勢下では」この範囲というのが政府筋の考えだとのことです。つまり「極東とその周辺地域」という場合に、「周辺地域」がどこまで広がるか、将来形では未定だということです。依然としてガイドラインの発動範囲をあいまいにしたまま、日本と国民を、アメリカの軍事協力にひきこもうとしている危険な実態がいよいよあらわになりました。

橋本内閣が、この「周辺事態」という問題で、なぜこんなにあいまいなのかというと、実は理由ははっきりしているのです。わかっていても、ほんとうのことをいえないからです。

はっきりいえば、「周辺事態」とは、在日米軍の出動範囲、作戦範囲ということです。問題は、在日米軍の海外出動への協力です。在日米軍が出動するときには、ゆく先がどこであろうが、必ず協力してくれ、というのが、アメリカの注文です。だから、在日米軍の出動範囲が「周辺事態」なのです。そこには、中東も東南アジアも、湾岸も東アフリカも全部はいっているんです。在日米軍はアメリカの本国から、「君らの担当する作戦区域はこの範囲だ」とはっきりした命令を受けているのですから。

そう解釈すれば、すべてはきわめて明快であります。しかし、その明快なことがいえないために、景気対策と同じく、この問題でも橋本内閣が右往左往しています。ガイドラインの解釈も実行も、日本の政府が決めることではなく、全部アメリカからでてくるものだからです。

そういうものに自治体がまきこまれようとしている事態にたいして、いま、多くの自治体で、まじめな人たちのあいだからは保守的な方がたを含め真剣な疑問がわいています。ここにも日本の地方政治で非常に大事な問題があることを申しまして、地方政治の現状についての報告を終わりたいと思います。（拍手）

第二章　地方議員の活動の前進のために

一　地方政治での党の到達点をみる――議員総数第一党

つぎに、地方議員のみなさんの日々の活動の問題であります。

まず最初にわが党の到達点をみたいと思います。

四千七十七人の地方議員というのは、文字どおりわが党が地方議員数で第一党だということであります。ここには、日本共産党の〝草の根〟の力の発揮があるということを、私は、いろんな機会にくりかえしのべてきました。というのは、日本の政党のなかに、全国どんな地域にも政党の組織をもっているという〝草の根〟型の政党は、現在わが党以外にはないからです。保守の政党だったら企業の組織で間に合わせる、民主党や社会党系だったら組合の組織で間に合わせるなど、つまり政党としての本来の組織をつくらないで、他の組織で代行させるというまちがったやり方が横行してきましたから。

そういうなかで、わが党がいま三十七万という党員をもち、その地域、職場、学園に三人以上いれば支部をつくって全国で活動する。その成果が、全国第一党という地方議員の数になって現れているわけです。

都道府県議会、政令市レベルの前進に課題の一つが

ただわれわれが、地方議員数が第一党だからといってそこに安住するわけにゆかないのは、地方議会にも市町村、政令都市、都道府県とありますけれども、大きい議会では議員の数が思うようには増えていないのです。「都道府県議会では、議員総数で第五党」だということを、党大会で指摘しました。提案権をもっているのも、都道府県議会では、東京と京都以外にはありません。ですから地方議員数第一党ということに甘んじないで、この数をもっともっと増やし、ほんとうに全国津々浦々でわが党議員が活動する状態をつくりながら、いままで比較的党の議員が少なかった都道府県議会や政令都市議会などで、もっともっと強力になるということが、われわれの大事な任務です。

なぜ都道府県とか政令都市で党の議員が少ないかといいますと、そこでは選挙区が分かれていて、選挙区ごとの議員定数が少ない、というところに大きな壁がありました。それで大会では、「これらの分野で、議席を伸ばすために重点的な努力をそそぐ必要があります」ということを強調したのです。

この面で総選挙以後の一年数カ月をみてみますと、定数が少ないところではなかなか勝てないという状況を、かなり大きく打ち破ってきたということが、いえると思います。

定数一〜二の選挙区でも〝壁〟を打ち破りつつある

去年（九七年）の東京都議会の選挙では、二人区が十六あるうち、七区で勝利しました。あと一区でくり上げ当選となりましたから、十六の二人区のうち半分でわが党が議員をもっています。これは、東京都議会の選挙の歴史のなかで、われわれが初めてかちとった成果であります。

それから、総選挙から現在までの一年五カ月の間に（一九九六年十一月〜九八年三月）、中間選挙のなかでも定数の少ない五十一の補選で勝利しましたが、そのうち三十八は、定数一あるいは二という選挙での勝利でした。これによって府議・県議五人、政令市議三人をふやしました。県議・市議でいいますと、千葉の県議・柏区（九六年十一月）は二人区でした。船橋区（九七年三月）は一人区でした。大阪の府議・大正区（九七年六月）は一人区でした。埼玉の川口市の県議選（九七年六月）は二人区でした。高知県・高知市の県議選（九八年三月）は二人区でしたが、わが党はトップ当選で、二名の独占をねらった自民党が二人とも落ちました。こういうように、一人区、二人区での勝利もずいぶん重ねてきています。

こういう成果をふまえて、これまでなかなか手がとどかなかった定員の少ない選挙区でも大いに大胆に挑戦し、都道府県議や政令市議などのレベルでもわが党の比重を高くしてゆく、これがいま、来年のいっせい地方選挙をふくめて、われわれの前にある大事な任務であります。この面でもみなさんの大いに意欲的な奮闘を期待したいと思います。

二　わが党の政策活動の歴史をふりかえる――地方政治を中心に

議員の数、選挙の面ではこれが到達点ですが、では、地方政治の分野での政策的到達点は何か。これはあまりいままでお話ししたことはないのですけれども、今日にいたるわが党の政策的な前進の歴史を、かいつまんでここでお話ししておきたいと思います。

いまの到達点は綱領路線をふまえた努力と研究の結実

地方政治におけるわが党の政策というものは、やはり根本からいえば党の綱領の路線の上に生まれたものです。しかし、政策問題というのは、綱領が決まったら、あとはあまり考えないでもおのずから答えがでてくるという、コンピューターみたいなものではないのです。

綱領を決めてからあとも、ずいぶんいろいろな苦労をして、われわれは今日の政治、政策的な立場をきずいてきました。この面でも、今日の到達点は、三十数年来の全党的な努力の結実であります。

私自身の思い出話もふくみますが、私が党本部にきたのは一九六四年春でした。それから間もない時期だったと思いますが、地方政治の問題を議論しようということで、おもだった地方の議員の同志にあつまってもらって、シンポジウム的な研究会をひらいたことがありました。そのときも、京都は民主府政があり、強力な議員団をもっていましたから、やはりここがいちばん進んでいるだろうと思って、京都からきた同志に、いつも予算には与党としてどういう態度をとっているのかをまずきいたんです。答えは「反対してます」でした。「どうして反対するのか」ときくと、「三割自治だから七割は毒がはいっている」（爆笑）。「それで、否決されると困るんじゃないか」、「いやー、自民党が賛成しますから」（爆笑）。この回答をしたそのときの京都の代表が、寺前巌府議会議員でした。（爆笑）

つまり、民主府政の与党として、住民本位の施策を前進させるいい活動をたくさんやっているんですけれども、その京都でも、それを政策論として、あるいは議会活動論として理論づける段階にはまだなかったんですね。

同じころにこういう経験もありました。公害や交通難の問題など都市問題が深刻になってきた最初の時期ですが、わが党の都市政策をだそうということになりました。そういう問題で理解もあれば経験もある民主的な学者の方にもあつまっていただいて、いろいろ知恵を借りたんです。そうしたら、なかでも代表的な方が「そんな政策をだしたら、改良主義にならないか。いまの政治のもとで、〝都市問題をこう解決する〟という方針をだすこと自体、ちょっとひっかかる」といわれるんですね。「そういわれるけど、あなたは、いろいろな大都市の行政から相談をうけて、委員になったり都市計画のプランづくりをやったりしてるんじゃありませんか」（爆笑）と質問すると、「いや、あれは内心、理論的にはまずいと思いながら、内職でやってるんです」（爆笑）。そんなところから話がはじまって、お互いに意のあるところを討論しあって、共通点や方向を確認することができ、大いに発展的な議論をかさねました。こういう議論や研究をふまえて六八年の六月に発表したのが、「都市問題の解決をめぐる二つの道――都市問題にたいする日本共産党の態度」という政策でした。それだけに、私には、たいへん印象に深いものの一つですが、ともかくそういうあたりから、われわれの政策活動ははじまったわけです。

人民的議会主義――二十八年前の議員集会での報告から

つづいて、冒頭にいいました一九七〇年八月の地方議員全国研究集会です。その一カ月前の、七月の第十一回党大会で人民的議会主義の方針をうちだしましたから、それにもとづく自治体活動の方針について私が最終日に報告したのです。「自治体活動と人民的な議会主義」という報告で、私の論集（『人民的議会主義』）に収録してあるのですけれど、きょうの集会があるので、二十八年前は何をしゃべったかなと思って、あらためて読みなおしてみたら、結構いいことが書いてあるのですね。（笑い）

たとえば、「日本共産党は最近ソフトになった」という話がよくいわれます。「『何でも反対』から変わった」というのもその一つですが、実は二十八年前の私の報告の、政策部分で最初にとりあげたのが、「『何でも反対』では駄目だ」ということでした。当時、国会でも、政府からいろいろな法案がでてくる、それはもちろん一〇〇パーセントわれわれが賛成できる内容のものではないのですが、どういう基準でそれにたいする賛成・反対の態度を決めるのかということを、随分議論して決めたあとでした。その基準などを紹介しながら「少しでもわれわれの主張とちがうものは、『何でも反対する』というのは住民にたいしては無責任になる。住民にたいする責任から、住民の利益にとって前進する内容をもつものにたいしては、大きな毒がはいっていないかぎり、大局的に賛成することが正しい」といった趣旨の話をしました。

また、どんな場合でもわが党の建設的な対案、積極的政策を前面におしださなくてはいけない、この問題はこう解決するのだという方向があってはじめて、まちがった政策への反対も力をもつということとか、いろいろな政党にたいする態度の問題でも、当時は社会党との共闘がいちばんの大きな問題でしたが、それにとどまらず、公明党や民主党など、反共的態度をもっている党でも一致点があり共同の意思があるなら、共同の門戸を開かなくてはいけないとか、今日につながるような問題提起がやはり二十八年前からちゃんとある。

こういうことをあらためて読みなおし、党の歴史に私自身思いを寄せました。そういうことも一つの参考として研究してほしいと思います。

七〇年代の政策論争——教師論、自治体労働者論をめぐって

七〇年代には、地方政治の現実のなかでいろいろな政策問題にぶつかりました。なかでも難し

かったのは、共同して革新自治体をつくっている社会党との間に、さまざまな政策的な衝突が起きることとです。

たとえば、教育の問題、先生方の運動の問題がありました。社会党および社会党支持の立場にたつ日教組が、いわゆる運動論になりますと、「教師というのは労働者なのだ。教育にたいする責任は文部省が負うべきだ」といった調子で、学校の先生方の教育にたいする責任をいわば抜け落とさせる議論をさかんにやるのです。政府・自民党が、そこにつけこんで大きく攻撃をしてくるといった状況がありました。それにたいして私たちは、先生方の運動で自分の労働条件を保障することが大事であることと同時に、子どもたちにたいする教育の重大な責任がある、それが教師の本来の大きな任務であるという問題を正面から打ち出し、教師論の問題で大論争になったものです。

また、自治体労働者の問題でも、社会党の側には、賃金や労働条件をあげればあげるほどいいという立場の議論が牢固《ろうこ》としてありました。それにたいしてわれわれは、自治体の労働者、地方公務員というのは、「全体に対する奉仕者」であり、住民への責任が重要な任務なんだ、だから労働組合として、労働条件の問題を重視するのは当然だが、日本の民主運動全体としても、また公務員労働者としても、その自治体に過大な負担をかけないで住民のための働きをきちんとはたす。これが大事な課題なのだから、その面で責任をはたしてゆかなければならない。こういう立場から人件費や行政機構のあり方などの問題でも、「できるだけ効率的な機構で住民本位の仕事をやる」という精神を基本にして活動する必要がある――と説きました。これも社会党とのあいだで大論争になった問題であります。

それからここであらためて詳しい内容を解説する必要はないと思いますが、同和行政の問題も社会党との大きな論争になった問題の一つでした。

もともと部落解放運動というのは、戦前からわが党とも深い連帯の関係にあった民主主義の運動です。ところが、戦後状況が変わるなかでその一部が変質して、「部落解放同盟」という組織が暴力をことしたり、利権をあさったりする集団に変質し、それによって各地で自治体と住民が大被害をうけ、事実上自治体が破壊されるという事態までおきるようになりました。南光町の山田町長のところでも、その無法な支配を打ち破ることが町の最大の課題になって、十八年前、「地縁血縁がまったくない」という、山田さんが町民から圧倒的に支持されて初当選をかちとったという歴史があります。社会党は、この「部落解放同盟」と一体になっていましたから、この問題でも、われわれは社会党と大論戦をやりました。

これらの問題は、教師論にしても自治体労働者論にしても、同和問題にしても、現在では、論争の結論はきちんとついて、われわれの立場がいまではほとんど常識的になっているといってよいと思います。しかし七〇年代には、日本共産党のこういう問題提起は、それぞれの分野での政策活動のいわば画期をなしたものでした。

東京都政をめぐる同和問題〝秘話〟――いまだからあかす

ここで、同和問題に関連していままで公表しなかった、一つの〝秘話〟をもうそろそろ時効になっていると思いますので、話しておきたいと思います。

実は、美濃部都政の時代の一九七四～七五年に、東京都の同和行政の問題で与党であった私たちと美濃部都政とのあいだに、大きな対立がおきたことがあります。問題は、「部落解放同盟」の攻撃に屈服するかどうかをめぐってだったのですが、美濃部さんの方が、「部落解放同盟」の不当な要求を受け入れてしまう（そのなかには、同和行政については、「解放同盟」だけを交渉の窓口にして、ほかの団体は相手にしないという、いわゆる「窓口一本化」の問題もふくまれていました）。これにたいして、私たちが、このままだったら次の選挙で美濃部氏を支持することはできないという態度を表明して、まわりから「そこまで共産党いわないでも」といわれたりしたこともありました。結局、最後には解決にいたりましたが、そこに到達するまでに、なかなかの歴史がありました。こういう範囲のことは知られているのですが、実はこの問題でのほんとうのたちいった歴史は、いままであきらかにされてきませんでした。歴史の当事者として、この機会にみなさんにお話ししておきたいと思います。

実はあのときの同和問題というのは、七四年八月末に関西から「部落解放同盟」の大部隊が東京に押しかけてきて、東京都の民生局に「自分たちの要求をのめ」という座りこみをやったことからはじまったことでした。私も、座りこみがはじまってから何日かしてそのことをきき、これは重大だと考えました。関西とはちがって、東京の都民はほとんど同和問題を知りません。「解同」の暴力にもこのときはじめてぶつかったわけです。この暴力の介入をいったん許したらどんなことになるか、同和行政の関係者もあまり知らないのです。私たちは関西でさんざん経験していましたから、それは大変だというので、すぐ対応措置をとることにしました。

そうしたら、その矢先に美濃部知事の方から、非公式に会見したいと緊急の申し出がありました。都内のさるホテルで会いましたら、「助けてくれ」というんです。「都政が『解同』に攻撃されている、彼らの要求を受け入れることは絶対にできない。しかし、自分の手では解決できない、頼るところは共産党しかない、なんとか助けてくれ」という話でした。いわれるまでもなく、私たちはその立場で対応するつもりでしたから、知事がそういう考えなら、やり方もいろいろさらに考えられるということで、その場でもちろん知事の要請を引き受けました。たいへん悲《ひ》愴《そう》な顔での要請でした。

そういうホテルでの会合を二回ぐらいもちました。十日ぐらいたってのことでしたか、三度目のときにはじめて都庁で公式に会ったのです。会ってみると、知事の方の雲ゆきがちょっと変わっているんですね。きょうこれから「解同」の代表に会うつもりだというのです。はじめは自分の方から絶対会わないといってたのですけれども、その知事が急に会うつもりだといいはじめた。そして「解同」の代表と会ったその日から、これまでの態度を変えて、彼らの不当な要求を次つぎと受け入れはじめたのです。

考えてみますと、美濃部知事がおそれたのは、自分の身が暴力的な攻撃をうける、直接の暴力はふるわれなくても、「糾弾」という名の、言葉のうえででも集中攻撃を受けることだったと思います。しかし、内々様子をさぐると、どうも自分にたいしてそういうことはなさそうだと分かって、会ってみると相手は、かなりおだて型の対応をしたわけです。それで安心して、彼らの側に乗り換えてしまい、私たちとの連絡も話しあいもきってしまったということでした。

しかし、この問題は、知事との約束があったからうんぬんということではありません。東京都政が暴力と利権の巣に変えられるかどうか、そういう攻撃から都民の安全をまもるのか、ひいては日本の民主主義にもかかわる問題ですから、知事が立場を変えても、日本共産党は、公正と民主主義の立場を堅持し、東京都政が「解同」への屈服状態からぬけだすことを求めて、最後までがんばりました。そのために、なかなか難しい局面も経験しましたが、あのときそこまでやってわれわれががんばり、最後には共社両党の委員長をふくむ五者会談（七五年三月）をやって、きちんとした同和行政のレールをしき、民主主義をまもりぬいたことが、やはり都政のその後にとって非常に大きな意義をもつものとなりました。われわれはこのことをいまでも歴史的な成果だと考えています。

ただ、美濃部知事の回想録があとで新聞に連載され、そこでこのことにかんする部分を読んで、私はほんとうにがっかりしました。日本共産党に会って「助けてくれ」と頼んだことについて黙っているというのは、ありうることですけれども、「私は当時、同和問題であのような事態になろうとは思いもよらなかった」とか、共産党が「あれだけ大騒ぎをしてどれだけのものが得られたか、今もってよくわからない」とか、自分が日本共産党から突然の攻撃をうけたかのように歴史をいつわってえがいているのには、たいへん複雑な思いをしたものです。

しかし、私たちは、問題はすでに基本的には解決したわけですから、これまで、このいきさつについては公表してきませんでした。ただ一九七四～七五年からもう二十数年たって、歴史の真実は、きちんと記録しておく必要がありますから、この機会にお話ししたわけです。

このように、七〇年代の政策活動は、革新自治体の共同の与党である社会党との間での議論もあれば、私たちが選挙でおした行政の当局者とのあいだでも、そういう政策的対立も生まれる、そういうなかで、まともな民主主義的な道をまもる責任を自覚してわれわれががんばったという内容をもっていました。そういうことが全国に無数にあったことを、ここでみなさんに理解しておいていただきたいと思うものであります。

こんど、政策活動の歴史の一部を二冊の『日本共産党政策・提言資料集』にまとめました。これからも続編はひきつづきだしていくつもりですから、ぜひ研究してほしいと思います。

三　議員活動でぜひ頭においてほしいこと――七つの提案

そういう歴史のうえにたって、これから議員活動をさらに発展させるうえで、みなさんがぜひ頭においていただきたいことを、これからいくつかのべたいと思います。

議員の仕事といいますと、分野は無数にあります。その自治体がかかわるすべてについて研究する必要があり、対応する必要があるでしょう。理想論をいえば当然そうなりますが、現実からいうと、そんなことをいわれても手がたりないという悩みが、みなさんの活動の現場ではあるでしょう。

こんど調べてみましたら、わが党が議席をもっている二千二百六十の地方議会のなかで、党の議員はひとりというところが千三百五十八議会ありました。議員数でいえば約三分の一ですけれども、自治体の数でいえば、半分以上が一人議員のところだということです。党の議員が一人だという方に、あれもやれ、これもやれ、これも勉強を、あれも勉強をというわけにはゆきませんから、その現状を念頭においたうえで、これからの議員活動にあたって、少なくともこういう角度の問題をしっかり考えてほしいということを、七項目ほどのべることにします。

第一。地方政治の問題に住民の目線でとりくむ

第一は、地方政治の問題を考えるとき、どんな問題でも住民の目線で考えてほしいということです。

住民がなにをもとめているか、それにこたえるのが地方自治ですから、これを出発点にして考えてほしい。もちろん、もとめられているからといって、そのすべてを、すぐ解決できるわけではありませんし、住民の意見といっても利害が対立したり意見がわかれる場合も多くあります。しかし、そういう問題点をそれなりにこなしながら、地方政治の仕事というのは、他のだれの要求にこたえることでもない、地方住民の要求にこたえることが地方政治の精神なんだということを、しっかり議員活動の全体にまず貫いてほしい。

自民党流の地方政治論はそのおおもとが狂っているんですね。さきほど「国政の基本方針を末端まで滲透させるための国家行政の一手段に化した」という、戦前の地方政治にたいする憲法学者の集団の批判のことばを紹介しましたが、これがいまでも、自民党流地方政治論の基調をなす流れです。ですから、政府がたてた国土計画など、政府がたてたこれこれの方針をどうやって、市

町村の末端にまで徹底してやらせるか、都道府県に、市町村を監視する役目をどうひきうけさせるか、それが地方政治論のすべてだというところに、逆立ち政治の根本があります。しかも政府がだしてくる計画というのは、自民党政治の陰の推進役である財界の計画であったりもするわけです。

それにたいして、住民の目線で地方政治にとりくむ、あたりまえのことですが、これを議会活動の第一の出発点とし基本においてほしいと思います。

第二。一つひとつの要求を、困難を解決して実現する努力

二番目は、住民の要求を現実に解決する努力です。問題はたくさんあります。あすの分科会でも、たくさんの問題をとりあげます。ゴミの問題もあれば環境の問題もあり、福祉・教育の問題もある。いろんな問題を議会活動、議員活動のなかでやらなければいけませんけれども、すべてを同じようなかたちで一挙にやるということはできないわけで、ともかく一つでも二つでも、住民の利益にたった要求を、困難を解決して実現させる、そういう努力をしてほしいと思います。

全国の地方議会での実績をみてみますと、議員が一人しかいないというところでも、そういう努力で、難しい条件を打開して、住民の代表としての実績をあげている例がたくさんあります。

要求の実現には、そこにいたる筋道が比較的簡単だというものもありますけれども、少し入り組んだ問題になりますと、そのことをめぐる行政のしくみ、住民の関係とか、いろいろな問題点やその解決の仕方について、調査もいれば研究もいる、工夫もいるという場合もあります。そういう問題を着実にこなして行政にせまる、そういうねばりづよい努力をして、保守的な自治体のもとでも住民の立場でのしっかりとした前進をかちとってほしい、これが二番目であります。

第三。産業政策など地域経済の諸問題に目をむける

三番目には、地域経済を破壊する状況がすすんでいるいま、福祉や教育などの問題ももちろん大事ですけれども、それとあわせて、地域経済の諸問題や産業政策——商業、中小工業、地元建設企業、地場産業、農林漁業などの問題にも目をむけて、その分野での活動をつよめてほしい、ということです。

いま、大型開発をやれば地域経済が発展するという「開発神話」が音をたてて崩れているだけに、ほんとうに住民の立場にたち、経済の道理をふまえた地域経済発展の活動はいよいよ重要になっています。

このあいだ新潟県にいって、こういう経験をしました。私は、いつもだったら、地域経済の話をするとき、地元産業、農林漁業、中小商店街の話でもとりあげるのですが、新潟県はかつては公共事業の規模が日本最大だったという歴史をもっているだけに、中小業者のなかでの建設業者の比重が非常に大きいんですね。ですから、地域経済を考えるときにも、そのことが大変問題になります。公共事業と社会保障の逆立ちした関係をひっくりかえそうというと、なにかわが身を責められるような思いをする人が、中小業者のなかにかなりいるわけですね。そうきいていましたから私は、次のような話をしたんです。

数年前に東京都で調べたことですけれども、公共事業のなかでの中小業者への発注の比率を部局ごとにとった統計がありました。

臨海部開発のような大型開発では、発注の比率は大手が九六・二パーセント、中小三・八パーセントで、ほとんど中小業者の分はない。ところが、住宅局の発注をみますと、大手が三六パーセント、中小六四パーセントと逆転です。福祉局の公共事業の発注は大手が二八パーセント、中小企業七二パーセントでした。

だからこういう計算をしてみたんです。大型プロジェクトだと、一兆円の発注をしたら中小企業に三百八十億円の発注がある。しかし、発注総額が半分の五千億円にへったとしても、住宅局の仕事なら、三千二百億円が中小業者への発注になる。福祉局なら三千六百億円の発注になる。

つまり公共事業の中身を産業基盤型から生活基盤型にかえれば、五十兆円というようなめちゃくちゃなゼネコン型の財政つぎこみをやらないで、全体の規模をいまの半分にしても、中小の建設業者がいまよりもはるかに大きな公の発注をうけることができるということです。

これは最近の一つの経験ですが、そういう問題をふくめ、視野を広げて、経済政策、地域経済の問題にもつよくなることを、努力の方向としておねがいしたい。

第四。行政側の重大な攻撃を見逃さない

それから四番目は、行政側が提起してくる問題のなかで、住民の利益にたいする重大な攻撃がふくまれているものは見逃さない、ということです。

これは大事なことですが案外難しいことです。悪いことでも、相手方は、住民むけの美辞麗句

でかざってくるものです。東京で大問題になった都民いじめの大計画も、相手側は、〝都民攻撃計画〟と呼ばないで、「財政健全化計画」という看板でだしてきました。〝こんなに赤字がひどいんだから健全化はあたりまえじゃないですか〟といってやってくる。橋本内閣が、国民いじめの財政方針を「財政構造改革」というのと同じ流儀です。だから、この計画の表紙の表題やはじめの〝総合解説〟の部分だけをみていると、なにかまともにみえるんですね。しかし、なかまでよく読んでみると、ひどいことが全部書いてあって、後になってこれを問題にすると、〝ちゃんとみなさんに初めからいってあるではないですか〟ということになる。

そういうものをよく見ぬいて、相手がこれをもちだしてきたときに、たとえ一党であっても、たとえ一人であっても、堂々とした反対の態度をとることが、その町、その市、あるいはその県の将来にとって、非常に大事な意味をもつのです。

もちだされたその瞬間にはそこまで見ぬけなくても、よく研究してねらいがわかったら、そのときにきちんとそのことを議会で、また住民に訴える、そういうことでやればいいわけです。こうして、悪政を許さないわが党の責任をはたすことは、非常に大事な点の一つであります。

第五。他の議員との共同の努力

それから第五点は、住民の声を背景に要求を実現しようという場合、無所属の議員なり、他党派の議員なり、他の議員とも可能な限り共同の努力をつくすということです。

いまの情勢は、日本の政党状況としては、自民党政治の流れが支配的です。「総与党化」の体制は、全体としてはなかなか変わりません。国会で与党・野党がぶつかっているようでも、地方では、わが党以外の政党が選挙で全部一つの陣営にまとまるということも、現に多くあります。先日の京都の知事選挙がそうでした。

しかし、地方政治の破壊と荒廃がひどく、住民の要求、不満が激しいだけに、地方政治というのはもともと住民に近い政治ですから、他の党派と共同できる可能性がある場合には、いまの国会以上に大きいことがあるかもしれません。そういうときに、共同の可能性を大いにくみつくす努力が大事であります。

第二党になった都議会の経験

その点では、昨年の都議選以後の都議会に一つの典型的な経験がありました。東京では前からシルバーパスの廃止・縮減案がだされていましたが、これは都議会の反対を見越して昨年のうちに都当局が提案をひっこめました。公共料金の値上げや老人医療費の助成の削減の提案は、三月の都議会で全会一致で否決になりました。

これは実は、どれも、一昨年（九六年）の十一月に東京都が発表した「財政健全化計画」にはいっていたものなのです。この計画が発表されたときには、わが党だけが反対、わが党以外の各党はみんな賛成という態度でしたから、都当局の側では、一年あまり前には賛成ということで大局認めてもらっていたはずなのに、いざ提案したらすべて否決されたというので、だいぶ面食らったようであります。

しかしそこには去年の都議選でわが党が第二党になったという力関係の変化と、そのあとの都議会での新しい状況をふまえての活動という二つの力が大きくはたらいたんですね。

去年（九七年）の都議選のとき、これは政党間の大論戦の対象になった問題でした。われわれは公明とも自民党とも論戦をやりました。シルバーパスの問題でも、老人医療の助成廃止の問題でも大論戦をやりました。ただ重要なことは、公明も自民党も「財政健全化計画」には賛成したんですけれども、去年の都議選の論戦というのは、シルバーパスの廃止・削減を認めるかどうかが論戦のテーマではなかったのです。わが党が、東京都はシルバーパスの廃止や老人医療費の助成削減などの計画をだしている、だから反対しようと訴えたのにたいして、自民党も公明も東京都にはそんな冷たい計画はありませんよ、シルバーパスなどの現状をまもるのは当然の話だ、といって日本共産党批判をやったのです。こういう論戦でした。だから新しい都議会で東京都が冷たい削減案をだしてきたときには、もうどの党もそれに賛成する立場はとれなくなっていたのです。自分たちがないはずだといったものを、だしてきたわけですから。

そのとき、わが党の都議団は〝それみたことか〟という態度はとりませんでした。都議選では、みんな反対だといったじゃないか、その公約を貫いて、公約の立場で共同しようという態度をとった。いろんないきさつはあるんですけれども、これが全会一致で否決という状況を生みだした大きな力となりました。

ここにあるのは、わが党が第二党になることで都政の流れがどう変わったか、都議会の流れはどう変わったかという教訓、これがもちろん大局の第一であります。

同時に、流れが変わり、新しい状況が生みだされたなかで、都議団のみなさんが可能な共同の条件をくみつくすという態度をとったことが非常に大事だったと思います。

実は、この経過について、「都政新報」という地元紙が記者座談会のなかで「共産党の勝ち?」という見出しをつけて解説していました（九八年四月十日付）。

「今回の都議会では、『共産党が勝った』という見方がある。第二党になって、発言力が強まり、他党も脅威に感じ始めた。そのなかで、『老人医療費と値上げ反対』を打ち出した。従来であれば、自民、公明が賛成に回って、議決されるパターンだった。ところが共産の勢いが強くなり、無視できなくなった。公明も共産に対抗意識を燃やして、反対に回る。自民は条例の一部修正程度ですます予定だったが、公明と共産が反対に回ったため、対選挙対策で共産・公明の動きを意識せざるを得なくなった。結果的に自民も『都民との関係』を無視できなくなり、公明、共産と同じスタンスを選ばざるを得なかった。すべての原因は共産の動きに刺激されており、最終的には共産党が主張する論理で否決した。だから、共産党の勝ちと言える」

なかなか理づめの（笑い）座談会でした。

「しんぶん赤旗」は、この報道でも共闘問題を念頭においた〝奥ゆかしさ〟を発揮したようですが、地方紙はこういう問題になると、たいへん自由な評価をしています。

ともかくそういう立場を他党がとりやすいように働くというところに、なかなか大事な問題があるのです。

地方議会の様子、党派の状況、これは地方によってたいへんまちまちです。そこで大事なことは選挙戦では、大いに堂々と争います。しかし、議会では与党、野党のちがいとか、そういうものを固定的に考えないで、条件が現実にあるときには、住民の利益にたっての共闘に努力をつくす、このことをきちんと視野において活動したいと思います。

国会での野党共闘論について

それから、これは国政にかかわる問題ですけれども、昨日ある新聞が、「野党共闘というけれど」という題で、わが党の共闘論にかんする社説を掲げました（「朝日」九八年四月二十六日付）。そのことについて、考えたことをここでのべておきたいと思います。

その新聞の社説は、一方で総与党化批判をしながら、他方で共闘をとなえるのは矛盾ではないか――「ほかの党を『総与党』と批判しつつ、国会での共闘は模索するというのは、多くの有権者にはわかりにくい。真剣に共闘をめざすなら、共産党の側も、信頼関係を築こうとする努力が必要ではないだろうか」、こういう趣旨の議論でした。

ここには誤解といいますか、認識の浅さといいますか、そういうものがあるように思います。いまわれわれが問題にし、他党ももとめている共闘というのは、路線のちがう政党のあいだでの当面の課題についての共闘なのです。路線がちがうということをあいまいにしないで、その路線がちがう党のあいだでどういう共闘が可能かということを、お互いによく相談しながら問題をみさだめる、ここにむしろいまの共闘のたしかさ、つよさがあるんですね。ですから、野党共闘に誠実に対処するというのは、現にある路線のちがいをあいまいにしたりすることではなく、そういう性格の共闘だということをお互いにわきまえて、その共闘にたいして誠実に努力する、これが信頼関係をきずく道だと思います。

だいたい、私たちがこんどの国会での共闘についての考えを最初にのべたのは、国会がはじまる前日、各党党首があつまったNHKの討論会においてでした（九八年一月十一日）。そこで私は、「われわれは、〝総与党化〟という大きな政治の流れには批判的ですけれども、国会に出てくる問題は、生の一つ一つの問題ですから、国民の立場にたって一致できるところとは、協議もすれば一致点の探究もする」、保守の政党とも「区別なしにやる」、はじめから率直にそういう形で問題をだしているわけです。その討論会で私が国会解散の問題を提起したら、他党から賛成だという声があがりました。討論会が終わって、控室にもどったときに他の野党の代表と、これなら「国会解散共闘ができるじゃないか」ということをいいあったのですけれども、いま、わりにそれに近いところまで話がきてるわけですね。

こういう状況は他の党からみても同じなんです。たとえばいまわれわれが共闘をやっているある野党の指導者は、わが党の路線について、「日本共産党はいま支持をあつめている、これは共産党が共産党なりの理屈で整然とまちがっているからだ（笑い）、まちがっているんだが整然としている、それが支持をあつめているんだ」と説明していました。お褒め言葉か批判の言葉か、わからない説明ですが、路線がちがうことは、こういう調子でおたがい認めあっているのです。

そういうちがいをきちんと認識しながら、一致点で共闘を組む、独立した政党間の共闘が、いま、そういう認識で成り立つわけです。

われわれはこういう問題について、他党の幹部とも話すことがあります。「路線がこれだけちがうと誤解されないでいい（笑い）。いっしょにやっているからといって、あの党が共産党化したとか、共産党が○○党化したとかの誤解が生まれようもない、だから割り切って共闘がやれる」。そういうことを笑いあって話せるような共闘関係を、きちんときずいてゆくことが信頼関係なんです。

われわれは、こういうことについてわれわれの考えていることをすっかり発表しながら政党間共闘にあたっているわけで、昨日の社説のようなご心配はあたらないんだということを、この機会にいっておきたいと思います。

現在の共闘は、消費税減税や「財政構造改革法」の廃止などの問題で当面の一致点を探って共闘する、さらに内閣の退陣、国会の解散をもとめる、こういう共闘をしっかり広げていくことが大事だと思っています。しかし選挙となれば、根本の路線の問題をふくめて、それぞれの党が有権者の審判を争うわけです。その場では、いま共闘をやっている党の間でも政策論争をお互いにやるのは、政党政治のあたりまえの話です。そして、選挙の結果、どんな政党状況が生まれるか、どんな政局になるか、そういう状況のなかで選挙前にあった共闘がどんな発展をするのか、あるいはむずかしくなるのか、それはすべて情勢の推移のなかで決まることですね。しかし、党としては、選挙後の新しい政局のもとでの共闘の問題についても、国民の利益をまもり、政治のたてなおしをはかる方向で、最良の道筋を誠実かつ真剣に探究する、これがわが党の変わらない態度だということを、この機会に表明するものであります。（大きな拍手）

政権問題についても、だいたい日本の政治のなかで、連合政権という方針を、戦争直後の時期の片山内閣、芦田内閣を別とすれば、それ以後の情勢のなかで連合政権という方針を最初に提唱したのは日本共産党であります。そして、その連合政権も、民主連合政権という政治の根本的な転換の政権だけではなく、選挙管理内閣あるいは、政治腐敗の根絶をおもな任務にする暫定政権など、政治の重要な局面局面で、それにふさわしい連合政権の提唱をおこなってきたことも、思い出していただきたいと思います。七〇年代のことでしたが、そういうことを考えていただければ、わが党が、情勢におうじて原則をふまえて弾力的に対応するという、その対応のあり方がどんなものかを、ご理解いただけると思います★。

★ この報告で予告した今日の情勢に対応する日本共産党の政権論は、参院選での躍進が現実のものとなって以後の九八年八月、「しんぶん赤旗」紙上での私のインタビュー「日本共産党の政権論について」のなかで具体化しました（九八年八月二十五日付）。

以上、政策活動にかかわる問題で五つの話をしましたが、あとの二つは、ちょっと分野のちがう問題です。

第六。議員活動で絶対に〝脱線〟しない

一つは、議員活動で絶対に脱線しないということです。

階級的社会的道義に反する問題で、だれがみてもこれはまずいという事件を起こし、せっかくの議席を失うという場合も、また決して少なくありません。これはもうお互いに大いに厳重注意をすべきことです。お酒のうえだからといって頭をかいてすまない場合がしばしばありますから。

同時に、議会の慣習だからということで妥協して失敗したという経験もかなりあります。この数年来でもそういう失敗がいろいろあって事情を調べてみると、初めて議会にでたら、長年の議会の慣行だときかされ、「あ、それなら」とついのっちゃったことが失敗のもとだったという場合もありました。

私たちが、国会にでたときにも、そういうことはよくありました。私が国会に最初にでたのは二十九年前でしたが、当時は議会の委員会の夜のあつまりは赤坂でやるというのがあたりまえになっていました。それで、委員会にはいりますと、「今夜はあすこでやるから」と普通のこととしていってくるわけです。慣行だからということでいってしまうとやっぱり巻き込まれるわけで、「料亭政治廃止」なんていえなくなるわけです。そこをわが党は、まだ数の小さいときから、それはまずいといって批判し、七二年の総選挙で野党第二党に躍進してからその批判が現実に実現されてゆくことになりました。そういう点では、慣行だからといって妥協して巻き込まれない、そういう高い道義性をもつことが大事です。

いまは、有権者のみる目の方がどんどん発展していますから、そういう点でも脱線しないということを教訓にしてほしい。これが六番目です。

第七。議員を増やせる活動を志す

七番目。自分が議会で活動している間に、その議会活動も一つの力として、議員を増やせる活動をすることが大事であります。

さきほど、一人議員が千三百五十八人いるということをいいましたが、他方、五人以上の議員団をもっている自治体が百二十二あります。どこでも、最初は一人、二人というところから出発して、いま東京都議会の二十七名が最高ですけれども二けたの議員団などに発展している。そういう方向で力を増やしてゆくよう、議員活動をつうじても努力する。

この点でも無数の経験がありますが、経験のなかでも紹介する値打ちがあると思うのは、大阪の千早赤阪村の経験であります。大阪にあるただ一つの村で、千早城、赤阪城など、南北朝時代の楠木正成の古戦場があるところです。実は、七〇年代に中央委員会総会をひらいたとき、私は大阪の同志からこういう報告をきいたのを覚えているんです。

千早赤阪村は長く党議員が空白だったから、どうしても議席をもちたいと思って候補者を決めて移住させた。ところが、下宿を借りて、立候補の名乗りをあげようとすると、家主から共産党から立つのなら家はかせないといって追い出されてしまうんです。その村のなかには党員はいないし、もうどうしても立候補者がいない。そのときに、島根県の党員で、会社の仕事で千早赤阪村にある会社の職員寮に住んでいる人がいることをようやく発見して、その人を口説いたというのです。県をこえての口説きですから、たいへんだったと思うのですが、やっと口説きおとして立候補してもらい、ともかく七三年の選挙で当選した。最下位当選で、次点との差が二票差、百三十八票と百三十六票で当選したといいますから、たいへんな激戦だったんですね。ともかく当選した。その千早赤阪村で八年後の三回目の選挙では二議席に倍増するんです。二議席です。また八年後、実はその一年前の補選で三人目が当選したのですが、選挙後の定例の選挙でこれを確保しましたから三議席です。定数十二ですから、これで四分の一の議会招集権をえてしまったんです。七三年までは空白だったところが、十五年後には、日本でも数少ない議会招集権をもつ議員団にまで成長した。これはすごいことなんですね。

それで職員寮にいて口説き落とされた徳丸さんがいま議員団長をやっていると思うんですが、去年の赤旗まつりのトーク集会にでて報告していました。「なぜ、こうやって増えたのか」ときかれて、答えた一つは、「住民に信頼される議会をつくっていく方針を実行した」ことです。どんなことかといいますと、彼が当選するまでは、議会といっても質問者がいないから議事録が存在しなかったので、議事録をつくるようにした（笑い）。本会議場でたばこはもちろん、酒も飲むこともあった（笑い、どよめき）。それもやめさせた。議員の控室もなければ、議会の事務局もなかった。それもちゃんと整備させた。そういうことで、議会そのものを住民に責任を負える議会に、たてなおした、ということです。二番目に住民のみなさんの願いを一つずつ実行してきた。三番目に、読者を増やし、党員を増やしてきた。あたりまえのことですが、あたりまえのことをきちんと実行するとこれだけの力になるという実例であります。

最初の立候補のいきさつが生なましかっただけに、私はその後の経過も、折にふれてずっとみてきたのですが、そういう努力が意識的に系統的に積み重ねられれば大きな力になるということの、全体をはげます実例としてご紹介するわけであります。

四　与党になったら、議員（団）はどんな責任をになうか

次に、与党になったら、議員団あるいは議員は、どういう責任をになうのか、この問題も重大であります。

与党の立場とは——その自治体の政治の全体に責任を負う

わが党が与党の革新自治体を訪問しますと、案内してくれる議員さんが、「私は野党的与党でしてね」って、今の社民党みたいなことを（笑い）、わりに誇らしげにいう方もいるんです。もちろん、活動の内容は社民党とは大ちがいですが、要するに、選挙のときは与党として首長を断固擁護する側にたつが、選挙が終わると、日常はあまり与党としてタッチしない、ということだと思います。これでは、今の時代にせっかくつくった革新自治体、民主自治体をまもり発展させるわけにはゆかないんで、ここで、与党としての責任とはどういうことかということも、あらためて明確にしておきたいと思います。

まず、与党というのは、その自治体の政治の全体にたいして責任を負う立場です。首長と協力して住民本位の政治を一歩一歩前進させることに力をつくす必要がある。野党の側からその自治体を

ひっくり返そうという策動がおこなわれるときに、住民に依拠してこれを打ち破るたたかいの先頭にたつのも、やっぱり議員団ですね。候補者だけでは選挙ができないのと同じで、そういう転覆をねらっての攻撃のときに、攻撃されている首長の側だけではやっぱりこれを効果的に打ち破ることはできません。首長と与党議員団が共同して力を尽くしてこそ、これができるのであります。

首長との関係――「首長まかせ」型、「野党的追及」型でなく、協力して政治に生かす

だから、さきほど東京の同和問題の話をしましたが、首長が大きなまちがいをやったときには、やっぱり与党の責任においてこれをただすところまで力を尽くす必要がある。そうでないと、有権者にたいする責任は負えないわけです。

ですから首長との関係も、「首長まかせ」型もだめだし、「野党的追及」型もだめなんです。住民の目線で地方政治をみて住民の要求に密着して活動するというのは、この場合も活動の基本ですけれども、その仕事を、首長を追及するというやり方ではなく、首長と協力するやり方で、地方政治に生かしていく。ここに違いがあります。議会討論でもその基本を忘れないで、議会の運営やそこでの対応をよく研究することが必要です。

実はまだ、この分野は、わが党の議員活動では、未開拓に属する分野で、首長を助けるつもりなのがかえって困らす場合もあるんですね。党員の首長さんのところでも、いまでは笑い話になっていることですけれども、議員団が気がつくとすぐビラをまく。ビラをまくと、なにか攻撃的なビラになってしまうんで困ってるんだ、という話をきいたことがありますけれども、そこらへんはやはり野党時代のなごりですから（笑い）、それをのりこえて活動してほしいところです。

住民とのつながり――要求を具体的につかむ

住民とのつながりという面でも、首長は首長として、行政の立場を通じてのつながりを大いに広げる責任があります。また、そこで活動する政治家としてのつながりも大いに堂々と広げる必要があります。しかし、住民の要求を、行政では目のとどかないところまで入り込んでつかみ、それを行政と協力して実現するという役目は、やっぱり議員団が大きくになっている。

そういう点で、与党としての基本的立場、首長との関係、住民とのつながり、もちろん、議員活動には野党の場合とも共通するものが多くありますが、それを新しい立場で発展させてほしい。この問題も分科会の討論で豊かにしてほしい点であります。

五　参院選の躍進をめざして――国政と地方政治の両面から逆立ち政治の転換を

最後に、参議院選挙の問題について若干のべたいと思います。

いよいよ目前に参議院選挙が迫りました。二中総はもっぱら参議院選挙を中心に、報告もし討論もしました。

国政と地方政治のあいだには大きな相乗作用がある

ここで私は、日本の政治を変える事業における国政と地方政治の関係をあらためてふりかえってみたいと思います。

ここには大きな相乗作用があります。

前回の総選挙でのわが党の躍進にたいして、狛江市での市長選挙や足立区での区長選挙の勝利は、全国的にたいへん大きな役割をはたしました。つまり、これらは地方政治の舞台での勝利でしたが、有権者のあいだ、日本の社会に、政治の新しい流れをもとめる大きなうねりが広がっていることを事実でしめし、そのことが全国をはげまし、国政を前進させる力になりました。先日京都の知事選挙がおこなわれましたが、そこでの民主候補の前進は、多くのマスコミで、つぎの参議院選挙をうらなう大事な材料として分析されました。こういう関係があるわけです。

しかも、そういうたたかいを通じて革新首長、民主首長を生みだしたときには、そこでの政治の中身が、国政が革新されたとき、逆立ち政治が切り替えられたとき、あるいは、日本共産党が与党として役割をになうような政治が生まれたときに、どんな政治が実現されるのかということのひとつの実例として大きな意味をもちます。大会ではその点を「わが党が与党の自治体で、住民本位の行政をどのように発展させるかは、その地域の住民にとってはもちろん、現実政治にとりくむ日本共産党と革新民主勢力の力量をはかるものとして、文字どおり全国的な意義をもつことを銘記する必要があります」と強調しました。

参院選――二十一世紀の政権交代への手ごたえを実感できる躍進を

このように、地方政治の場、とくに住民にいちばん身近な自治体の場で新しい流れが発展することが、国政を変える力を発揮する、これが一方の作用であります。

同時に国政での前進は全国の地方政治の転換の条件と展望をひらき、かためます。実際、総選挙の躍進がなかったら、去年（九七年）の都議選の前進もなかったでしょう。そして、ことしの参議院選挙での躍進は、来年のいっせい地方選挙での大前進への情勢を、かならずきりひらくものになるでしょう。

しかもいま、国政と地方政治には、きょうも分析、紹介したように、同じ型の悪政が存在していて、同じ型の逆立ち政治が国民を苦しめています。ですから、地方議員のみなさんが有権者に訴える場合でも、まず自分の県の話、自分の市、自分の町の話をして、さてこれから国政です、といって、あらためていろはの「い」から話す必要はないわけですね。相手の悪政は同じ型なんですから、そういう点では、みなさんが、地方議員なればこその材料を使って、縦横に国政を語る条件があるのです。

しかもこの選挙は、二十一世紀の日本の政治を左右する大事な意義をもちます。大会報告は、二十一世紀の民主的政権をめざして、「当面の目標、第一段階の目標として、衆議院に百をこえる議席、参議院に数十の議席をもち、国会の力関係のうえでも自民党と正面から対決できる力量をきずきあげることを、全党の目標にしたい」と訴えました。

この決定をしてから、最初の国政選挙であります。もちろん参議院で数十といっても、こんどの選挙で一気に数十議席ということを、われわれは考えるものではありません。大会でも念押しをして「これはどちらも一回の選挙で達成するわけにはゆかない目標であります」といってあります。しかし、こういう展望にたって、二十一世紀の政権交代への手ごたえを、相手も感じ、こちらも実感できるような躍進をめざしたい。ぜひこれをみなさんの奮闘でやりとげようではありませんか。（拍手）

政治戦と組織戦――地方議員の奮闘への期待は大きい

いまは、情勢が日々に動く時代であります。国民の見方、考え方も日々に前進する時代です。九三年の総選挙では「自共対決」といいながら、われわれのえた得票はまだ自民党の得票の二割でした。九六年の総選挙では、それが四割に近づきました。昨年の都議選では、七割の得票をえました。いまの時代的な激動の速さ、大きさが、こういう数字にもあらわれています。

私たちが二十一世紀に政権をめざす意気込みで、参議院選挙を勝ちぬくには、二中総で強調したように、政治戦でも組織戦でも自民党に勝つことが重要であります。そこでの地方議員のみなさんの奮闘への期待はとりわけ大きいものがあります。

二中総では「わが党と党支持勢力のもつ組織的な力量のすべてを、選挙戦にあますことなく発揮すること」を目標とし、「とくにわが党の〝草の根〟の力の有力な柱をなす四千人をこえる地方議員がその力を選挙戦に全面的に発揮すること」への希望と期待を表明しました。

みなさん、政治的組織的力量のすべてをあげて奮闘し、歴史に輝く大きな勝利をわれわれのも

の、国民のものとしようではありませんか。（拍手）

そのことを訴えて、報告を終わるものであります。（拍手）

（「しんぶん赤旗」一九九八年四月三十日付）

二十一世紀にむかって独創的に、大胆に

——全国地方議員会議での結語（一九九八年四月二十八日）——

二日間ごくろうさまでした。討論の結語をおこないますが、本会議で二十一名の議員の同志、分科会であわせて八十三名の同志の発言がありました。それから昨夜までに私の手元に二百数十通の参加者の感想が届きました。

一　共通の大きな流れのなかでの一体感

その全体をうかがったり、拝見したりしますと、私どもからの問題提起もみなさんの側からの発言も、ほんとうにかみあった一体感があったということを痛感いたします。（拍手）

これは、私の報告がみなさんの活動の現状にかみあっていたのか、みなさんの活動を代表した発言が私の報告にかみあっていたのか、どちらが先かわかりません。しかし、全国四千七十七名の議員のみなさんの活動が、党中央や諸機関の考え方、活動と一つとなって、まさに共通の大き

な流れとして発展していることをあらわしていることは確実だと思います。（拍手）

この会合には、長い議員活動の経歴をかさねた同志もおいでなら、当選したばかりなど、まだ短い経歴しかもたない方もおいでです。一人ひとりの活動をふりかえりますと、活動には波があるでしょう、よどみもあれば、たまにはスランプや後退を感じるときもあるでしょう。しかし、こうやって全体があつまり、大きな流れをみれば、また自分の活動も長い視野でみるならば、そこには全体として巨大な大きな前進の流れが、一人ひとりにとっても、全国的にも感じられる。そしてそういう歴史をへた今日、全国の議員のみなさんの活動に、高い水準での考え方の統一、行動の統一があるということを、私はほんとうにうれしく思うものであります。（拍手）

みなさんの発言の一つひとつが、全国でいま展開されている、珠玉のようなといいましょうか、宝といいましょうか、すばらしい活動をあらわしたものでした。その全部をここでくりかえせば、昨日からの会議と同じ時間がいりますから、そういう不可能なことはいたしません。

そのなかで、昨日佐賀県の女性の新人議員の同志が発言されました。二十七歳で、実は、こんどの会議に参加したいちばん若い同志であります。もう一人二十七歳の同志がおりまして、やはり女性ですけれども、埼玉県の同志で、きょうの分科会で発言されたとききました。そういう、まだ被選挙権をもってわずかな期間しかたっていないで、しかも議会にはいったばかりのみなさんがすばらしい活動をされている、ここに、わが党の全国的な議員活動の前進をあらわす一つのモノサシといいますか、あらわれがあることを感じました。

二　女性議員数も抜群の第一党

この機会に、女性の議員の同志の問題についてひとこといっておきますと、現在わが党の女性地方議員の数は九百九十二名に達しました。全体の地方議員数も第一党ですけれども、女性議員のなかではわが党は抜群の第一党であります。他党の議員の様子をみますと、自民党、公明、社民党、民主党、さきがけなど、国政の場に議席をもっている全国政党の女性地方議員は、いまあげた五つの政党全部あわせて五百九十一名であります（九七年十二月末現在）。全部あわせたこの数よりも、わが党の女性議員は約四百名多いわけですから、まさに抜群に第一党であります（拍手）。このほか「諸党」というか、ローカルな政党などに属している女性の方が百四十八名、無所属の女性の方が千二百四十六名。これが全国の地方議員の女性の数ですから、わが党の女性議員のみなさんが、そのなかでどんなに大きな位置をしめているかは、この数字からもおわかりかと思います。

いま日本でも、女性の活動の大きさ、比重がどういう程度になっているかが、その組織の民主主義の度合いだといわれています。まだまだ日本の社会の現状からいうと、女性が政治の第一線にたって活動するには、大きな困難があります。そういうなかで、日本共産党が議員活動で、女性議員のこういうすばらしい活動を発展させていることは、わが党の党活動と党生活の民主主義の発展と成熟のあらわれだということを強調して、ともに喜びたいと思います。（拍手）

三　共同の条件をとらえる広い視野をもつこと

議員活動の問題では、報告でおこないました七つの提起を、ほんとうに親身に受けとめていただきました。「住民の目線で活動する」という第一項から、「脱線はしない」ということ、それから「議員を増やす活動をしよう」ということまで、すべてを正面から受けとめていただいて、これを共通の指針にしたいという感想や意見もたくさんうかがいました。

ただそのなかで、他の党派、あるいは無党派の議員との共同の問題については、〝わが意をえたり〟というご意見もある一方、ちょっと戸惑いも感じられるといった様子も、感想文のなかには少し見うけられました。

私は、これは、ある意味では、あたりまえだと思います。まだ日本の地方議会の全体は、報告でくわしくのべましたように、自民党政治にくみする流れが大多数であります。ですから、議会の活動でも、そういうまちがった流れとは、粘りづよく道理をつくしながら、がんばってたたかう必要があります。

しかし、そのなかでも、自民党政治の地方における矛盾がこれだけはげしくなり、住民との離れがこれだけ大きくなってきますと、相手側が、以前のように一つにかたまって住民を攻めたてるというわけにはゆかなくなってくる、こういう状況がしばしば生まれます。私は、二中総の報告で、国政の〝総与党化〟の状況に亀裂が生まれたといいましたが、同じような亀裂が、やはり地方政治にも、ときにはもっと深刻な形で生まれうる。そしていままで予想しなかったような、住民の利益にたっての共同の可能性や条件があらわれてくる。そういうことを的確にとらえ、住民の立場で議会でも活動の条件、要求実現の条件をひろげる、そういう視野をぜひもっていただきたいという問題提起であります。

こちらがその視野をもちさえすれば、相手がいつも共同の対象になるというわけには、まだそんなにうまく話はすすみません。しかし、そういう条件が生まれたときに、こちらがちゃんと対応して、新しい可能性をつかめるような、そういう広い視野がいまのわが党の議会活動には必要になっている。情勢はほんとうに地方によってまちまちですが、昨日来の発言でも、わが党がまだあまり大きな力をもたないで、初めて党の議員が生まれたという町や村の議会情勢のなかにも、そういう可能性がすすみあらわれる場合のあることが、少なからず報告されました。そういうことをよくみていただきたいという問題提起であります。

四　首長と議会の二つの選挙——日本の地方政治の独特の制度

それから、これからの自治体政治の立て直しを考えてゆきますと、私は、日本の地方自治の制度には、なかなかおもしろい特徴があると思います。といいますのは、選挙が二つあるんですね。議会の選挙と首長の選挙。これは、世界中どの国でもそうかというと、そうではないんです。首長は、住民の選挙ではなく、議会で選ぶというところがたくさんあります。

しかし日本には、議会を選挙で選ぶと同時に、知事、市長、区長、町長、村長を独自の選挙で選ぶ、つまり住民の代表を二重に選ぶという独特の制度があります。これは、私たちが地方政治を変えてゆくうえで、非常に大事なことです。

国政でいえば、国会の多数が民主派になるまでは、民主連合政権は生まれません。しかし、日本の地方自治体では、まず議会の多数が民主派になり、それから知事が民主派に変わったという例はほとんどありません。まだ議会で民主派が多数になる以前に、知事や市長、区長、町村長を選挙で選んで革新・民主の自治体が生まれるというのが、だいたい大方のありようであります。

ですから、住民によって直接選ばれた首長は、なかなかの権限をもっています。なぜかといいますと、これは国政でいえば、いわばアメリカの大統領型の体制なんですね。アメリカでは、ある党派の大統領が選ばれても、議会は反対の党派が多数派をにぎっているという場合が多い。それでもちゃんとやってゆけるように、大統領は議会から独立した、かなり強大な権限をもっているわけですね。それと同じ意味で、日本の地方制度では、知事、市長、区長、町長、村長など自治体の首長は、議会から選ばれる長とはちがって、独自の権限を制度的にかなり強力な形で保障されています。首長が革新派、民主派になりますと、議会の多数がまだ野党だという場合でも、それなりの仕事ができる、それは、ここに根拠があるのです。

実は、去年（九七年）の十一月に高知県を訪問したときに、高知県の橋本大二郎知事と少し長い話し合いをしました。きのう高知県の県議会議員の同志から、高知県議会でこのことが話題になったという話がありましたが、別につめた政治会談をやったわけではないのです。まず私と橋本知事で一時間半ほど話しました。そのあと、私が妻といっしょに両親の故郷をはじめて訪問したときでしたので、橋本知事も奥さんを呼んで、四人でその後会食し、あわせて三時間くらい話しました。

三時間も話したら、相当、政治論をやったのではないかと思われるかもしれませんが、初めて選挙にでたときのおたがいの思い出話とか、橋本さんの新婚旅行の話とか、そんなものがだいぶはいっていますから（笑い）、まあ話題はたいへん自由闊達《かったつ》でありました。そのなかで、知事のほうから「兄貴はどんな調子か」――〝兄貴〟といいましたか〝兄は〟といいましたか、記憶は定かでありませんが、そういう話がでたので、私は、政治にたいする権限はあなたのほうが大きいのではないかといったのです。これはお世辞ではないのです。

いまの日本では、国会から選ばれた首相が国政の上でもっている権限と、選挙民から直接選ばれた知事が県政の上でもっている権限とをくらべると、もちろん政治の規模はちがいますが、しくみが大統領型ですから、自治体の首長のほうが、権限の「深さ」からいうと大きいんですね。そういう問題がある。

ですから、私たちは、日本の地方政治を変えてゆこうというときに、一方では、議会で民主的な力、革新的な力をどんどん大きくしてゆく仕事があります。しかし、その議会でまだ多数にならないでも、その過程で、首長選挙での勝利によって、直接、住民多数に依拠して新しい革新自治体、民主自治体をつくることができる。この両面の仕事がほんとうに大事になるわけですね。

そしてこの民主自治体が、議会の多数を与党とするようになったら、まさに鬼に金棒でありま す。これまでの革新自治体の歴史では、そこまでいったというのは、まだまだ数が少ないので す。ですから、その両面を見定めて奮闘する必要があります。

五　革新・民主自治体をまもるたたかい――相手側の攻撃は二つのやり方

そういう状況で生まれる革新首長、民主首長ですから、相手側からは、議会の多数をよりどころに、なんとか革新・民主の自治体をつぶそうという攻撃がかかってきます。これとのたたかいが大事になるわけですね。

この場合、相手の側が普通のやり方ですと、選挙で負けたのだから、つぎの選挙でまきかえそうというのが普通であります。私たちは、そういうたたかいもずいぶん経験しながら、革新・民主の自治体を発展させてきました。

たとえば南光町ですけれども、きょうも第七分科会で、山田町長自身がその経験をまとめて紹介する発言をされていました。

最初当選したときには、「解同」問題の解決への町民の期待をあつめて当選した。二期目は、「なかなかよくやるな」ということで、八五パーセントという圧倒的支持で当選した。三期目は相手の候補者がでないで、無投票だった。ところが四期目には、〝これ以上この町政をつづけられたらたいへんだ、共産党町長はつぶせ〟という政治的な思惑から、相手側がそれこそ南光町はじまって以来の猛烈な反共攻撃にでてきたんですね。十二人の町議会のなかで、与党は共産党議員の二人、残りの十名が全部一致団結して、「この町長選挙で山田さんを落とせなかったら全員総辞職する」という宣言まで発表して、猛烈な攻撃をはじめた。そのときに、〝人柄もいい、実績もある、ただ共産党員であることが悪い〟、共産党員の町長をいつまでもかついでいたら、町がたいへんなことになる、このこと一本にしぼった攻撃だったんですね。

南光町というと、そのころは山田さんが町長になってからすでに三期十二年だから、日本共産党にたいする理解は十分なのかというと、そうではないわけで、日本共産党員である山田さんの町政のことはよく知っていて、圧倒的に支持しているが、日本共産党そのものについては、多くの人はよく知らない。そういう攻撃をうけると、町政を支持している人たちでも、やはりたじたじするのです。山田さん自身も、町の人から、そういう選挙だから、「こんどはあなたが共産党員であることを、表にださないほうがいいんじゃないか」といわれたそうです。しかし、十二年間共産党員だと名乗って町長をつとめてきたのですから、いまさら名乗るのをやめても、事態に変わりはない（笑い）。それで、みんなで討論し、われわれも知恵をだしましたが、思いきってこの攻撃を正面から受けてたとうという結論をだし、それには、これをうちやぶる論理がしっかりしなければいけない、ということで、その論理をみんなであみだしたのですね。

一つは、人柄もいい、実績もいい、つまり町をまかせるにたる山田さんなんだが、共産党員だから悪いというのは民主主義ではない、そんな差別的な考えを町の政治にもちこんでよいのか、民主主義に反する、こういうことは許せない、これがまず、住民の合意をもとめる第一の論理でした。もう一つは、「解同」の無法と暴力支配を、南光町政が勇気をもってうちやぶってきたのは、山田さんが日本共産党員だからこそできたことだ、という論理です。

つまり、共産党員であって何が悪い、これを差別する考えは民主主義に反するという論理と、日本共産党員だからこそ、あのむずかしいときに町民の利益をまもれたんだという、日本共産党の値うちを語る論理と、この二つの明快な論理で民主町政つぶしの攻撃にたちむかったのです。それで圧倒的に住民が団結し、選挙でも見事に勝利をおさめました。

相手側は約束どおり総辞職しようかどうか迷って、結局やめないですませましたが、そういう結果でしたから、つぎの五期目の選挙、二年前の町長選では、対立候補なしで、また無投票になりました。

このように、今日のような地歩が南光町できずかれるまでには、南光町なりの天下分け目の争いがあって、それに堂々と町民が勝った、そういう歴史のつみかさねがあるわけです。

やはりわれわれは、革新・民主の自治体をつくったら、選挙でそれをまもる、ここで大きな力を発揮する必要があります。

ところが、相手が、つぎの選挙まで四年待てないという場合があるのです。選挙で革新・民主の自治体が生まれた、これが四年もつづいたら、つぎの選挙でもたおせなくなる、そういう考えから、四年を待たず、選挙とは別の方法で市政つぶし、区政つぶしの攻撃をかけてくるという場合があるのです。去年（九七年）は、狛江市でもこのことを経験しました。足立区でも経験しました。

そういうときには、住民の多数の声に依拠して堂々とたたかいぬくという態度が重要で、民主派はこの態度をつらぬいて問題を解決してきました。京都の城陽市でもそういうたたかいの経験についての報告がありました。これも、革新・民主の自治体をまもる大事なたたかいであります。

私たちもそのなかで、一つの新しい確認をしたのですが、定数の八分の一以上の議席があれば、議案提案権をもてる、四分の一以上の議席になれば議会招集権がもてる。この四分の一以上というのは、こちらが与党になった場合には、相手側が不信任をだすのをくいとめるその力にもなるのです。不信任案の議決は、四分の三以上の多数決と決められていますから。

私は先ほど、議会での前進と、首長選挙での前進を、政治を変えてゆく両輪として説明しましたけれども、革新・民主の自治体をつぶそうという相手側の攻撃とたたかう面でも、議会で民主派が力を増すことは、具体的にたいへん大事な意味をもってくるわけです。

六　再刊される『議会と自治体』の活用を

議員活動の全国的な交流の問題についてですが、こういう会議をなんべんもやってほしいという声ももちろんあります。しかし、こういう会議をひらくのは、なかなかたいへんなんですね。われわれは、これをこんどの一回かぎりにするつもりはありませんが、みなさんの希望にこたえるほど頻繁にはできません。しかし、全国の議員活動の日常の交流はどうしても必要なことです。

その声にこたえるために、すでに発表したことですが、財政難から一時休刊していた雑誌『議会と自治体』を五月（九八年）から再発行することに決めました（拍手）。五月二十四日発売の六月号がその第一号で、この集会のこともふくめ、みなさんのところへお届けできると思います。

ここでは、議員活動のさまざまな経験も、必要な方針ものせます。あるいは、いろんな部面の資料がほしいという要望も多いので、こういうものも的確に編集して、お届けいたしますので、ぜひみなさんの活動に活用し、また内容面でも、寄稿その他でこの雑誌の充実に力を貸していただきたいということを、この機会におねがいします。

七　議員と全党の連帯性が財政面でも発揮されている

なお、きのうきょうの会議をやりながら、こういう立派な会場で、立派なホテルで、全部中央の負担でやってもらってだいじょうぶか、というご心配の声をききました。はっきりいいますが、こんどの集会には、党中央は、一般会計では一円の負担もしておりません。

実は、いま、みなさんがたと全党の同志の協力で、十一年前から「議員活動援助基金」という基金をもうけているわけですね。日本の地方議員の議員報酬は、自治体によってまちまちでして、市町村では、議員報酬が低くて、それでは生活をやっていけないというところがたくさんあります。そういう困難を、おたがいの連帯性の発揮で解決しよう、足りない分の一部でも募金や拠金で支援しようじゃないかということで、「議員活動援助基金」というこの制度をつくったのです。一般の同志にも一口百円で募金をおねがいする、一定以上の報酬をえているすべての議員から、報酬に応じた拠金をおねがいするということで、この基金をもうけ、現在、七百名近い議員に援助をしています。それで、最初は十六万円の保障ということでしたが、基金の財政的な充実に応じて、その金額を何回か引き上げて、現在は、二十五万円の保障ということになっています。

この「議員活動援助基金」への募金は、党中央が、全国の同志にもとめている自発的募金のなかでももっとも継続的にあつまっている分野の一つとなっていて、最近の数字をみても、議員のみなさんからの拠金が六割、全国の同志からいただいている募金が四割、そういう形で運営されています。初めのうちは赤字でしたが、だんだん充実してきますと、月々収入と支出の差額が多少残ります。〝貿易黒字〟ですね（笑い）。それで援助額を引き上げることも可能になってきたのですけれども、それでも多少は差額が残る。それも毎月の話ですから、十一年間つづきますとかなりな金額になりました。この金額はいくらたまっても、議員活動以外にはいっさい使わないというのが方針で、党中央は絶対に流用はいたしませんから（笑い）、ご心配にならないでいいんですけれども（拍手）、こんどの全国地方議員会議は、そのお金でまかなう、この会場費も、宿泊費も交通費も、それで全部まかなうことにしました（拍手）。ですから、ご心配なしに、自分たちのだしたお金でちゃんとやっているんだ（笑い）といって、胸をはっていただきたい。そのことをご説明しておきます。

八　二十一世紀にむかい独創的に、大胆に

――地方政治革新と参院選での躍進に足をふみだそう

いよいよ最後ですけれども、今後の活動の問題です。

こういう会議でみなさんの発言をうかがいますと、私たちもこんな活動をしていたのか、こういうしくみ、こういう分野があるのかなどと無数の発見があります。

そのように、地方議員の活動というのは、決まりきった話ではない、またあらゆる問題に〝できあいの処方せん〟が用意されているというものではない、たえず、新しい問題にぶつかりながら未開拓のところをみなさんの努力と知恵で解決してゆく、それがまた全国の経験を豊かにし、全党の方針も発展させる――そういう性格をもったまさに発展的な分野だということを、こんどの会議でも痛感いたしました。

ですから、基本路線をですね――基本の路線とはそんなに複雑なものじゃないです、その基本の路線をしっかりつかめば、あとは応用問題ですから、その応用問題の解決にみなさんの創意性をおおいに発揮していただきたいと思います。きのうの討論のなかで、「わが県は、二十一世紀にむかって新しい問題に独自にとりくんでいる」という発言をした同志もいましたが、ことの大小はありますけれども、新しい時代にむかっての独創的な問題というのは、おそらくみなさんがど

こでも経験していることで、それが、二十一世紀にむかう新しいわれわれの活動だと思います。

昨日の報告で、私は〝脱線するな〟といいました。しかし、〝いっさい失敗するな〟とはいいません（笑い）。新しい問題にぶつかったときには、全国のいろんな経験も参考にしながら、おおいに知恵をだし、大胆に挑戦してほしい。あまり大きな失敗をすると困りますけれども、多少の失敗は、失敗から教訓を学び、同じ失敗を二度くりかえさない、ということになればよいわけですから、われわれの議員活動をおおいに発展的にすすめていただきたい。それが二十一世紀にいたる道であります。

二十一回党大会では、二十一世紀に新しい政権をということをほんとうに太い命題でうちだしました。私たちの活動の一歩一歩がそれにつながる仕事であります。

実はこんどのこの集会もたいへんマスコミから注目をあびました。昨日の夕刊では、ある新聞は、一面に、新聞の幅の半分をもつ大型のカラー写真でこの情景を写しだしました。二十一回党大会もこういう扱いはうけませんでした（笑い）。つまり、それだけのインパクト——それだけの衝撃力を、四千人のこの集まりはもったということであります。そして誇れるのは、集まりの数だけではなく、その内容におおいに誇れるものがあったということを、私は、みなさんとともに喜びたいと思うのであります。（大きな拍手）

いま私たちは目の前に二つの任務をかかえています。

一つは二日間の会議の成果をおおいに生かして、地方政治の分野でのわが党の活動をさらに充実させ、住民の期待にこたえ、「住民が主人公」の地方政治確立の道を、それぞれの地方で、全力をあげてとりくみ、やりとげてゆく――この任務であります。

もう一つは、それと、不可分の関係にある、目の前の参議院選挙で大躍進をとげることであります。

この二つの任務は切り離せるものではありません。みなさんがどちらの課題もしっかりにぎり、おおいに大胆に、失敗もできるだけ少なくして（笑い）、足を大きくふみだし、七月の参議院選挙が終わったときには、お互いに躍進を喜びあい、そして来年のいっせい地方選挙にむかってさらに確信もって前進できるよう、奮闘することを誓いあって、私の結語を結びたいと思います。

どうも、ごくろうさまでした。（長くつづく大きな拍手）

（「しんぶん赤旗」一九九八年五月一日付）

四 「自治体らしい自治体」取り戻す、希望ある地方政治の流れ大きく

――全国地方議員代表者会議での報告（二〇〇二年八月二十九日）――

志位　和夫

はじめに――この会議の目的と眼目について

みなさんおはようございます。（「おはようございます」の声）

全国から参加された同志のみなさん、ＣＳ通信をご覧の全国のみなさんに、心からのごあいさつを申し上げます。

この会議は七カ月後にせまったいっせい地方選挙、きたるべき総選挙での党の躍進をかちとるために、全国の地方議員のみなさんの活動の交流と強化をはかることを、目的として開きました。

地方議員が集《つど》う大きな集会は、一九九八年四月の全国地方議員会議いらいのものでありますが、四年前には全国で約四千人だった地方議員数は、現在約四千四百人まで前進しました。全国の自治体の数は、都道府県から市区町村まであわせて約三千三百ですが、今回の会議は、わが党が議席をもつ二千三百余のすべての自治体からの代表を参加対象とした壮大な会議となりました。

今回の会議を開いた眼目がどこにあるかについてまずのべます。

一つは、いま国政でも、地方政治でも、自民党の反動支配の深刻なゆきづまりがすすみ、わが党の奮闘いかんでは党の躍進をかちとる新しい条件、可能性が広がっている——この情勢の激動、情勢の面白さを攻勢的につかみ、躍進をめざす活動におおいにうってでるようにすることです。

いま一つは、党議員団の活動を、質量ともに、情勢にふさわしい水準にいっそう高めるということです。会議の準備として、全国の地方議員のみなさんに、議員活動に関するアンケートをお願いしました。そのすべてを読みましたが、住民の福祉と利益のために日夜献身的に奮闘するみなさんの姿がひしひしとつたわってくるものでした。同時に、そこには、政策問題での悩み、議員活動の困難などが、率直にのべられていました。この報告では、そのすべてについて、ただちに答えが出せるということにはなりませんが、アンケートにしめされた地方議員のみなさんの声を正面から受け止めて、それにこたえるという立場でおこないたいと思います。

この会議と同時並行で、不破議長の中国訪問がおこなわれています。昨日（二〇〇二年八月二十八日）は江沢民総書記との会談がおこなわれて、イラクへの軍事攻撃に反対すること、核兵器廃絶にとりくむことで、日中両共産党の意見が一致したという重要なニュースも伝わってまいりました（拍手）。不破議長が、中国共産党組織部幹部との会談で、わが党の四千四百人の地方議員の草の根の力を紹介すると、先方が感嘆して聞くという場面もあったとのことでした。不破議長から昨日私に電話で、訪中が重要な成果をおさめつつあること、参加者のみなさんに、心からのあいさつを伝えてほしいとの連絡があったことを、報告しておきたいと思います。（拍手）

みなさん、中央と地方が、ともに知恵を結集し、心を通わせて、この会議をわが党の新たな上げ潮にむかう歴史的会議として成功させるために、力をつくそうではありませんか。（拍手）

一、国政の激動――自民党政治の古い枠組みは、新しい世紀に通用しない

まず国政の激動と党の任務について報告します。

四中総の報告では、この間、小泉内閣の支持率急落という政治の新たな激動的局面が開かれたこと、腐敗政治でも、経済でも、外交でも、「自民党が、政権党としての統治能力を喪失しつつある」ことをのべました。その後の情勢の展開は、この指摘を、あざやかに裏付けるものとなっています。

自民党政治の古い枠組みは、あらゆるところでゆきづまり、矛盾をさらけだし、もはや新しい世紀には通用しないことが、いよいよ明瞭《めいりょう》となっています。

「国民大収奪、大企業にバラマキ」――暮らしも経済も破壊する愚策を転換せよ

まず経済でのかじ取り不能です。そのことは、小泉内閣が編成しようとしている来年度予算案の方針にも、はっきりあらわれています。それは端的にいいまして、「国民大収奪、大企業バラマキ」を特徴としたものです。

小泉内閣がはじめて組んだ今年度――二〇〇二年度の予算では、当初予算では公共事業費を一〇％削減するとか、国債発行を三十兆円以内におさえるとか、「痛みをひとしくわかちあうのだから、国民も我慢してほしい」という建前のものでした。しかし来年度――二〇〇三年度予算案は、「痛み」は国民生活に集中し、大企業むけには財政の新たなバラマキをはじめるという、「小泉改革」の本性がむき出しの形であらわれるものとなっています。

空前の規模の「国民大収奪」――この暴挙許さぬたたかいを

いま強行されようとしている「国民大収奪」は、まさに空前の規模のものです。

すでに明らかにしてきたように、今年（二〇〇二年）から来年にかけて、社会保障のすべての分野で、三兆二千四百億円という史上最悪の負担増が、国民に押しつけられる危険があります。

――医療保険では、前国会で強行された医療大改悪の法案によって、高齢者とサラリーマンの

自己負担の引き上げ、保険料の引き上げなど、一兆五千百億円の負担増が押しつけられようとしています。わけても深刻なのは、窓口負担増が、受診抑制をひどくして、国民的規模での健康悪化がすすむことです。

この問題でのわが党の追及にたいする坂口厚生労働大臣の答弁は、「ちょっとのどが痛いとか熱がある人は受診を控えるかもしれないが、大勢に影響ない」という冷酷かつ無責任なものでした。「ちょっとのどが痛いとか熱がある」程度では医者にくるな、といわんばかりの態度ではありませんか。国民全体の命に責任をおうべき大臣のいう言葉ではありません。

――介護保険では、来年度は三年に一度の保険料見直しの年となります。昨日（〇二年八月二十八日）明らかになった厚生労働省の調べでも、高齢者の平均保険料は、月額二千九百十一円から三千二百四十一円に、約一一％の引き上げとなり、総額で二千百億円の負担増であります。いまでさえ、高すぎる保険料・利用料によって、制度から排除される人が大問題になっているときに、これに拍車をかける深刻な事態をひきおこすものです。

――年金保険では、二〇〇〇年度から凍結されてきた物価スライドを解除して、物価下落を理由にした切り下げがおこなわれようとしています。切り下げ幅は、厚生労働省は二〇〇二年度分の〇・六％を主張し、財務省は一九九九年度から二〇〇二年度分をまとめて二・三％と主張し、今後の検討課題とされていますが、財務省の方針ならば九千二百億円もの年金給付が減ることになります。

これまでも年金の給付カットはおこなわれてきましたが、それは今後新たに年金給付をうける年齢層のカットでした。今度の給付カットは、現に給付をうけている約三千万人の年金を、戦後の歴史ではじめて切り下げるというもので、その打撃は、経済的にも、心理的にも、はかりしれないものがあります。最近の一般新聞の投書欄をみましても、「年金がすべて　削減は切ない」（朝日）、「とうとうそこまでやるのかという、小泉内閣への不信と怒りが猛然と込み上げてきた」（東京）など、痛切な怒りの声が寄せられています。

――雇用保険では、現在、賃金の一・二％の保険料を、十月から一・四％、来年度には一・六％に引き上げる計画で、負担増は六千億円にのぼります。来年度は給付日数や給付金額の面での切り下げも計画され、それをくわえれば、影響はさらに深刻になります。政府主導で、リストラや中小企業つぶしをすすめ、失業者をふやしておいて、保険が赤字だからといって負担増をしいる。もともと欧州にくらべても著しく貧困な雇用保険を、さらに劣悪なものとする。ここには、何の道理もありません。

社会保障は何のためにあるのか、いまその根本が問われています。病気、老齢、失業など、国民が困難にぶつかった時に、国民の命と暮らしの支えとなるのが社会保障ではないでしょうか。ところが、多くの国民が長い不況でぎりぎりの苦しい生活をしいられている時に、社会保障が国民に襲いかかろうとしている。みなさん、それぞれの分野でのたたかいを合流させ、この暴挙を許さないために力をつくそうではありませんか。（拍手）

巨額の所得減に巨額の負担増でおいうち――無謀で愚かな大失政になる

今回の負担増が深刻なのは、国民から巨額の所得を奪う政策とセットで、これが強行されつつあることです。

小泉内閣は「構造改革」のかけ声で、大企業のリストラを応援し、中小企業つぶしをすすめ、雇用破壊、賃金破壊をすすめてきました。その結果、二〇〇一年度をみますと、雇用者所得の総額は、年間四・一兆円減と戦後最悪の落ち込みをしめしています。

さらに人事院は、今年（〇二年）度の公務員給与を年収で二・三％減らす、総額で七千億円の賃下げの「勧告」を出しました。「官民格差を是正する」というのが名目ですが、政府が民間の賃下げをあおっておいて、「格差」ができたからといって、公務員の賃下げということになれば、こんどは民間のいっそうの賃下げをまねく。さらに「公務員も賃下げにふみきったのだから年金も」と、年金の切り下げもまねく。公務員も、民間も、年金も、政府主導で所得引き下げ競争の悪循環をつくりだそうというものにほかなりません。

深刻な不況のもとで、巨額の所得を奪う政策をつづけながら、巨額の負担増でおいうちをかける――この「国民大収奪」の政策がもたらす家計と経済への破壊的な影響ははかりしれないものがあります。

マスコミからも危惧《きぐ》の声があげられています。「日本経済新聞」は、三・二兆円の社会保障負担増を告発したわが党の党首討論を紹介して、「景気の悪化が続く中での社会保障分野の切り込みは、国民から総スカンを食う可能性がある。『痛みを伴う改革』の名のもとに負担増路線を突き進む首相の姿を、かつての橋本首相に重ねる向きは、野党側だけでなく与党内にも多い」とのべました。

橋本内閣が、一九九七年に強行した消費税値上げをはじめとする九兆円の負担増は、ようやく回復をはじめていた景気を奈落の底につきおとしました。その時と比べても、経済と所得が縮小しつつあるもとでの「国民大収奪」政策は、自殺的ともいえる無謀で愚かなものであり、「橋本不況」以上の大失政になることを、強く警告しなければなりません。

大企業やゼネコンむけには新たなバラマキ政治を露骨に

この問題を国会でわが党が追及しますと、首相の答弁は、いつも決まっておりまして、「負担増がいやなら増税か」というのです。首相の答弁の特徴というのは、証明がない、論理もない（笑い）。文字の数でいいますと、だいたい十数文字ぐらいのスローガン（笑い）をくりかえし叫ぶのが特徴です。有事法制のことを聞くと、「備えあれば憂いなし」（笑い）。こうこたえる。負担増の問題でも、「またそれか」という決まり文句をくりかえしているわけですが、政府は、「国民大収奪」の政治を押しつけながら、大企業やゼネコンむけには新たなバラマキ政治を露骨にはじめているではありませんか。

一つは、二兆円という規模での大企業むけの減税です。その内容が、法人税の税率引き下げになるか、政策減税になるかは、現時点ではさだかではありませんが、大企業が潤《うるお》う減税であることはまちがいありません。

政府は、「民間需要の拡大」のための減税だといいますが、一方で、民間需要の中心の家計消費を破壊する「国民大収奪」をすすめているわけで、まったくの支離滅裂な経済政策です。民間の設備投資の拡大にしても、社会全体の需要が活発になってこそおきます。社会全体の需要をさらに落ち込ませる政策をとりながら、大企業減税をやっても、民間の設備投資にお金はまわらず、リストラをすすめる費用に使われるだけとなります。

しかもその財源は、庶民増税です。政府の方針は、「税収中立」というものです。つまり大企業に減税した同じ分を、増税で埋め合わせるというものです。その増税の中身は、所得税の控除見直しによる庶民増税や、法人事業税への外形標準課税導入による中小企業増税、さらには消費税の引き上げとなってきます。こんな暮らしと経済を破壊する増税が後に控えていて、どうして需要の中心である家計消費が活発になるでしょうか。

いま一つは、公共事業のバラマキが大手をふって復活していることです。今年度予算――二〇〇二年度予算では、当初予算案では、国の公共事業費は一〇％減――一兆円削減となりました。しかし、なんのことはない、同じ日に決めた二〇〇一年度第二次補正予算案で二・五兆円の公共事業積みましとなり、それをあわせれば結局増額でした。

来年度予算では、当初予算案の段階から、公共事業費の削減はわずか三％と建設資材などの価格下落分程度の削減にとどまり、予算案作成の基本方針には「事業量の確保に努める」とわざわざ明記し、浪費にはメスをいれないという宣言をおこないました。

国民からは大収奪、大企業にはバラマキ――これは国民に耐え難い痛みを押しつけるだけでなく、経済政策としても逆立ちそのものではないでしょうか（拍手）。国民に十年余の長期不況で苦難をしいておいて、こんな政策しか出せないところに、自民党政治の救いがたい経済へのかじ取り不能ぶりがしめされています。

この転換を強くもとめようではありませんか。大企業へのバラマキの金があるなら、まず社会保障への国の責任を果たせ。公共事業や軍事費の浪費にこそ本格的なメスをいれ、暮らしと社会保障に手あつい財政にきりかえよ。みなさん、このたたかいを全国で広げようではありませんか。（拍手）

米国の〝覇権主義の暴走〟――異常な追従外交をつづけては日本の未来はない

つぎに外交と安保について報告します。四中総の報告では、米国のブッシュ政権がすすめている〝覇権主義の暴走〟ともいうべき危険な世界戦略にきびしい批判をおこないましたが、その後の情勢の展開のなかで、これはいよいよ重大な意味をもつものとなっています。

米国の「国防報告」とイラク攻撃の危険――戦争計画を中止せよ

米国の国防総省は、八月十五日に二〇〇二年の「国防報告」を公表しました。ここには、昨年（〇一年）十月の「四年ごとの国防政策見直し」（ＱＤＲ）、今年一月の「核態勢の見直し」（ＮＰＲ）、ブッシュ大統領による「悪の枢軸」発言など、この間の一連の危険きわまる世界戦略の「集大成」ともいうべき重大な内容がもられています。

――一つは、先制攻撃の戦略です。「国防報告」では、「米国を守るには『予防』、場合によっては『先制』が必要である。最良の防衛は適切な攻撃である」とのべています。これは先制攻撃を中心とする先制行動戦略への転換を、初めて米国政府の公式の方針として確認したものとしてきわめて重大であります。

――二つは、核兵器の一方的な使用を、選択肢とすることを公然と方針としたことであります。「国防報告」は、「米国は事前に特定の（攻撃手段使用の）方法を除外すべきではない。米国は用い得るあらゆる手段を講じて相手を打倒する」とのべています。「あらゆる手段」のなかに核兵器がふくまれていることは、明瞭です。

――三つは、米国に敵対する国家にたいしては、その国家を転覆し、政権を取り換えること、あるいは外国領土を占領することを、公然とのべていることです。「国防報告」では、「敵性国家の体制を変えること、あるいは米国の戦略目標が達成されるまで外国領土を占領すること」をふくむ新戦略の策定の必要性をのべています。

この方針が、国連憲章にしるされた世界の平和秩序――個々の加盟国の武力行使は侵略が発生したさいの自衛反撃に限られる、他国の内政に介入してはならない――などを全面的にくつがえす無法を世界にもちこむものであることは、論をまちません。

米国・ブッシュ政権が、この方針の最初の発動対象としようとしているのが、イラクです。米国の新聞には、イラク攻撃の作戦計画があふれ、もはや「するかどうか」でなく、「いつ」「どのように」が焦点であるといわれるほど、事態は切迫しています。しかし、先制攻撃を自明の前提とし、イラクのフセイン政権の転覆を目的とする計画が、ひとかけらの道理も根拠もない、国連憲章をくつがえす無法そのものであることは明らかです。

かりにも対イラク戦争ということになれば、どうなるか。東京新聞が、この（二〇〇八年）八月、「イラク攻撃を考える　終戦の夏に」という連載で、「何が起きるのか？　浮上する核の悪夢」と題するつぎのような記事を書きました。

「ブッシュ政権の狙いは、戦国時代さながら、敵将サダム・フセイン大統領の首。米紙によると、空爆、地上戦を含め、一説に最大二十五万兵力を投入するとされる作戦でも、首都バグダッドをまず陥落させる案が検討されている。他方、イラク軍も主力部隊をバグダッド市内に集中して配置する計画とされる。つまり、部隊は五百万市民にまぎれて米軍を迎え撃つことになる。

また、かなりの確率でイスラエルにも戦火は飛び火する。公式に認めてはいないが核保有国であるイスラエルの、有力紙ハーレッツに十五日、恐ろしい記事が載った。『攻撃されれば、イラクに核で反撃も』。……大量破壊兵器を破壊するはずの戦争が、逆に、その使用という厄災《やくさい》に世界を押しやりかねない」

この戦争が、いったいどれだけの人々の犠牲を出すか。中東全体を巻き込む核兵器をもとびかう大戦争をもたらすのではないか。その危険ははかりしれません。

私は、米国の〝覇権主義の暴走〟をくいとめ、イラクへの戦争計画を中止させ、国連憲章にもとづく世界の平和秩序をうちたてることは、全世界の平和を願う諸国、勢力、人々の共通の重大な課題になっていることを、いま声を大にして強調したいのであります。（拍手）

二一世紀の世界は、やすやすと米国のいいなりになる世界ではない

同時に、二十一世紀の世界は、やすやすと米国の覇権主義の戦略のいいなりになる世界ではありません。アメリカの〝覇権主義の暴走〟、とくにイラク攻撃の計画にたいして、世界からごうごうたる批判の声がわきおこりつつあります。

同盟国である欧州諸国からも、イラク攻撃への強い批判の声が広がっています。ドイツのシュレーダー首相は、イラク攻撃を、「欧州の協力、国連をつうじてなど、あらゆる手だてを講じて防ぐ」と言明しました。フランス、イタリアも、イラク攻撃に反対を表明しました。イギリスのブレア首相は「理解」をしめしていますが、英国議会では賛否が真っ二つに分かれています。英国民に強い影響力をもつ国教会は「違法で道徳に反する」と反対を表明しました。

アジア、アフリカ、そして中東諸国からも激しい批判の声が広がりつつあります。イラクの周辺諸国となるヨルダン、トルコ、サウジアラビア、クウェート、エジプト、イラン政府なども、相次いで反対の意思を表明しました。

ガリ前国連事務総長は、「しんぶん赤旗」のインタビューで、「イラクに戦争を仕掛けるのは、国際的に認められるものではありません。……（米国の一国行動主義は）国際社会にとってきわめて危険」と、きびしく批判しました。

中国の江沢民総書記が昨日（〇二年八月二十八日）の不破議長との会談でイラク攻撃反対を表明したのは、冒頭にのべたとおりであります。

八月に広島、長崎で開かれた原水爆禁止世界大会は、諸国民の運動の共同だけでなく、非核の政府との協力の場としても大きな成功をおさめましたが、ここでも核兵器廃絶への強い意思とともに、米国の覇権主義の無法を許さないことが共通の合意となりました。

広島、長崎市長が発した「平和宣言」でも、米国の核戦略への批判が公然とのべられました。長崎市長の「平和宣言」は、アメリカが「核による先制攻撃などの可能性を表明してい」ることを、「核兵器廃絶への努力に逆行」するものとし、「一連の米国政府の独断的な行動を、私たちは断じて許すことはできません」ときっぱりのべ、内外に大きな感銘と反響をよびおこしました。

これが、世界の本流です。それはわが党の確固とした立場でもあります。新しい世紀が無法の横行する世紀ではなく、希望ある平和の世紀となりうる根拠は十分にあります。（拍手）

ますます危険性ます有事法制――平和のための共同広げ葬りさろう

こうした世界の本流にてらしてみると、小泉政権のとっている立場――米国の先制攻撃戦略にたいしても、核兵器の一方的使用戦略にたいしても国会で追及しますと、「米国の選択肢として理解する」と公言してしまう。イラク攻撃に「ノー」といえない。この首相の立場が、どんなに異常な逆流か。どんなに未来がない立場か。あまりにも明瞭であります。そして、こういう政権に有事法制をあたえることが、どんなに危険かも、いよいよ明瞭であります。（拍手）

わが党が国会論戦で明らかにしてきたように、有事三法案の本質は、米国の海外での介入戦争に、日本が文字どおりの武力行使をもって参戦し、日本国民を強制動員するところにあります。

その米国のおこなう戦争とは、「国防報告」でもイラク攻撃計画でも、その恐るべき全貌《ぜんぼう》が明らかになりつつあるように、国際法を踏み破った、先制攻撃、内政介入、核攻撃の戦争です。有事法制の危険性はますます深刻であります。

前の通常国会で、有事三法案を強行しようとした政府・与党の野望をくいとめることができたのは、国民のたたかいの大きな成果です。しかし、この法案が、米国の覇権主義の戦略と結びつき、米国からの強い要求ですすめられたものであるだけに、政府・与党は執念を燃やして秋には強行をはかろうという構えを強めていることを、いま正面から直視しなければなりません。

政府・与党は、通常国会での失敗の「教訓」もふまえて、さまざまな小細工も弄《ろう》そうとしています。有事法制発動のさいの「国民保護法制」なるものをつくることで、国民の批判をかわそうという動きもあります。しかし、政府がつくろうとしている「国民保護法制」では、国民の避難や誘導などを名目に、国民への業務従事命令、物資保管命令、土地使用などを強権的にすすめ、従わない国民には罰則規定も明記するなど、ここでも人権や自由を踏みつけにするものであることが、早くも明らかになっています。それは「国民保護」に名をかりた国民の戦争への強制動員の具体化の一部にほかなりません。

この秋から来年（〇三年）にかけて、イラクへの無法な戦争を許さないたたかいでも、有事法制を葬り去るたたかいでも、平和をまもるたたかいは、新たな正念場をむかえます。八十年の歴史でためされた不屈の平和の党――日本共産党の真価を発揮し、平和のための共同を広げ、歴史の逆流を打ち破るために全力をあげようではありませんか。（拍手）

二、地方政治をめぐる二つの道の対決——新しい変化をとらえた活動の発展を

つぎに地方政治をめぐる政治対決について報告します。

一九八〇年代、九〇年代をつうじて、全国の多くの自治体では、自民党と「オール与党」によって、国政と同じ「逆立ち」した政治——巨大開発に巨額の税金を投入しながら、住民の暮らしをまもるという自治体の本来の役割を放棄する政治が押しつけられてきました。

その政治が、この数年いよいよゆきづまり、地方政治をめぐって、つぎのような新しい特徴が生まれていることを、いま、しっかりつかむことが重要です。

——一方では、自民党政治による自治体への反動支配による害悪が、ますます深刻となり、「自治体が自治体でなくなる」というべき変質がすすみ、さまざまな矛盾が噴き出していることであります。

——他方では、そのなかで、ほんらいの自治体のあり方をとりもどそうという、新しい希望ある変化が、全国各地で生まれつつあるということです。そうした新しい変化をとらえた、活動の新しい発展がもとめられているということを、私は強調したいと思うのであります。

「自治体が自治体でなくなる」――反動支配の新たな特徴とその矛盾

まず自民党政治による地方自治体への反動支配がどこまできたか。

地方自治法（第一条の二）に明記してある通り、「住民の福祉の増進を図ること」にこそ、自治体の存在意義があります。しかし、自民党と「オール与党」の支配する自治体の多くでは、「自治体が自治体でなくなる」というべき変質が、いよいよ深刻になっています。

自治体の「営利企業」化――福祉と暮らしへの責任放棄

その第一は、福祉と暮らしへの責任放棄です。この数年、一九九七年十一月に出された政府の新しい「地方行革」の方針――「地方自治・新時代に対応した地方公共団体の行政改革推進のための指針」の押しつけで、つぎのような事態が全国でつくりだされています。

――一つは、自治体の独自の仕事を徹底して切り捨てることです。たとえば、東京都では、石原都政のもとで、老人医療費助成や老人福祉手当の切り捨て、シルバーパスの有料化、特養ホームの運営費独自助成廃止など、革新都政時代にきずいた住民の暮らしをまもる都政独自の仕事が、つぎつぎと切り捨てられてきました。

全国の市町村をみても、各種の福祉制度の切り捨てだけでなく、高齢者への紙おむつ枚数をへらすとか、中学校卒業アルバムを有料化にするとか、自治体として「恥ずかしくなるような」

「重箱の隅をつつくような」ところまで切り捨てがおこなわれています。

――二つは、「民間でできるものは民間に」と称して、ほんらい自治体でやるべき仕事をできるだけ民間まかせにすることです。全国各地で、公立病院の統廃合・民営化、学校給食の民間委託、公立保育園の民営化などがすすめられています。わが党は、民間の福祉施設が果たしている積極的な役割を重視しています。しかし、いま政府主導ですすめられている民営化の流れは、民間のもつ積極的役割を支援しようというものでなく、福祉にたいする行政の責任を放棄しようというものです。

――三つは、こうして残った自治体の仕事にも、「民間経営の手法の導入」が押しつけられる。すべてが「コスト」と「効率」で評価され、「効率が悪い」とされる事業は、切り捨てられる。「受益者負担」の名で、国保料、保育料、上下水道料金、ごみ収集料金をはじめ、住民負担増が押しつけられています。

このように、「地方行革」の名で押しつけられていることは、①自治体独自のことはやらない、②仕事はできるだけ民間まかせにする、③残った自治体の仕事も「民間経営の手法」でやっていく――というまさに自治体の「営利企業」化ともいうべき変質であります。

これでは何のために自治体があるかわからなくなるではありませんか。たとえ国がやらなくても、あるいは目先の採算にあわなくても、住民福祉のために必要な仕事をやってこそ、自治体といえるのではないでしょうか（拍手）。自治体の「営利企業」化は、自治体そのものの存在意義を否定するものであるということを、きびしく批判しなければなりません。（拍手）

「開発会社」化――破綻した道を新たな装いで推進することが矛盾を深刻に

第二は、破綻《はたん》した「開発会社」化の道を、新たな装いで推進していることであります。

政府は、一九九〇年代に、公共事業に年間五十兆円、社会保障に二十兆円という「逆立ち」財政の重荷を、自治体にかぶせつづけてきました。年間五十兆円の公共事業のうち、約三十兆円は自治体に押しつけるというやり方をとってきました。

しかしこの数年、そうしたやり方ではもはや立ち行かない矛盾が生まれてきました。

第一に、何よりも自治体財政が危機におちいり、一九九〇年度には六十七兆円だった全国の自治体の借金額は、二〇〇一年度には百九十兆円にまでふくれあがりました。こうしたもとで、九五年度には地方自治体の公共事業費（普通建設事業費）は総額三十一兆円であったのが、二〇〇〇年度には二十四兆円にまで減ってきています。国がいかに公共事業積みましの号令をかけようと、地方はそれを受け入れる力を喪失しつつあります。

第二にくわえて、公共事業の浪費にたいする国民の批判が大きく広がりました。わが党の先駆的奮闘やさまざまな市民運動の広がりによって、飛行機の飛ばない地方空港とか、釣り堀の地方港湾とか、環境破壊でムダなダムとか、豪華な箱物建設への批判などが、全国で大きな世論となっていきました。

このゆきづまりの「打開」のために、政府がこの間すすめてきたのは、公共事業の「効率化・重点化」という方向です。それは、公共事業を財界にとって非効率な地方・農村部では削減し、「都市再生」と称して大都市部に集中させていくというものです。

しかし、この数年間に顕著になったこの方針は、大都市でも、地方でも、自治体に新たな深刻な矛盾をもちこむこととなりました。

一方で、東京、横浜、名古屋、大阪など大都市を中心に、「都市再生」と称して、大規模開発に、巨額の税金を注ぐ計画がすすめられています。やっていることは、どこでも判をおしたように同じ、金太郎アメのように同じです。駅前に超高層ビルをたてる巨大再開発、都市を埋めつくす高速道路網、「国際競争」をかけ声とした国際空港と国際港湾、大企業のリストラの跡地の再開発などであります。これが財政破綻をいっそう深刻にし、住民の暮らしをおしつぶす、新たな害悪をひろげつつあります。この流れの中で、大都市部でも生活基盤の公共工事予算は削減されています。

これはバブルの時代に熱中し、すでに破綻した方式の焼き直しであり、見通しはまったく暗い。最近、「日本経済新聞」が、「オフィスビル二〇〇三年問題」という連載をしました。二〇〇三年に東京都心部に大量の大型オフィスビルが完成するというのです。来年（〇三年）、新たに供給される大型オフィスビルの合計延べ床面積は、なんと二百二十七万平方メートル。バブル期のほぼ二倍の水準、東京ドームに換算して四十八個分になる。これは、既存ビルに大打撃となり、供給過剰で破綻の危険がせまっている。このうえ「都市再生」のかけ声で、超高層ビルをさらにどんどんたてるなど、見通しがあるわけがないではありませんか。

そもそも「都市再生」といいますが、東京の臨海副都心、横浜の「みなとみらい21」などは、空き地だらけで、一度もまともな「都市」になったことはなく、「再生」しようがないものです（拍手、笑い）。ゼネコンや大企業は「再生」しても、人間らしい生活のための都市は荒廃をひどくするだけとなることは、火を見るよりも明らかであります。

他方で、地方では、公共事業費は削られているが、空港、港湾、ダムなど批判が高まっている大規模開発は基本的につづけながら、住民生活や福祉のための公共事業――地域経済の支えでもあった公共事業が大きく削減されているのが特徴です。農業での所得保障、地元商店街、地場産業への振興策など、ほんらいやるべき地域経済の振興策に財政をふりむけるのではなく、政府主導でつくられた公共事業依存体質から抜け出せないままの自治体から、一方的に公共事業を削減することが、地域経済に深刻な打撃をあたえています。それは、自民党自身の支配基盤を大きく掘り崩す事態をつくりだしています。

「開発会社」化の道は、どこでも破綻が明らかです。それは全国どこでも〝倒産状態〟です。それを形を変えてなお自治体に押しつけることが、都市でも、地方・農村部でも、自治体の新たな深刻な危機をもたらしつつあります。

地方自治制度の破壊――合併押しつけと財政切り捨てを〝車の両輪〟として

第三は、市町村合併の押しつけと、地方への財源保障制度を崩すことを、〝車の両輪〟とした、地方自治制度の破壊のくわだてがすすめられていることです。

市町村合併の法定協議会が設置されたところは九十六地域三百八十六市町村、なんらかの研究会・検討会に参加しているところをあわせると六百十八地域二千四百九十五市町村と、約八割に広がっており、合併問題は全国の市町村にかかわる問題となっています。

わが党は、住民の意思にもとづいて地方自治体を適切な規模にしていくことに、一律に反対するものではありません。しかし、いま急速にすすめられている市町村合併の押しつけは、地方自治体の根幹を壊しかねない重大な問題点をもつものです。

――まず、自治体の合併の是非は、何よりもそこに住む住民の合意と、自治体の自発的な意思によって決められるべきです。しかしいまおこっている合併の流れは、自治体の自主的な意思によるものでなく、国の強権的な行政指導、財政誘導によって、全国の自治体に押しつけられているものです。ことの発端は、一九九九年につくられた地方分権推進一括法の一環で、市町村合併特例法が改定されたことにありました。政府は、これをてこにして、「二〇〇五年三月までが期限だ」と自治体をせきたて、自治体に合併を強要してきました。こうしたやり方自体が、憲法で保障された地方自治の本旨を乱暴に蹂躙《じゅうりん》するものだといわなければなりません。

――合併の多くは、危機におちいった自治体財政のもとで、大型開発を効率的にすすめる体制をつくり、住民サービスを切り下げることに狙《ねら》いがあります。深刻な矛盾が噴き出している自治体の「営利企業」化、「開発会社」化の道を、無理やり推進するてことして、合併押しつけがはかられているのであります。合併によって、当座の公共事業費は特別に確保できますし、十年間は地方交付税の特例もありますが、中長期的には国から地方への財政支出は、巨額の規模で削減されます。総務省の試算でも、市町村が千程度になれば、地方財政は四兆円から五兆円の削減になります。これが住民サービスの大幅な切り下げをもたらすことは明瞭です。

この市町村合併の押しつけと〝車の両輪〟ですすめられているのが、地方への財源保障制度の二つの柱――国庫補助負担金と地方交付税を、大幅に切り捨てる動きです。その具体的方向は、六月に出された小泉内閣の「第二次・骨太の方針」（「経済財政運営と構造改革に関する基本方針二〇〇二」）に、明記されています。

――そこでは、まず、「国庫補助負担金について、『改革と展望』の期間中に、数兆円規模の削減を目指す」とされています。国から地方への国庫補助負担金の約五割は社会保障関係費です。約二割は文教・科学振興費です。それを「数兆円規模」で削減することは、自治体の福祉と教育の水準の大幅低下をもたらすことになります。すでに小泉首相は、義務教育費の国庫負担制度――公立小中学校教職員の給与などを国が半額負担する制度の見直しを指示しています。多くの自治体でいま三十人学級への努力をしていますが、それに逆行して、教員削減と学校の統廃合がせまられることになります。

――さらに、「第二次・骨太の方針」では、「地方交付税の改革を行う。……交付税の財源保障機能全般について見直し、『改革と展望』の期間中に縮小していく」としています。地方交付税は、①自治体間の税収のアンバランスを調整する機能とともに、②全国どこでも標準的な行政水準を財政的に保障するという機能をもっています。この後者の機能――福祉や教育などの標準的な行政サービスを保障するという機能をなくしていこうというのが、政府の方針なのです。それは、地方交付税がこれまで果たしてきた、国民の生存権をまもり、地方自治の財政的な保障をはかるという機能そのものを、根本から掘り崩すものにほかなりません。

合併押しつけと財政切り捨ての〝車の両輪〟で、地方自治を土台から破壊する攻撃は、いま、全国の自治体との矛盾を激しくしています。合併押しつけに反対する動きも急速に広がりつつあります。保守の首長でも、福島・矢祭町《やまつりまち》の根本町長や、山口・下松市《くだまつし》の井川市長など、公然と合併の押しつけに反対表明する動きがあいついでいます。全国町村会も、くりかえし市町村合併の強制に反対を表明しています。今年（二〇〇二年）七月に政府にたいしておこなった四十四項目の要望では、第一番目に、「地方税・地方交付税の確保」とあわせて、「市町村合併をいかなる形であれ強制することのないよう十分留意すること」をかかげています。

市町村合併の押しつけに反対し、地方への財源保障制度を崩すくわだてを許さないたたかいは、地方政治をめぐる焦眉《しょうび》の重大課題であります。

自民党政治による自治体への反動支配――「営利企業」化、「開発会社」化、そして合併押しつけと財政切り捨ては、全国のあらゆる地域で住民との矛盾を深刻にしています。二十一世紀を展望したときに、この道に地方政治の未来を託すわけには決してゆかないではありませんか（拍手）。この道からの脱却と転換をめざすわが党の役割は、きわめて重大となっていることを、お互いに肝に銘じて奮闘しようではありませんか。（拍手）

新しい地方政治の流れの広がり――二十一世紀へ未来と希望ある変化

こうした自治体への反動支配のゆきづまりのなかで、それとは対照的に、「自治体らしい自治体」をとりもどす、新しい希望ある地方政治の流れが、たしかな広がりをみせています。

私は、三つの注目すべき未来ある流れについて報告いたします。

「住民が主人公」への新たな変化と胎動——徳島、長野、高知などにみる

一つは、いくつかの県、少なくない市町村で、自民党政治による反動支配が崩れ、「住民が主人公」の方向への新たな変化と胎動がおこっていることです。

徳島県の大田民主県政

徳島県では、共産、民主、社民が推薦する大田民主県政が、今年（〇二年）四月に誕生しました。その最大の原動力となったのは、吉野川可動堰《かどうぜき》という環境破壊の巨大開発に反対する、草の根の住民運動の広がりでした。可動堰をめぐっては、徳島市の住民投票がおこなわれ、約九割が反対を表明しました。しかし自民党の前知事はその声に耳を傾けず、可動堰推進の国に追随をつづけました。そして、とうとう公共事業をめぐる汚職に自分自身がまみれて、逮捕・辞職という局面をむかえました。それを受けての知事選で、環境破壊の大型公共事業推進と、それをくいものとした汚職・利権への怒りが一体となり、「県政を変えたい」という県民の願いが、大田氏に結集してつくられた勝利でした。わが党は、このすべての経過のなかで、県政の転換を願う広い無党派の人々、市民運動のみなさんと、誠実に共同をはかるという態度をつらぬきました。

当選後、大田知事は、前知事の汚職構造の解明にのりだし、学校や消防施設の事業を県内業者だけでおこなう方針を表明し、直面する大型公共事業についてはタウンミーティングなど県民の

声を聞いて対応を決める姿勢をしめしています。その前途にはさまざまな困難や曲折も予想されますが、「可動堰ノー」をつきつけた県民のエネルギーは素晴らしいものがあり、わが党は新たに誕生した民主県政の前進のために全力をつくすものであります。（拍手）

長野県の田中県政

長野県でおこっている変化は、全国に希望をあたえる変化です。二〇〇〇年十月の知事選挙で田中康夫知事が誕生したのは、国から公共事業をもってくることを最大の使命とし、環境も福祉も壊し、県財政を全国ワースト2の最悪水準まで悪化させた、「オール与党」県政にたいして、県民の怒りと批判が結集した結果でした。

ただ二年前の知事選挙での田中氏の公約は、「公共事業を見直し、税金の無駄遣いをやめる」「県民参加の行政運営をすすめる」など、民主的方向は明瞭でしたが、具体化はこれからというものでした。わが党と「県民の会」は二年前の選挙では、独自に中野早苗候補を擁立して、民主県政への転換の具体的政策を掲げ、堂々とたたかいました。そうしたなかで田中氏は、県民の声、中野候補の訴え、党の政策に、真剣に耳を傾け、その主張もより積極的で具体的な内容に変化していきました。

この間、長野県ですすんだ数々の希望ある変化――「脱ダム宣言」、浅川ダム・下諏訪ダムの中止、土木型から福祉・環境型公共事業への転換、三十人学級の実現などは、各地での車座集会など県民参加で県政を運営するという田中康夫知事の民主的姿勢と、広い無党派の人々の運動、そしてわが党の道理ある主張とたたかいが合流してつくられた成果であります。

田中県政の民主的前進を恐れた県議会のダム固執多数派は、ひとかけらの道理もない知事不信任という暴挙にでました。知事の答弁の最中にマイクを切り、議場を勝手に退席してしまう。そのことに象徴された、県議会での彼らの文字どおり「聞く耳をもたない」横暴、何しろマイクを切ってしまうのですから（笑い）、問答無用の横暴は、自民党政治による地方政治の反動支配のゆきついた醜い姿を全国にさらしたのではないでしょうか。（拍手）

この暴挙に、唯一反対をつらぬいたのは日本共産党県議団の五人だけでありました（拍手）。この全体の経過にたって、わが党は、田中康夫氏を、独自の判断として支援してたたかっています。三日後が投票日で、熾烈《しれつ》なたたかいとなっていますが、勝利のために最後まで力をつくす決意であります。（拍手）

高知県の橋本県政

高知県政の変化も注目すべきものがあります。二〇〇〇年に開いた第二十二回党大会は、「わが党が与党ではない自治体で、地方自治の本旨を、部分的だが、重要な点で守ろうとする新しい流れが生まれている」として、高知県・橋本県政を一つの例にあげ、「非核港湾条例の提案や米軍機低空飛行訓練反対、減反おしつけ反対などで積極的な立場をとっている」と注目しました。

その後も、橋本県政では、中山間地域への所得保障、中小企業向け無担保無保証人融資制度、就学前までの乳幼児の入院医療無料化など、暮らしと福祉のための施策の充実がすすみました。

とりわけ大きな前向きの変化は、「県政の最大のガン」であった、ゆがんだ同和行政の終結への急速な転換であります。この間、日本共産党県議団を先頭にした追及によって、二つの「やみ融資」事件が発覚し、県幹部や「解同」（部落解放同盟）幹部などの逮捕・捜査にいたり、それを契機に乱脈・不公正な同和行政の転換が始まりました。

橋本知事は、これまでの同和行政を反省し、みずからの管理監督責任を明確にし、「同和行政の終了」を宣言し、改革に着手しました。保育所、学校、奨学金など、これまで「解同」がくいものにしていた同和行政にメスをいれ、予算を伴う七十三の同和事業のうち、すでに四十三事業、三十三億円の予算を削減しています。

橋本県政が発足したのは、一九九一年の選挙で、現在三期目です。九一年の選挙と、九五年の選挙では、わが党は独自の推薦候補を擁立して県政の民主的転換の方向を全面的にしめしてたたかいました。そして県議会でも、橋本知事にたいして、是々非々の立場で、建設的論戦をくりひろげてきました。自民党は内部に矛盾はもっていますが、基本的には〝是は非、非は是〟の立場ですので（笑い）、対照的であります。こうした党の一貫した姿勢ともあいまって、県政が一歩一歩、前向きの変化をつづけていることは、うれしいことではありませんか。（拍手）

こうした積み重ねのなかで、橋本知事と日本共産党との関係は、自由闊達《かったつ》で友好的なものとなっています。知事は、党県委員会の新年旗開きに六年連続で参加し、今年のあいさつでは、旗開きへの参加が「正月の恒例行事」となったとのべ（笑い）、アフガンやイラクにたいする日本政府の対応に、「非常な不安」を表明しました。ここにも長野県と共通する希望ある変化がはっきりとあらわれています。

鳥取県の片山県政

自民党県政の枠を脱してはいないが、前向きの変化が注目される県として、鳥取県・片山県政をあげることができます。片山知事は、一九九九年の選挙で、わが党以外の「オール与党」の推薦で知事になった人であります。しかし、この間、県営中部ダムの中止、鳥取県西部地震のさいの三百万円の個人補償、三十人学級の実現、鳥取大学の統廃合への反対など、県民の立場からみて評価できる施策をすすめています。

鳥取県は、産業の衰退、人口の減少、政府からの圧迫など、いわば県ぐるみで切り捨ての対象とされている（どよめき）、地方切り捨ての政治の矛盾が集中的にあらわれている県の一つであります。そのなかで自治体らしい政治をやろうとすれば、従来のやり方をそのまま踏襲《とうしゅう》していては、たちゆかなくなっているなかでの変化だと思います。

鳥取県政のかかえている問題点は、同和行政の継続、米子空港滑走路の延長、市町村合併の推進など、なおさまざまありますが、しかし従来は自民党支配の牙城であった地方・農村部から、こうした変化が生まれていることは、注目に値するものです。

県段階だけをみても、これだけの変化が生まれている。同じような前向きの変化は市町村段階でも広がっています。これらは、自民党と「オール与党」による自治体の反動支配が、二十一世紀には通用しなくなりつつあることを、鮮やかにしめすものではないでしょうか。（拍手）

党員首長の自治体の前進――変化がおこる客観的条件は熟しつつある

未来ある流れの二つ目は、革新・民主の自治体の流れです。わが党が与党となっている革新・民主の自治体は全国に百三、わが党だけが与党の自治体が六十五、そのなかで日本共産党員が首長をつとめている自治体は十市町村あります。

四年前の全国地方議員会議の報告をみますと、「党員首長の自治体は、四年前には――いまから数えると八年前には――南光町一つだけだったが、それが七市町村に増えた」と報告されています。それから四年たって、党員首長の自治体は、十市町村にまで増えました（拍手）。この間、三市町村で失いましたが、六市町村で新たに誕生しました。

その特徴の一つは、（東京都）狛江市、（兵庫県）福崎町《ふくさきちょう》、（同）黒田庄町《くろだしょうちょう》、（長野県）木曽福《きそふく》島町《しままち》の四自治体で、相次いで再選をかちとったということであります（拍手）。一期目の勝利は、それまでの自治体への批判や改革への期待で、なかには「思いがけなく」（笑い）――相手にとっては「不意打ち」で（笑い）かちとるケースも少なくありません。汚職など「敵失」が勝利の大きな要因になることもあります。しかし、二期目はそうはいきません。一期目の自治体運営の実績が、有権者から審判をうけます。行政を現実に担当する能力が、住民の評価をうけます。くわえて二期目以降は、反動・反共勢力も陣営を構え、総力をあげて革新・民主自治体の打倒に執念を燃やしてきます。そうした容易ではないたたかいで、四つの自治体で勝利したことの意義はたいへん大きいものがあります。（拍手）

四つの自治体のそれぞれに値打ちがありまして、どれか一つをのべるのは難しいのではありますが（笑い）、市は狛江市ですので、狛江市をみてみたい。

狛江市での一九九六年の一期目の勝利は、前市長がとばくで失踪《しっそう》（笑い）という最悪の不祥事のもとでの選挙という、ある偶然の要素（笑い）もあってのものでした。しかし矢野市政になっての変化は、清潔・公正、開かれた市政への転換だけではない、目覚ましいものであります。介護保険料と利用料の低所得者無料を、都内ではじめて実施したのは矢野・狛江市政でありました（拍手）。乳幼児医療無料化を就学前まで広げる仕事に多摩地区でまっさきにとりくんだのも矢野・狛江市政でありました（拍手）。福祉のための財源を生み出すために、公共工事の浪費にメスがはいりました。年平均三十五億円だった借金を十七億円に半減させながら、市内業者への発注は年平均で十三億円から十五・五億円に逆に増やした。こうした実績が、はげしい反共攻撃のなかでも、得票を約一万票から約二万票に倍増させ、二期目の勝利をかちとる力になりました。（拍手）

東大阪市では、公明・「解同」連合などの激しい攻撃に、正面から対峙《たいじ》して選挙戦をたたかいぬきましたが、長尾市長の再選は惜しくもかちとれませんでした。しかし、私は、長尾民主市政が残した業績は、歴史に残り、今後に生きるものであると考えます（拍手）。たとえば、長尾市政になって、東大阪の三万をこえる中小企業のすべての事業所を、市の幹部職員が直接訪問して、実態と要望をつかむという、西日本で初めての画期的事業をおこない、「技術交流プラザ」というインターネットを使って全国から仕事を受注するシステムをスタートさせた。これらの業績は、反動勢力が市政を握っても、やすやすとは崩せないものであります。

いま一つの特徴は、この間、（愛知県）阿久比町《あぐいちょう》、（長野県）坂北村《さかきたむら》、（滋賀県）びわ町、（秋田県）湯沢市、（福島県）霊山町《りょうぜんまち》で、つぎつぎと党員首長の自治体が新たに誕生したということです。これらは特別に党の力が強いわけでもない（笑い）、特別の不祥事があったわけでもない、いわば「普通の自治体での普通の首長選挙」で勝利をかちとったものであります。保守もふくめて、幅広い人々の支持をうけて、かなりのところで「思いがけず」勝利をかちとったケースが多いのです。

今年（〇二年）四月に湯沢市の鈴木市長が誕生しました。現職を二期つとめた相手候補――土建業者と結びついた典型的な古い利権型政治家――に大差をつけての勝利でした。地元紙の「秋《あき》田魁《たさきがけ》新報」は「刷新求めた市民」と題してこう報じました。

「湯沢市長選は、初当選した鈴木俊夫氏すら驚くほどの得票（笑い）で決着した。共産党の県議を二期務めたとはいえ、住民の多数は保守系。現市政への不満はあるが、結局は二坂信邦氏に投票する人が大半ではないかとみられていたからだ。

まさかの大どんでん返し。市民の間を衝撃となって走り回った。鈴木氏勝利の予兆はあった。ただでさえ市経済の地盤沈下が続く中、昨年夏のＩＴ不況が直撃。ハローワーク湯沢の有効求人倍率は〇・二一まで落ち込んでいる。やり場のない閉塞《へいそく》感が市民の間に充満していたのも事実。

市長選も無投票が濃厚になり、さらに重苦しいムードが漂っていたところに、土壇場で（笑い）登場したのが鈴木氏だった。市長が代わったからといって生活が劇的に向上するわけでないことは、市民も分かっている。しかし鈴木氏は、市長公用車廃止や市長報酬、交際費の削減など、政策というよりは身近な市政改革を訴え、市民生活を応援する姿勢を鮮明に打ち出した。今回の鈴木氏の当選は、こうした姿勢に市民が共感した結果といえる」（「秋田魁新報」〇

二年四月二十二日付）

なかなか状況がよく伝わってくる報道です。

つづいて七月に霊山町で大橋町長が誕生しました。相手は建設会社社長で、元町議会議長でしたが、大差をつけての勝利でした。地方紙の「河北新報」は、「現状打破期待のうねり　郡部にも政党の壁　乗り越える」と題し、「予期せぬ勝利」という書き出し（笑い）でこう報じました。

「『当選の言葉など、正直いって全然考えていませんでした』（笑い）。七日夜、歓喜にわく選挙事務所で、大橋氏は支持者を前に〝本音〟を漏らした（笑い）。乾杯を忘れてしまい、祝勝会終了後に慌《あわ》てて行うなど、陣営も予期せぬ勝利に驚きを隠しきれなかった（笑い）。……対立候補の利根川氏は、……土木会社を経営し、町議を六期二十四年務めるなどキャリアは十分。自民党籍を持ち、後援会組織もあり、決起集会や街頭演説には地元選出の国会議員や県議らも顔を見せた。利根川氏自身が『運動の規模は大橋氏陣営の十倍』と自負する布陣だった。

しかし、運動は旧態依然そのものだった。陣営は『国や県との太いパイプ』を強調した。決起集会では国会議員が『共産党の町長になったら県や国から補助金が来ない』などと演説。……ところが、選挙前から衆院議員鈴木宗男容疑者の疑惑が（笑い）連日報道されたこともあり、あからさまな利益誘導の訴えは、住民に疑問と嫌悪感を抱かせていく（笑い）」。うまいこと書きますね（笑い）。「……町幹部の一人も『利根川氏の陣営が組織を締め付けるほど、住民は心を閉ざしていった……』とみる。大橋氏が、利根川氏の主張とは対照的に『暮らしと福祉の充実』『町民との太いパイプ』などと訴えたことも、有権者に受け入れられた一因だ」

そしてこの記事では、「湯沢市長選と共通点がある」として、こうつづけています。

「不況が続きリストラも相次ぐなど、先行きに明るい展望が持ちにくい時代。何となく閉塞《へいそく》感を抱え現状打破を期待する有権者に対し、旧来型の政治がいいという価値観を持ち、基本的に現状維持を望む有力者や組織、政党などがいくら働き掛けても、その心はつかめない。地域の新しいリーダーを求める有権者は、逆に反発を強め、政党の〝壁〟など意外と簡単に越えてしまう。こうした大都市圏や東北都市部での流れが郡部にまで及んでいることを、山あいの小さな町が証明した。ある自民党県議は『「負けるはずがない」と思っていた選挙で敗れた。結果は厳粛に受け止めなければならない』と語り、早くも来春の統一地方選への影響を心配している」（「河北新報」〇二年七月十日付）

この「心配」は現実のものにしたいものであります。（拍手、笑い）

二つの選挙での勝利を、生きいきと伝えているではありませんか。従来の利権型政治はもはや地方でも通用しなくなっている。共産党への従来型の攻撃も通用しなくなりつつある。党への誤解の〝壁〟も「意外と簡単に越えてしまう」。こうした変化がおこる条件が、日本列島のどこでも熟しつつあります。

みなさん、ここに確信をもって、革新・民主の自治体の流れを、二十一世紀の地方政治の大きなうねりとしていくために、ひきつづき力をつくそうではありませんか。（大きな拍手）

四千四百人の日本共産党地方議員団――そのかけがえのない値打ち

地方政治における未来ある流れの三つ目は、みなさん方自身、すなわち全国で四千四百人にのぼる日本共産党の地方議員団の存在であります。その果たしている役割は、ここでとうてい語りつくせるものではありませんが、いくつかの角度からそのかけがえのない値打ちについて、報告しておきたいと思います。

第一は、四千四百人の力が、草の根の住民運動と結びついて合流すれば、全国の地方政治の動向を左右するような、さまざまな成果をあげることができるということであります。

たとえば介護保険の利用料・保険料の減免は、わが党が一貫して全国の自治体で要求してきたことですが、厚生労働省の不当な圧力のなかでも、保険料減免で四百三十一自治体、利用料減免では自治体総数の四分の一となる八百二十五自治体まで広がっています。

乳幼児医療費無料化は、一九七一年に国会でわが党議員がはじめて提起して以来、文字どおり全国各地でわが党の地方議員のみなさんが、住民の運動と一体になって、粘り強くとりあげてきたものですが、とうとう全自治体がなんらかの助成を実施するところまで前進をかちとることができました。（拍手）

わが党が、全国で、父母や教職員とともに長年もとめてきた三十五人や三十人などの少人数学級の実現は、この間、急速に広がり、今年度に入って十八の道県で小中学校の低学年を中心に実施され、さらに広がる動きとなっています。

〝全国どこでも自治体が自治体らしい仕事をしているところでは、そこには日本共産党議員の奮闘あり〟――ここに自信と確信をもってすすもうではありませんか。（拍手）

第二に、わが党の議員の活動は、すでに七割をこえる自治体にまで広がっていますが、日本共産党の議員がいるかどうかは、その自治体の住民の利益をまもるうえで、〝天地の差〟といえるほどの重みをもっているということであります。

たとえ一人議員であっても、党議員の道理ある主張が、住民の運動と結びつけば、やがて議会の多数意見となって行政を現実に動かしたという経験も少なくありません。

前回のいっせい地方選挙で空白議会を克服し、はじめて議席をえたわが党の町議会議員が、乳幼児医療無料化の就学前までの引き上げ、三十人学級の実現、介護保険利用料の減免などを提案し、当初は保守の議員から妨害や反対をうけながら、粘り強くとりくむなかで、とうとう町長を動かし、保守の議員を動かして、わずか三年あまりでつぎつぎと実現させた経験もあります。

合併問題で、党の議員が果たしている役割も大きい。党の議席がないところでは、国や県からの押しつけのままに、不本意ながら「やむなし」の立場で合併の方向に流されている自治体も少なくありません。しかし、党議員がいるところでは、その問題提起がきっかけとなって、はじめは合併推進議員が多数だった議会でも、合併によるデメリットへの理解がすすみ、議会のなかでも議論や学習会がはじまり、保守層との共同がすすみ、町長が合併に加わらないと宣言をするという経験も全国各地で生まれています。

こうした経験は、空白議会を克服するための努力がいかに大切かを教えています。また一人議員のところでは複数へと、議員を増やすとりくみの重要性を物語っています。

第三に、党議員と議員団の存在と役割が、その自治体の民主的変化、民主的転換に果たしている役割であります。さきに紹介した徳島県、長野県、高知県などの前向きの変化をみても、革新・民主の自治体を新たにつくりだしている経験をみても、党議員団の役割は決定的な意味をもっています。

党議員団がつねに地方自治のあるべき原点にたって、住民の福祉と暮らしをまもるために、また「逆立ち」財政の転換のために、議会内外で積極的提言と運動を粘り強くつづけてきたことが、党とはじめは距離をおいた無党派の立場から出発した知事とも共鳴しあい、立場の接近が生まれ、新しい政治をつくりだしてきた経験が、各地で生まれています。

第四に、全国の四千四百人の地方議員のみなさんの草の根でのとりくみと、国会議員団のとりくみが協力することで、国政を動かす力ともなるということであります。

私は、党創立記念講演会で、あの「ムネオハウス」の告発と追及は、国会議員団だけの成果ではない、地元の北海道議団、根室市議団など地方議員のみなさんが、寄せてくださった情報がきっかけとなって、疑惑追及の決定的な事実をつかんだことを紹介しましたが、国会で活動していまして、全国に四千四百人の同志たちががんばっていることが、どんなに心づよい力になるかは、常日ごろ実感していることであります。

たとえば、介護保険の実態を、わが党は政府以上につかんで、国会で何度も改善を要求してきた経験がありますが、どの時にも私たちが協力をお願いしたのは、全国の地方議員のみなさんでした。

二〇〇〇年四月の介護保険開始を目前にひかえて、要介護認定を受けながら介護保険のケアプランが未作成のお年寄りが相当数残されていることが、全国的に大きな問題になったことがありました。わが党はこの問題を中心に、三月末に全国の党地方議員の協力をえて、緊急調査をおこないました。わが党が議席をもつ自治体の八割、全自治体の約五七％で活動する議員から、わずか三日間で回答が集中しました。わが党は、この緊急調査結果と緊急対策を発表し、それにもとづいて国会で改善をもとめる質問をおこないました。当時の丹羽厚相は、ケアプランの作成の遅れを認め、党の提案について「貴重な提言だと感心している」とのべ、「現在すでにうけているサービスがとぎれないよう、最大限の努力をしていく」と約束しました。私は、このような活動は、全国の自治体の七割に議員をもつわが党でなくては、絶対になしえない活動だと、おおいに誇りに思うものであります。（拍手）

みなさん、日本共産党の四千四百人の議席の値打ちが、いかにかけがえのないものか、この力をさらに前進・躍進させることがどんなに大切かを、全国で、またそれぞれの地域で、確信をもって、広く国民に訴えていこうではありませんか。（拍手）

三、選挙戦での勝利をめざして——活動の強化のために

つぎにあと七カ月後にせまったいっせい地方選挙、きたるべき総選挙でのわが党の躍進と勝利をめざす活動について報告いたします。

党大会の決定、一連の中央委員会総会の決定をふまえ、地方議員のみなさんが予定候補者のみ

なさんと一体になって、選挙勝利にむけた活動にどうとりくむかについて、いくつかの角度からのべたいと思います。

選挙戦にどういう構えでのぞむか――新しい可能性をくみつくした攻めのたたかいを

まず選挙戦にどういう構えでのぞむかという問題です。三つの点を強調したいと思います。

躍進でえた峰を確保し、さらなる前進に挑戦――容易でない大事業

第一は、きたるべき政治戦で、躍進と勝利をかちとることは、容易ではない大事業だということです。ここをお互いに肝に銘じて奮闘したいということであります。

前回、一九九九年のいっせい地方選挙は、九〇年代後半の党の躍進の流れのなかでの選挙でした。道府県議では五十四議席増の百五十二議席、政令市議では二十八議席増の百二十議席、市区町村議では百九十六議席増の二千百四十議席と、わが党は、史上最高の峰への躍進・前進をかちとりました。

来年のいっせい地方選挙は、この躍進でえた峰を確保し、さらなる前進に挑戦する選挙です。この仕事をやりとげるためには、前回選挙で躍進をつくりだした勢いを上回る、党の新たな政治的・組織的な上げ潮をつくりださなければなりません。

その現状はどうか。四中総以後の中間地方選挙の結果をみますと、定例選挙では三十五市町村に七十八人が立候補し七十五人が当選です。補欠選挙では二県十六市町村に十八人が立候補し十

人が当選です。選挙での議席増は十三人、議席減は立候補見送りをふくめ四人です。ただし得票では、前回票を上回った選挙は約三割です。

前進への芽は生まれつつありますが、本格的な上げ潮にはいたっていない。それをつくれるかどうかは、あと七カ月の全党の奮闘にかかっている――これが現状です。総選挙、参院選の悔しい後退から、前進・躍進に転じることは、全党がもてるあらゆる知恵と力を総結集してはじめて可能となる大事業であることを、まず強調したいのであります。

新しい上げ潮をつくる客観的条件は、国政でも地方政治でも熟している

第二に、それでは、新しい上げ潮をつくりだす客観的条件はあるのか。国政をみても、地方政治をみても、それは熟しています。その条件を全面的に生かした攻勢的なとりくみをすすめることが、今度の選挙にのぞむ構えとしてひじょうに大切であります。

すでにみてきたような徳島県、長野県、高知県などでの新しい希望ある変化、党員首長自治体の前進など、地方政治での未来ある流れの広がりは、地方政治での自民党政治のゆきづまりが、いかに広く深いものとなっているかを、はっきりとしめしています。

いま私たちにもとめられていることは、この胸おどる激動的変化をしっかりとつかんで、それにふさわしい攻めの構えをしっかりと確立し、これまでにない広い有権者――無党派層、保守層、他党支持層もふくめた広い人々に働きかけ、宣伝・対話をひろげ、党の躍進をめざす活動にうってでることであります。さきほど私は湯沢市や霊山町の勝利が「思いがけない」ものだったことを紹介しましたが、わが党の大胆なとりくみによって「思いがけない」ような変化をつくる条件は、全国どこでも存在しています。

それを現実のものとするためにつぎのような点に留意しつつ、新たな条件をくみつくす攻めの選挙をおこないたいと思います。

――一つは、いっせい地方選挙の前半戦、道府県議選と政令市議選での議席増に正面からとりくむことです。それをやりきるかぎは、現有議席の絶対確保とともに、県議空白の三県――石川、島根、熊本での勝利、それから定数四以上の選挙区での新たな議席獲得はもちろん、定数が一～三の選挙区でも積極果敢なとりくみで議席増に挑戦することであります。

――二つは、後半戦の、市区町村議選のたたかいであります。選挙がたたかわれる市区の約三割の自治体で議席増をめざす計画に、町村では約一割の自治体で議席増をめざす計画になっています。現有議席の絶対確保とともに、議席増の計画をやりぬきたい。また現在二百五十二市町村で空白克服のための立候補計画をもっており、現時点での候補者決定は七十四市町村ですが、ここでの議席獲得をはかることは、今後の地方政治の民主的改革にとっても大きな意義をもつものです。

――三つは、前半戦での一一都道府県での知事選挙をはじめとした首長選のたたかいです。これはその選挙のたたかいの経過そのものが全国の選挙戦に影響をあたえ、その結果は、その後の全国的な政治情勢に大きな影響をあたえます。わが党は、候補者選考、政策、組織など、選挙戦のすべての面で、政党としての政治的、組織的な責任を果たし、広い団体・個人と共同して勝利をめざして力をつくします。

――四つは、議席とともに得票増を自覚的に追求するということです。得票目標は、「その選挙でかならず達成すべき目標」にするという党大会決定の方針にもとづいて決めるようにします。そのさい、いっせい地方選挙の前半戦、後半戦、総選挙を、一つの得票目標でたたかうようにしたいと思います。前半戦の勝利に必要な目標が、いちばん高くなる場合が多いわけですが、高いほうにあわせて一本化し、得票増にも正面から挑みたいと思います。

――五つは、いっせい地方選挙までの中間選挙で、党と民主政治の上げ潮の勢いをつくることが、決定的に重要になっているということであります。目前の長野での知事選と県議補選、九月八日投票の沖縄でのいっせい地方選挙、十月二十七日投票の全国六カ所の衆参国政補欠選挙、十一月の沖縄県知事選挙、十二月の茨城県議選などで、躍進と勝利をかちとるために全力をあげようではありませんか。（拍手）

――六つは、どれだけ早く候補者決定をやりきれるかは、選挙戦の全体を左右するということであります。立候補計画にたいする候補者決定率は、四中総時点では四二％でしたが、現在六〇％です。期限をきめ、党機関や支部に協力して、候補者決定を一刻も早くやりきる努力を、議員のみなさんにもお願いしたいと思います。

党勢拡大の上げ潮のなかで選挙を――後退の教訓を片時も握って離さずに

第三は、量質ともに強大な党建設のための努力を片時も握って離さず、党勢拡大の上げ潮のなかで選挙戦をたたかうことです。

どんなに客観的情勢が党前進の可能性をはらんでいても主体的な力がそれにおいつかなければ選挙では勝てない、どのような政治情勢のもとでも党の前進・躍進を保障するための党づくりに全党の英知と力を傾けてとりくもう――これは総選挙と参院選の悔しい後退から、わが党が最大の教訓としたことでありました。この教訓を、片時も忘れずに、つぎのいっせい地方選挙と総選挙を党勢拡大の上げ潮のなかでたたかいたい。

昨年（〇一年）十月末から、今年の四月末まで、半年余にわたってとりくまれた「大運動」では、党建設と党勢拡大をいついかなるときにも意識的に追求する姿勢が、全党的に強まるという貴重な成果をあげました。しかし、この流れを全党に定着させ、本格的な前進の軌道にのせることは、歴史的大事業であり、それはこれからのとりくみにかかっています。

この間の中間選挙をふりかえってみましても、強大な党建設が選挙勝利の根本の力となることは、多くの経験が証明しています。七月におこなわれた栃木の足尾町議選では、定数が十二に削減されるなかで、わが党の議席が三から四となり、三分の一の議席を占有するという、全国一の議席占有率になりました（拍手）。この町での党づくりの経験は、「しんぶん赤旗」でも詳しく紹介しましたが、民主町政のもとで町民の暮らしをまもる長年の奮闘とともに、人口比一・一九％の党員、全世帯の約半数が読者という、町民のなかに深く根をはった党建設の営々とした努力が、前進の根本にあります。

もちろん、こうした峰への前進は、一朝一夕になるものではありませんが、民主的政権をになう党への前進を真剣に考えるならば、全国どこでも、その地域・職場・学園での多数者を結集するという気概で、「支部を主役」に、党機関と議員が先駆的な役割を発揮し、全党の総力をあげて党建設にとりくむことがもとめられています。

みなさん、いま全国の地方政治に広がりつつある希望ある流れ、新しい条件を、あますところなくくみつくし、それを現実の党の躍進にむすびつけるとりくみを、新たな大志をもってやりとげようではありませんか。（大きな拍手）

論戦をどうすすめるか――いくつかの政策問題と、反共謀略集団とのたたかい

つぎに選挙勝利にむけた政治戦をどうすすめるか。地方議員のみなさんからのアンケートもふまえて、報告いたします。

政策論戦について――議員アンケートをふまえ五つの点について

まず政策論戦についてであります。政策論戦の原点は、どんな問題でも住民の要求から出発し、それにこたえるという姿勢をつらぬくことにあります。またどんな問題でも議会のなかでの奮闘だけでなく、住民に訴え、住民運動をおこし、世論と運動を力にして解決することが、基本であります。この原点・基本をしっかりつらぬきながら政策論戦をすすめたい。報告では、そのためのいくつかの留意点を、順不同で五点ほどのべます。

国の悪政、地方財政危機のもとで、福祉と暮らしをどうまもるか

第一は、国の悪政、地方財政危機のもとで、福祉と暮らしをどうまもるのかという問題であります。

議員アンケートでも、「国保料の引き下げや、介護保険の減免は、住民の切実な願いだが、予算がなくて実現が難しい」といった悩みが、多くの同志からよせられました。この解決の方途は、自治体によってそれぞれであり、万能の方程式があるわけではありませんけれども、私たちの姿勢の基本をいくつか整理しておきたいと思います。

――まず大前提として、住民の福祉と暮らしをまもるということは、自治体の根本的な任務であり、介護保険にしても、国民健康保険にしても、住民の切実な要求があるならそれを堂々とかかげ、自治体を自治体ほんらいの基本姿勢にたたせる提起と論戦を、堂々とすすめることが大切だということであります。

自民党主導の多くの自治体では、「財政危機」という問題を、住民要求に背をむける口実として利用しています。たとえば介護保険の利用料減免の要求にたいし、国のいいなりになって一般財源からの財政支出を頭から否定する立場から、減免を拒否する自治体も多い。多少の予算をやりくりをすれば、いまの財政でもできるのに、頭から拒否する自治体が多い。これは、自治体の基本姿勢にかかわる問題であって、住民要求にたってそれを正面からただす論戦と運動が大切であります。

――そのうえで、全国の多くの自治体では、やはり「逆立ち」財政をただすことが、住民要求実現の財源的保障となります。たとえば狛江市では、前市政では七十九億円だった土木費にメスをいれ、とくに大型事業の着手を抑制し、二十六億円にまでこれを削減するなかで、介護保険の保険料・利用料減免や、乳幼児医療費無料化などの財源をつくりだしながら、財政健全化への一歩も踏み出しています。

その点で、この間、全国の議員団で、大型開発を見直せば住民要求が実現できることなど、予算の組み替えの提案をつくるとりくみが広がってきたことは、自治体財政に責任をおう党の立場を具体的にしめすものとして、きわめて重要であります。

――しかし、「そうはいっても、なかなかただすべき大型の無駄づかいがみつからない」（笑い）という意見もありました。もちろん無理に「大型の無駄づかい」をさがすという（笑い）図式主義はうまくありません。しかし、そういう自治体であっても、本気で住民要求実現の立場にたって知恵をしぼれば、道が開かれる場合が多いのです。

たとえば湯沢市では、鈴木市長当選直後の六月議会で、すでに介護保険の在宅サービスの利用料半額助成、国保税の引き下げなどを実現しているのです。いったいどうやって財源をまかなったかをききますと、介護保険の減免の財源は、市長給料の三割減、市長交際費の半減、市長公用車の廃止でまかなえたというのです（どよめき）。国保税引き下げの財源は、国保特別会計の黒字と四億円ほどの国保基金などでまかなうことになったというのです。実は、国保税の引き下げは、鈴木市長が公約にしていなかったことだそうです。おそらく鈴木さんも実現はむずかしいと思っていたのではないでしょうか（笑い）。しかし、市長になってから担当部に検討を指示したところ、すぐによく考えられた案が出され、議会に提案したところ全員一致で可決された（どよめき）。現場の苦しみをよく知っている介護や国保の担当部・職員にとっては、なんとかしたいという気持ちがあるんですね。そのための改善案をもっていたんですね。それを、鈴木さんが市長になって出してきた。市の担当部・職員は「市民に歓迎される。やっと自分たちのやりたいことが実現できた」と喜んでいるときききました。

はじめからきれいに財源の保障を出せなくとも、住民の切実な要求ならば、行政の側に提起し、行政とも知恵を出しあって解決策をつくるという姿勢が大切だということを、私は強調したいと思います。

――さらに根本をいえば、国保料にしても、介護保険にしても、国が社会保障にたいする財政支出を抑制・削減してきたことに矛盾の根本があります。自治体独自にやれることを提案し、実現させながら、自治体から国にたいして社会保障切り捨て政策の転換をせまるように、行政にたいしても、議会の場でも、おおいに奮闘していくことが重要であります。

地域経済の振興をどうはかっていくか

第二に、地域経済の振興をどうはかっていくかという問題です。前回の地方議員集会で、「地域経済の諸問題に目をむける」ということを強調しましたが、大企業の一方的なリストラ、地域金融を破壊する金融庁主導の信金・信組つぶし、農林水産業など第一次産業の衰退、地方からの公共事業の削減などのなかで、立場の違いをこえて、「地域経済をまもり、発展させたい」という願いは切実になっています。党としてつぎのような観点からのとりくみが大切です。

――「産業政策」ということで党がはじめから完成した政策をつくって提案しなければならないと難しく考えないということが大事です。まず地域産業の実態を把握することから出発して、中小企業、地場産業、農林水産業など、その地域にいきづいてきた産業の振興をはかる方向での問題提起をおこなって、関係者や住民や行政側も参加したシンポジウムなどをひらいてきたところで、地域経済の振興についての住民の民主的合意がつくられ、行政を動かす具体的施策にむすびついた経験もつくられています。各地で商工会議所や農協など、従来の保守層との共同の可能性がかつてない広がりをしめしていることに注目し、とりくみの発展をはかりたいと思います。

――地域経済の振興ということを考えるとき、公共事業の民主的改革は避けて通れない課題です。わが党は、公共事業の中身を、巨大開発型から、福祉・環境型に変えれば、総額を削減しても、地域経済の活性化と両立させることができるという政策提起をしてきましたが、そうした方向に県単位でとりくみ、成果をあげつつある長野県・田中県政の経験は重要であります。田中知事がはじめてくんだ二〇〇一年度予算では、公共事業費の総額を一四％削減して、ダムの見直しのほか、美術館建設など箱物建設を先送りする一方で、福祉関連の公共事業費は七七％増、医療関係は一三％増、教育関係は七％増など中身の改革に着手しています。市町村から希望があがった老人ホームや老人保健施設など社会福祉施設五十八カ所に、すべて予算をつけたときききました。ある市の福祉部長さんは、「こんなに早く予算がつくとは思わなかった。花火をあげてお祝いしなくては」（笑い）と喜んだというエピソードも伝わってきました。

市町村合併問題にどう対応するか

第三に、市町村合併問題にどう対応するかという問題です。議員アンケートのなかでも、この問題での解明をもとめる声が多く寄せられました。党としてのとりくみの基本的観点についてのべておきたいと思います。

――いますすめられている市町村合併押しつけの全体としての反動的本質を、党としてはしっかりふまえながら、「合併反対」を入り口にして接近するのでなく、合併が住民の暮らし、住民の自治、地域の将来に何をもたらすかについて具体的に明らかにし、住民とともに考え、議会や首長もふくめた幅広い合意をめざすという姿勢がもとめられます。

議員アンケートでは「合併の是非は住民の合意で決めるということは、党として賛否を決めたり表明してはならないということか」という質問もありました。もちろん合併について党としてどう考えるかは、その地域に責任をおう政党としてその是非を明確にすべきことです。同時に、その結論を入り口にするのでなく、住民の利益を入り口にする。そうしてこそ、道理ある解決の道が開かれるということを強調したいと思います。

――「合併やむなし」論を打ち破る党の先駆的論戦の重要性を強調したい。たとえば議員アンケートでは、「合併すれば地方交付税が減らない」などの議論にどうこたえるかという質問が多くありました。しかしこの議論にはまったく根拠がありません。

一つは、合併した場合の地方交付税は、合併しなかった場合の額を計算し、その合計額が保障される特例措置となっていますが、それは合併後十年間にすぎないということであります。これは十年後からは大幅に地方交付税が減ることを端的にしめすものであります。

いま一つは、合併後十年保障するというのは、合併以前の市町村の交付税総額を固定的に保障するものではないということです。毎年度、旧市町村で合併していなかったらと仮定して、その合計額を計算して保障するにすぎません。国は交付税制度そのものを改悪して大幅切り捨てをはかることをくわだてていますが、これが強行されたら、その時点で合併をしていようが、いまいが、交付税は同じように削減されることになるのです。そうした交付税制度の改悪を許さないたたかいこそ重要なのです。

「合併しなければ減るが、合併すれば減らない」などという、合併市町村だけに「おいしい話」は、地方交付税の仕組みからいってありえない。相手はごまかしてきますから、こちらは制度の仕組み、ごまかしを深くつかんで、「合併やむなし」論を打ち破る先駆的役割を、おおいに果たしていきたいと思います。

平和と民主主義をまもる自治体からのたたかい

第四に、平和と民主主義をまもる自治体からのたたかいであります。

――有事法制のくわだては、地方自治にとっても、その生死にかかわる重大問題です。有事三法案は、端的にいいますと、〝国は米軍への戦争に武力行使をもって参戦することに全力をあげ、そのために国民動員を強制する仕事は自治体に強要する〟――こういう役割分担をやるということです。

戦争動員のための、土地や家屋のとりあげ、物資の収用や保管の強制、医療や輸送業務などへの強制動員など、国民の自由と権利を制限する仕事は、自治体に担わされます。自治体が管理する港湾、空港、病院、学校、公民館、水道などの軍事使用も強制されます。国の指示に自治体が従わなければ、国が直接執行できる仕組みであり、自治体にカーキ色の制服を着た自衛隊員が直接のりこんできて乱暴に指揮をとる――まさに地方自治の剝奪《はくだつ》・破壊そのものであります。

有事法制の米軍戦争協力の本質的な危険性とともに、そうした地方自治破壊の仕組みを、地方政治の場で警鐘乱打していく必要があります。すでに各地方議会での有事法制反対・慎重審議をもとめる意見書・決議は五百三十六議会におよんでいます。国立市長の質問書に、政府が具体的回答を示さなかったことにも、批判が広がっています。有事法制を、自治体から包囲し、葬り去る、このたたかいをさらに発展させるために、おおいに先駆的役割を果たそうではありませんか。（拍手）

――住民基本台帳ネットワークが、八月五日から施行されたことに、住民の多くが不安をもち、多くの自治体からも批判が広がっています。この法を強行したさいに政府が公約した個人情報保護の法律がつくられていないことなど、政府の公約にてらしても、施行を強行したことは許されません。さらに根本的にいって、個人情報の漏洩《ろうえい》と不当使用の危険はこの仕組みでは避けられないし、すべての国民に十一ケタの番号をふりあてることへの国民的合意もありません。わが党は、いまからでもこの仕組みを中止することを強くもとめるものであります。（拍手）

自治体での対応は、悪法であっても法律に拘束されるという面があり、さまざまありえますが、狛江市などでやっているように、自治体としても政府の対応への批判を明確にすること、個人情報をまもる最大限の措置をとること、漏洩のおそれがあればネットを切断するなどの措置をとるなど、このシステムによって住民の権利や自由が侵害されることのないよう、知恵と力をつくす必要があります。

国政での党の値打ち、党の全体像を自由闊達に語る

第五に、国政での党の値打ち、党の全体像を自由闊達《かったつ》に語ることの重要性を強調したい。

住民の暮らしからみますと、国政も地方政治も別々にあるものでなくて、一つのものとして影響がでてきます。たとえば介護保険も国民健康保険も実施主体は市町村ですが、国が大枠を決めている制度であり、その矛盾の根本には国の社会保障切り捨ての悪政があります。自治体の問題点とともに、国政で何が問題かが、「小泉改革」のあやまりなど大きな流れのなかで語られてこそ、解決方向も、わが党の役割も鮮明になってきます。

また直接に自治体と関係がなくても、腐敗政治や、外交・安保などの問題も、住民は強い関心をもち、それは地方政治での政党選択にもかかわってきます。わが党の日本改革の提案を、それぞれの地域の党の顔である地方議員が自由闊達に語ってこそ、選挙戦でも多くの人々の心をとらえることができます。

さらに、二十一世紀に入って、テロと戦争、国際経済の危機、環境問題、南北問題など、世界と日本の前途にさまざまな問題が横たわるなかで、日本共産党が二十一世紀の日本と世界にどう働きかけようとしているのか――といった大きな関心もあります。党の綱領と歴史、科学的社会

主義の理論は、それへの確固とした回答をもっています。

党の理論や路線にも強い議員団をつくり、住民に語る力を身につけるために、おおいに努力をはかろうではありませんか。

公明党・創価学会の反動・反共のくわだてを本格的に撃破する

政治戦では、住民の目線にたった政策論戦とともに、公明党・創価学会の反動・反共のくわだてを本格的に撃破する論戦と活動に本腰を入れてとりくみたいと思います。（拍手）

わが党は、一昨年（二〇〇〇年）の総選挙、昨年の参院選をつうじて、公明党・創価学会が本陣にすわった反共逆流とのたたかいで鍛えられつつありますが、わが党おさえこみのこの攻撃を、本格的に打ち破り、突破するにいたっていません。

つぎのいっせい地方選挙、総選挙での、わが党の前進は、この相手の無法な攻撃をはね返し、相手を圧倒するたたかいを、やりぬくことぬきには、ありえません。

このたたかいの位置づけとして重要なのは、これはただ「反共反撃」――攻撃されたら反撃するというものにとどまるわけにはいかないということであります。もちろん、彼らの攻撃に反撃し、党の真の姿を広い国民に理解してもらうとりくみの重要性はいうまでもありません。しかし、このたたかいはそれにとどまらず、反動政治の主柱を打ち破るたたかいであり、日本の民主主義をまもるたたかいであり、国民の暮らしと平和をまもるたたかいであり、「国民が主人公」の日本の道をすすむうえで避けて通れないたたかいであります。これに攻勢的にとりくむことは、日本の民主主義をまもるわが党の重大な使命であります。

ここでは彼らのくわだてをどう打ち破るかについて、二つの角度からのべたいと思います。

第一は、与党入りした公明党・創価学会は、国政でも地方政治でも、国民犠牲の反動政治を支える主柱の役割を果たしており、その反動的役割を、国民の目線にたって、またたしかな事実にそくして、徹底的に明らかにする論戦をすすめることです。

たとえば、国政では、私は、通常国会の閉会にあたっての議員団総会で、「今度の国会では公明党のこれまでの『四つの看板』がすべてはがれ落ちた」――「清潔の党」「福祉の党」「平和の党」「公約実現の党」――このすべての看板がうそ、偽りだったことが明らかになったという批判をおこないました。

たとえば医療改悪法案について、自民党議員もあまりの国民的批判に強行を躊躇《ちゅうちょ》し、医師会代表が断固反対する局面でも、動揺せずに断固として（笑い）強行の先頭にたったのは公明党でした。しかし公明党が、一九九八年、二〇〇一年の参院選で、「医療費の負担増に反対」「三割負担に反対」と公約した事実は消すことはできません。わが党議員が、この問題を追及すると、公明党出身の坂口厚生労働大臣は、答弁不能におちいって、「高齢化が進むなど状況が変わった」「連立に入ったのでやむをえない」と苦しまぎれの答弁をおこないました。冗談ではありません。公明党が与党になると、一気に「高齢化が進む」とでもいうのか（笑い）。支離滅裂というしかありません。「連立に入ったから」といういいわけもなりたたない。その党の政策が百あるうち、連立に入って五十しか実現しないということはあるでしょう。しかし公約と逆のことは、これはできないんですよ。そんな連立だったら、入る方が間違っているのではありませんか（拍手）。こうした役割について、国民に徹底的に明らかにしていこうではありませんか。（拍手）

地方政治をみましても、公明党・創価学会は、文字どおりの反動政治の主柱であります。地方政治の場では、自治体の深刻な矛盾のなかで、保守の議員とも、わが党議員との共同がすすむ場合が少なくありません。そういうところでも、公明党はいつでもどこでも（笑い）、反動と反共の先兵の役割を果たしています。

政府がすすめている「地方行革」の名による住民福祉切り捨てのもっとも冷酷非情な推進者の立場にたち、これに反対するわが党を「行革反対の党」と逆に攻撃しているのも公明党・創価学会です。住民からの切実な願いを盛り込んだ請願に、いたるところで敵対し、議会でとりあげることを妨害しているのも公明党・創価学会です。くりかえし敵対・妨害しておきながら、住民世論の盛り上がりでいざ実現しそうになると（笑い）、直前に質問したり、行政に申し入れたりして（笑い）、自分の「実績」として宣伝し、実現のために粘り強く運動をつづけてきた党や住民運動を、「ハイエナ」として攻撃してきたのも、公明党・創価学会であります。（「そうだ」の声、拍手）

住民の立場にたって、彼らの果たしている反動的・反住民的役割を、徹底的に明らかにするたたかいをすすめようではありませんか。（拍手）

第二に、公明党・創価学会とは、そもそもどういう集団かという、「そもそも」論が重要であります。

創価学会の池田大作氏は、連立政権入りと権力の一部を手にしたおごりから、かつて池田氏みずから「猛省」をせまられた言論出版妨害事件を、「仏敵」の「悪逆」な攻撃から「信教の自由」をまもるための「正義の闘争」だったと描きだし、二〇〇〇年来全国で展開してきた反共謀略の選挙戦を「仏敵との闘争」の名で正当化するにいたっています。

創価学会は、自分たちは何をやっても「仏」（笑い）、それを批判するものはすべて「仏敵」だという究極の独善主義の論法で（笑い）、自分たちにとって邪魔なものは「撲滅」の対象とする立場を天下にむきだしにしたのであります。

不破議長は、昨年の参院選中に発表した論文「創価学会・池田大作氏に問う――三十一年前の『猛省』は世をあざむく虚言だったのか」で、この問題をするどく提起しましたが、それから一年余りたっても、創価学会・池田氏は回答不能のまま、居直りと憎悪にみちた攻撃をくりかえしています。

公明党・創価学会が、批判者の存在すら許さない反共と反民主主義を本性とする謀略集団という本質をもっていることを、動かない事実にもとづいて明らかにし、彼らによる日本の政治の暗黒支配を許さないたたかいをすすめることは、二十一世紀の日本の民主主義の根本にかかわる問題であります。（「そうだ」の声、拍手）

彼らは、不破論文の提起も、わが党の「四枚看板ははがれ落ちた」の批判にも、沈黙を決め込むしかありません。事実と道理にもとづく正面からの批判には、彼らは答える術《すべ》をもちません。恐れず正面から立ち向かうなら、この邪悪な逆流は必ず打ち破ることができます。みなさん、戦前からの不屈の民主主義の党として、この仕事をやりとげようではありませんか。（大きな拍手）

地方議員・議員団活動の改善と強化について

つぎに議員活動の改善と強化について報告をいたします。

議員アンケートでは、この問題での現状の矛盾や困難、その改善を痛切にもとめる声がたくさん寄せられました。とくに多く寄せられた悩みは、「仕事が過重すぎて、本来の議員としての勉強もできないし、任務が十分果たせていない」というものでした。「心底議会の準備をこなしきって、議会にのぞんだことは一度もない。議員としての重さにおしつぶされそうになりながら、必死にもがいている」とつづった同志もいました。

これらは、住民の期待にこたえて、議員活動をもっと豊かに充実したものにしたい、選挙でも勝利をかちとりたいという真剣な立場からの声であり、ここには、全党の努力で、改善をはからなければならない重要な問題の提起があると考えるものであります。

そもそも党の議員の任務とは何か

そもそも党の議員の任務とは何でしょうか。

党規約第四十四条では、党の地方議員および地方議員団は、「地方住民の利益と福祉のために活動する」とのべています。ここで明記されているように、党の地方議員のもっとも重要な活動は、有権者から選ばれた議員として、「地方住民の利益と福祉のために活動する」ことにあります。これは、議員の第一義的な仕事であります。

その議会での論戦と活動ぶりを有権者がみて、「この党ならばもっと大きくしなくては」という信頼と共感が広がるような議員活動をしているかどうか——ここでわが党の議員の値打ちがはかられることになります。

他の仕事が過重すぎて、こうした議員の第一義的な仕事が果たせない状況があるのなら、それは党として有権者への責任が果たせていないということになります。またそれぞれの議会で、計画的に後継者をつくり、議員を増やすということは、党機関・支部と議員の共同の大切な仕事ですが、議員活動が矛盾をかかえたままでは、こうした仕事にも困難がもちこまれることになるでしょう。それは党全体の粘り強い努力によって改善しなければならないということを、まず強調したいと思います。

同時に、わが党の議会活動は、国会でも、地方議会でも、国民の運動のなかの有機的な一部分であり、党の政治活動の有機的な一部分であって、それと切り離されて存在しているわけではありません。住民運動にしても、党建設にしても、それぞれの議員の同志が、それぞれの条件や可能性——議員ならではの条件や可能性を生かして、力を発揮してこそ、議会活動も豊かなものとなるし、党と国民の運動を発展させることもできます。ここに人民的議会主義にもとづく、わが党の議員活動の基本的見地があります。党大会決定などで、党議員が「党活動全体にわたる『けん引力』」を発揮しようと、くりかえし強調してきたのは、そうした立場からであります。

とくに党建設の分野で、党の議員のみなさんが支部や機関と協力して果たしている役割は、きわめて大きなものがあります。日本共産党は、四十万をこえる党員と、二百万ちかい「しんぶん赤旗」読者という、発達した資本主義国では最大の党として二十一世紀にのぞんでいますが、これは全国の草の根で奮闘する四千四百人の地方議員のみなさんの奮闘ぬきには、絶対になしとげることができなかった到達であります。

私は、「地方住民の利益と福祉のために活動する」という議員としての任務を果たしながら、「党活動全体にわたる『けん引力』」の仕事を前進させるために、苦労を重ね、困難をかかえながら、日夜奮闘されている全国の議員のみなさんの活動に、心から敬意と感謝を申し上げたいと思うのであります。（拍手）

議員、支部、党機関が支えあって――三つの努力目標を提案する

議員のみなさんがその積極的役割をさらに前進させながら、党活動の過重負担などの矛盾をどう解決し、どう議員活動の改善をはかっていくか。

これも万能の方程式があるわけではありませんが、私は、全国のすすんだ経験の教訓をふまえ、議員、支部、党機関が協力して、つぎの三つの努力目標にとりくむことを提案したいと思います。

議員と党支部が支え合い、協力する党活動

第一は、議員と党支部が、互いに支え合い、協力する党活動をきずくことです。支部は、選挙の時だけでなく、日常的に議員活動を支える。議員は、支部が「支部が主役」の自覚的な活動ができるように協力と援助をはかる。こういう支え合いの関係を、全国どこでもつくりたいと思います。

たとえば七月にたたかわれた定数三の補欠選挙で、トップ当選をかちとり、現在四人の議員団となっている埼玉の鴻巣《こうのす》市議団は、支部と互いに支え合い、協力して活動を前進させており、教訓的です。

議員団は、毎週の団会議で議会活動はもちろん、住民運動、党勢拡大などについて議論するとともに、それぞれの担当地域の支部会議に参加して議論し、たえず支部と協力して活動をすすめています。

四つある居住支部は、住民要求に耳を傾け、議員と協力して、「道路の舗装を」「踏切に歩道を」など、さまざまな住民要求をとりあげ、署名運動などにもとりくみ、議員団はこれらの要求を議会でとりあげ、実現のために奮闘しています。

それぞれの議員は、担当支部に自らの活動スケジュールを知らせたり、議会活動について報告するなどの努力をしています。他方、支部は、毎回、議会傍聴をおこない、議員の活動を励ましています。

この議員団でも、話をきいてみますと、「支部とのあいだにいろいろな矛盾が起こるし、まだ配達集金の過重負担もある。多くは党が小さいことから来る矛盾で、まだまだ党が小さい、それが悩みだ」とのべていました。ここからはさまざまな問題を、根本的には、党を強く大きくすることによって解決しようという思いが伝わってきます。

全国の議員のみなさんがおかれている状況はさまざまです。支部長と兼任だから〝支え合う〟といってもどうするんだ（笑い）という方もいらっしゃるかもしれません。ただどこでも基本の姿勢として、〝支え合う〟という方向で議員も支部も努力する必要があるのではないでしょうか。議員と支部が、仕事の押しつけあいではなく、互いに役割を分担し、支え合い、協力する。この気風を全党に広げようではないかということを、第一に提案したいと思います。（拍手）

議員と党機関が心の通った関係を

第二は、そのためにも、議員と党機関の心の通った関係をきずくことであります。党規約第四十四条では、党機関の議員団にたいする指導責任について、「都道府県委員会および地区委員会は、地方議員および地方議員団を責任をもって指導する」と明記しています。「責任をもって指導する」とは、まず何よりも議員と議員団が、議会活動において先駆的な役割を発揮できるように、機関自らが地方政治の中心点をつかみ、地方政治に責任をもって、議員団の活動を援助するということであります。過重負担の問題の解決も、こうした見地から、議員にたいする指導、援助のもっとも重要な一つとして、党機関は位置づけてとりくむようにしなければなりません。

同時に、議員の側からも、その悩みを、率直に党機関に提起し、過重負担などの矛盾を解決するための努力をはかる責任があります。「自分ががんばればよい」と自らに言い聞かせているという同志もありましたが（笑い）、重すぎる荷物をいつまでも背負いつづけることはできません。重すぎる荷物を背負っていては、結局は議員活動も、「支部が主役」の党建設も、どちらも中途半端になってしまいます。「どうせ言っても無駄」（笑い）という同志もいるかもしれませんが、議員団への援助を十分にできていない党機関の側も、心の底からこれでよいと考えているものではないと思います（笑い）。心の底では党機関の側も何とかしたいと思っているのです。言わないで「無駄」というのでは、永久に解決の道は開けませんから、胸をひらいて何でも相談できる関係をきずいていただきたいと思います。

議員・議員団と党機関が、心の通った指導・援助の関係をきずくために、互いが努力することを、私は心から党機関にも、議員のみなさんにも強く訴えるものです。（拍手）

議員団の確立と強化を

第三は、議員団の確立と強化をはかることであります。わが党は、「支部が主役」の党活動をきずくうえで、「週一回の支部会議」をその要としようと努力をかさねていますが、会議が必要なのは議員も同じです。それぞれが苦労や困難をかかえているなかで、何でも話し合える温かい人間集団をつくってこそ、知恵もわき、勇気もわきます。

党規約第四十四条は、「各級地方自治体の議会に選挙された党の議員は、適切な単位で必ず党議員団を構成する。すべての議員は、原則として議員団で日常の党生活をおこなう」とのべています。これは、わが党の地方議員の四千四百人のうち、約三分の一にあたる千三百人余の同志がその議会で一人であることを重視し、「議員団に属さずに一人で活動するという議員の同志は一人もいないようにする」ためであります。

今回の議員アンケートでも、議員団を確立し、団会議を定例化しているところでは、議員活動でも、住民運動や党建設でも、大きな力となっていることが、報告されています。「団活動は新人議員にとっても心づよく、励みになっている」「要請されて立候補して議員になり、右も左もわからない世界に一人取り残されて精神的に屈しそうになった時に、議員団が結成され救われました」などの声も少なからず寄せられました。

同時に、まだ不定期だったり、参加が少なかったりというところも少なくありません。「支部から離れて議員団をつくることは不可能である」という意見もありました。たしかに、現状では、支部の力がまだ弱くて、支部長兼任の議員も少なくありません。その点を考えて、規約では、「原則として議員団で党生活をおこなう」とし、一律にすべての議員が議員団で党生活をおこなうという機械的な規定にしていません。ただ党生活の基本が支部にある議員の同志も、議員団の会議には必ず参加して、集団的な議論の場にくわわるようにすることが大切です。やがては力量ある支部を建設し、議員が議員団所属に移れるようにめざすということも大切です。

いくつかの角度から、議員活動の改善と強化の努力目標をのべました。これはわが党の議員が生きいきとその力を発揮し、いずれは五千人、六千人と、さらに前進していくうえで、避けて通れない大切な課題として、党全体の英知と力を結集してとりくむべき課題だということをお互いに確認したいと思います。（拍手）

市民道徳と社会的道義のうえでの模範となろう

党規約では、「党員の権利と義務」の冒頭に、「市民道徳と社会的道義をまもり、社会にたいする責任をはたす」と明記していますが、議員がその模範となることはきわめて重要です。

ごく一部ですが、市民道徳と社会的道義に反する事件をおこし、せっかく有権者から負託された議席を失うこともありますが、絶対にあってはならないことです。私たちは積極的にさまざまな政治課題に挑戦するとき、「失敗を恐れず」とよくいいますが、こういう「失敗」はとりかえしがきかなくなります。

議会という場には、悪い政治にともなう、不道徳と退廃の空気も、もちこまれてきます。悪い慣行もある。わが党の議員が、知らず知らずのうちに、そうした空気にまきこまれることのないように、常日ごろから注意をはらうようにしたいと思います。

都道府県にも議員相談員を

議員アンケートでは、多種多様の悩みや相談が寄せられました。とくに新人議員のみなさんからの悩み、また家庭や人間関係での悩みも多く寄せられました。解決に力のいる問題も少なくないけれども、ちょっとした援助があれば解決するのにと思うものも、しばしばありました。

党中央に、地方議員相談室が設けられたのは一九九八年六月ですが、それ以来、のべ八千三百六十九件の相談が寄せられ、重要な役割を果たしてきました。ただ、中央委員会が、全国の三千三百自治体の状況を、日常的に熟知するのは不可能でありまして、ただちに相談に答えられないケースもあります。なかには「これから十五分後に議会が始まるのだが、この案件はどうしたら…」という相談もきます（笑い）。そういう相談も遠慮せずにどんどん寄せて頂いて結構なのですが、ただちに答えられないケースもあります。

議員アンケートでは、議員相談員を県においてほしいという要望もだされました。そこで、この会議を契機として、中央委員会が援助して都道府県にも議員相談員をおけるようにしたいと思います（大きな拍手）。都道府県としてその仕事に適任の同志の人選をおこない――適任でなくてはなりません（笑い）、中央委員会に申請を出してもらえれば、中央が一定額の手当の援助をする仕組みをつくりたいと思います（拍手）。全国を調べてみましたら、すでに福岡県では県独自に相談員をおいて、大きな効果をあげている、とききました。議会が始まると、ひと月三十件ぐらい相談があるという話もききました。きめ細かく相談にのれるようにするために、この新しい制度を積極的に活用してほしいと思います。（拍手）

選挙勝利へ――全国の議員がその力を全面的に発揮して

二十一世紀初頭の情勢は、内外ともに、歴史が大きく動くことを予感させる大激動のなかにあります。きたるべきいっせい地方選挙と総選挙で、全国の地方議員のみなさんが、全党と心を一つにして、もてる力を存分に発揮して奮闘し、つぎの選挙ではわれわれは必ず勝利者となって立ちあらわれることができるように全力をつくすことを強くちかいあって、報告を終わります。

（長くつづく大きな拍手、歓声）

（「しんぶん赤旗」二〇〇二年九月一一月付）

会議の素晴らしい成果を生かし、目前にせまった選挙戦で必ず勝利者に

――全国地方議員代表者会議でのまとめ（二〇〇二年八月三十日）――

みなさん、二日間の会議ごくろうさまでした。発言した同志は、全体会議で十六人、きょうの九つの分散会では百三十七人、合計百五十三人になりました。党員首長のみなさんにもご出席をいただき、南光町の山田町長、木曽福島町の田中町長にごあいさつをいただいたことに、心からの感謝を申し上げたいと思います。（拍手）

明るい元気のでる、心の通いあう感動的な会議に

まずこの会議全体の特徴ですが、私は、いっせい地方選挙と総選挙での躍進にむけ、明るい元気のでる会議、そして心の通い合う感動的な会議になったと考えます。（拍手）

私たちはいつも、元気はつらつと活動したいと願っているわけですが、そのためには、情勢と

党の役割への政治的な確信をつかむこと、そして人間集団として温かい心が通い合うこと、この両方があってこそ、深いところから元気がでてがんばれるのではないでしょうか。

〝政治的確信〟——地方からも日本を変える新しい条件が熟しつつある

〝政治的確信〟という点でいいますと、この会議では、世界と日本の激動とそのなかでの党の役割とともに、地方政治でいまおこっている広く奥深い変化、希望ある変化をみんながしっかりつかんでがんばるということが、会議の一つの眼目でした。

私は、討論の全体をつうじて、地方政治におこっている新しい希望ある変化、おもしろい情勢の特徴が、生きいきと浮き彫りにされ、参加されたみなさんの共通の実感になったと思います。自民党政治による反動支配の矛盾の深刻さは、「営利企業」化という点でも、「開発会社」化という点でも、合併の押しつけや財政切り捨てによる地方自治破壊の点でも、地方自治を全国でずたずたにしている。そして、そのもとで自民党の支配基盤が、まさに草の根から崩壊し、地方から彼らの基盤が崩れ落ちつつあることが、二日間の討論をつうじて生々しく報告されました。

そのなかで、保守層の人々もふくめた、これまでにない広い層との共同の可能性が広がっている。げんにこの共同は、大都市でも地方でも広がっている。議会の外だけではなくて、議会の中でも保守系の議員のみなさんとの共同が広がっている。このことも、こもごも発言で出されました。

私の報告では、地方政治のなかにおこっている新しい変化として、具体的に、徳島県や長野県や高知県の変化、あるいは自民党政治の枠内であっても鳥取県の変化などを紹介しましたが、会議では、現場でまさに変化をつくりだしている当事者のみなさんならではの生きいきとした報告がされました。

わが党の奮闘いかんでは、地方からも日本を変える新しい条件が熟しつつある。この〝政治的確信〟を全党のものにしようではありませんか。（拍手）

〝心が通い合う〟――そうなってこそ、国民とも心が通う政治をきずける

〝心が通い合う〟という点では、私は、中央と地方、そして地方のみなさん同士が、たがいに心が通い合う会議となったと思います。

この会議は、準備の段階でも、運営でも、双方向ということを心がけました。事前に、議員のみなさんにアンケートをお願いしました。そこには、みなさんは、実情と悩みを率直に書いてくださいました。それにこたえて、党の方針を発展させつつ報告をおこないました。討論では、その報告がみなさんの英知でさらに深められました。双方向での集団的な英知で、地方議員活動の新しい発展方向が見えてきた会議になったのではないでしょうか。

討論を聞きましても、悩みも語り、本音もぶつけた率直な討論だったというのが、強い印象です。建前と本音がちがうことでは討論はおもしろくない。みんなが自分の気持ちを語ったというところが、今度の会議をほんとうに豊かにしたと思います。

たとえば党勢拡大でも、ある同志は、「はじめはやりたくなくて逃げていた」、「しぶしぶ事務所に行った」、けれども行動したら次々と入党者が生まれて、確信を深めたと発言しました。そ

うした自分の気持ちの変化を、ありのままに伝えるという発言が、たくさん出されました。分散会では、ある同志が、昨日の報告とみなさんの発言を聞いて、その同志は県でもあまり発言しない同志だそうで、はじめは黙ってこの会議も帰ろうかと思っていたけれども、興奮状態になってしまったといって（笑い）、発言にたったということもあったと聞きました。

わが党は人間の集団です。社会進歩を共通の志とする人間の集団です。ですからそれにふさわしい、互いの悩みや苦労を自分のこととして、互いに支え合う温かい人間集団をつくらなければなりません。その力に依拠すれば、どんな問題も解決する道が開かれる。その希望、展望が見えてきた会議だったのではないでしょうか。（拍手）

私は報告で、議員活動改善のための「三つの努力目標」を提案しました。議員と支部が支え合う、議員と機関が心を通わせる、議員団をしっかりきずく、という提案です。討論では、埼玉の鴻巣市、石川の内灘《うちなだ》町をはじめ、議員と支部の協力の関係、議員団活動の豊かな実践の経験が、各地でたくさん始まっているということが交流されました。

きょう、私が出た分散会でも、議員になったばかりの新人の一人議員の同志が、議員団について、「安心して不安や疑問のだせる、私にとっての心のよりどころだ」と言われていたことも印象に残りました。

一人ひとりの議員のみなさんが、議員団でも心の通い合う関係をつくる、支部とも支え合いの関係をつくる、機関とも心の通う関係をつくる、そういう関係をつくってこそ、国民とも心の通う日本共産党になると私は考えるものであります。（拍手）

出された意見や要望は、今後の活動に生かしたい

みなさんから出された政策と活動の悩みや要望は、たいへん多岐《たき》にわたっております。この会議では、こたえきれなかった問題もあります。きょうの分散会で提起されて、これは検討が必要だと考えましたが、ただちにいま答えをだせない問題もあります。しかし、アンケートで出されたみなさんの意見や要望、そして二日間の会議で出された意見や要望は、中央委員会として、今後の政策と方針に生かす立場で、しっかり検討することをお約束したいと思います。(拍手)

これからも悩みや要望は生まれるでしょう。たえず新しい問題にぶつかった時に、そのつど相談して解決をしていきたいと思います。

報告で提案した、都道府県に議員相談員を置くことについて、大きな歓迎の声を寄せていただきましたけれど、みなさんの活動のよりどころとなるように、ぜひこのとりくみを効果あるものとして成功させたいと考えます。

〝政治的確信〟と〝心が通い合う〟――これは報告の冒頭で、この会議の二つの眼目にしようとのべたことでありますが、みなさんの真剣で熱心な討論をつうじて、この会議は、すばらしい成功をおさめたことを確認しあいたいと思います。(拍手)

地方議員（団）の値打ちが、豊かに浮き彫りになった会議に

討論をつうじて、日本共産党の地方議員、議員団の値打ちがたいへん豊かに浮き彫りにされた会議となりました。

たとえ少数でも道理ある主張が、現実の政治を動かす

一つは、たとえ少数であっても、党の道理ある主張と運動が、現実の政治を動かす。これがいたるところでの生きた経験で裏づけられたことです。

徳島県からの報告では、民主県政の発展のために、県議団が先駆的役割を発揮して、県政を動かしている経験が報告されましたが、徳島の県議団というのは、定数四十二のうち二議席ですから、二十一分の一の力で、あれだけの変化がつくれる。

鳥取県からは、まだ自民党県政の枠内にある片山県政のもとでも住民の利益にかなった数々の前向きな変化がおきている、その変化をおこすうえでの日本共産党県議団の奮闘ぶりが、報告されました。県政でおこっているどの前向きな変化も、日本共産党の提案と結びついておこっている変化だという、鳥取県の代表の発言は、堂々としたものでした。ただここでも定数三十八議席のうち県議団は二議席ですから十九分の一です。

全国の市町村でも変化がおこっています。一人議員でも、二人議員でも、少数の議員でも、行政を動かすさまざまな実績をあげていることが報告されました。

少数でも動かせるのです。これは、地方政治でいかに自民党型政治が通用しなくなりつつあるか、いますすんでいる客観的変化がいかに奥深いものであるかを物語っていると思います。しかし、これはもちろん、いつまでも少数でいいということではありません（笑い）。少数でも、これだけ働けるということは、これを増やせばどんなに働けるか、どんな展望が開けるかは明瞭であります（拍手）。そして、少数でも動かせるということは、多数になる条件がおおいにあるということです。この条件を、今度の選挙で必ず現実のものとしたいと考えるものであります。（拍手）

わが党議員団は、量的成長とともに、質的成長もとげつつある

二つ目に、みなさんの発言を聞いて強く感じたのは、わが党の地方議員が四千四百人に前進した中身は、量的前進だけではなく、質的前進もあるということです。

各地から、原則性と柔軟性を統一した議会活動によって、住民要求実現のために、議会の中での多数派をつくり、現実に行政を動かすところまですすんでいる経験が報告されました。

滋賀の竜王町では、一人議員ですが、その同志が、保守の議員がみんな合併賛成のところから出発しながら、保守の議員の気分をよく考えた働きかけをおこない、学習して理論的にも問題点をはっきりさせ、合併反対の流れを圧倒的なものにして、とうとう「合併しないで、どういう竜

王町をつくるのかを共同して考える」ところまで変化したという発言をしました。

私は、これを聞いてたいへんに重要だと思いました。それは一人議員でも、合併押しつけ反対の合意への変化がつくれるということだけではありません。合併の押しつけというのは、もともとは地方自治破壊の攻撃です。ところが、それを打ち破っていくたたかいをつうじて、逆に、どういう町をつくるのかということを建設的に考えようという、地方自治の前進をかちとっている。そうしたすばらしい変化をつくりだしているということだと、私は思います。

高知県議会の同志の発言もたいへん教訓的なものでした。日本共産党が、行政と「解同」（部落解放同盟）の癒着でおきた不正追及の先頭に立つなかで、同和行政の大転換をはかった過程が発言されました。この過程で、自民党は橋本知事の辞職要求決議案を出した。その時に党は、第一に、この問題の根本原因は自民党と「解同」とのかねてからの構造的癒着にあり、そのうみがいま出ているのであって、橋本知事に直接の責任はない、第二に、同時に知事の監督責任はまぬがれない。こういう〝大人の立場〟といいますか（笑い）、よく考えて道理をとおした立場で問責決議案を出した。絶妙な対応です（笑い）。結果として、これまで積極的な役割を果たしてきた面を持っている橋本県政をまもりながら、同和行政の大転換をやってのけたわけですから、これは現実政治にまさに切りむすんで、質的にもわが党議員団が成長をとげつつあることの、一つの典型だと考えながら発言を聞きました。

わが党の議員団の成長というのは、量的成長とともに、質的にも行政を担う力を身につける方向へと成長しつつあることが、討論をつうじても浮き彫りにされました。（拍手）

反動政治との対決で不屈の党――つねに住民とともに

三つ目に、討論を聞いて、わが党議員団の値打ちとして感じたのは、反動政治との対決で、不屈の党として奮闘しているということです。わが党でしかできない、勇気ある奮闘をしているということです。どんな相手でも、間違った政治には、勇気をもって対決をする。わが党にはタブーはありません。ただし、どんな相手とたたかううえでも、〝空中戦〟にならないことが大事です。住民の目線で、住民とともにたたかい、住民の力で包囲することが鉄則であるということも、発言で浮き彫りになったと思います。

東京都での石原都政とのたたかいも報告されました。石原知事が冷酷非情な福祉切り捨てをやってくる。その時にたとえば社会福祉法人の関係者など、従来の保守層の人々のなかでもはげしい矛盾がおこる。そこですべての民間福祉施設の関係者との対話運動を始める。区長会や市長会との対話も始める。こういう経験が報告されました。こうした福祉切り捨てなどの反動攻撃にたいしては、その矛盾をとらえて、それこそ広い住民とともに暴政とたたかうことが、大切であります。

公明党・創価学会とのたたかいについても、これも住民の利益をまもる立場からのたたかいが大切です。大阪の河内長野市の選挙での勝利の教訓がのべられました。ここでは住民運動とともに、公明党・創価学会の攻撃とたたかった。公明党・創価学会は、わが党に敵対しているだけではない。住民運動にも敵対している。ここが大事な点です。住民運動を党が激励しつづけて要求実現にこぎつけた。その全経過を一緒にたたかったわけですから、それを広く明らかにしていくならば、相手を逆に孤立させることができるわけです。

「解同」の乱脈・利権あさりとのたたかいも、各地から報告されました。これもまさに党ならではのたたかいでした。高知県、広島県、徳島県などから、相手の無法な攻撃にたいする勇気あるたたかいが報告されました。

反動政治との対決では、わが党は一歩も引かぬ構えが必要です。そして、つねに住民とともにたたかうという姿勢で、これらの逆流を打ち破っていこうではありませんか。（拍手）

断然第一党の女性議員――女性の民主的で生活に根ざした切実な要求の実現を

四つ目に、日本共産党の女性議員についてであります。全体会でも分散会でも女性議員からのすばらしい発言が相つぎました。日本共産党の女性議員はいま全国で千三百十六人、他の党のすべての女性議員をあわせたよりも、日本共産党一党で多いわけですから、もちろん断然第一党であります。

女性の地位がどれだけ尊重されているかは、社会進歩の尺度となるというのは、科学的社会主義の先達がのべた言葉でありますけれども、女性解放を党創立以来かかげつづけてきた党ならではのこの到達点は、誇るべきものだと考えます。

いまのわが国の歴史的な激動をみますと、女性の自覚と力が深いところで働いている、ということがいえると思います。女性の要求というのは、もちろんさまざまですが、全体として民主的な性格と、生活に根ざした切実さを持っています。それには根拠があります。男女同権が憲法の大原則でありますが、現実には男女差別があるからです。ですからそのなかで男女平等をもとめる民主主義、生活の面でも女性の地位向上を願う、まさに生活に根ざした切実さをもっているというのが、女性の要求の特徴だと思います。

女性が大切にされる社会でこそ、男性も大切にされる。日本共産党こそ、女性の未来を託せる政党です。もちろん男性の未来も（笑い）託せる政党であります。

女性の多くを結集し、もちろん男性も結集し、すばらしい役割を果たしている女性議員のみなさんにたいして、そのおかれた社会的条件をよく理解し、それを支える努力をはかりたいと思います。そしてこの断然第一党の力をさらに大きくしていきたい。この決意も固めあいたいと思います。（拍手）

躍進した力で勝ち取った豊かな実績をおおいに語って

党と地方議員の値打ちがほんとうに豊かに語られた会議でしたが、くわえていいますと、全体として、前回のいっせい地方選挙で躍進した結果、党議員と議員団の力量が全国的に大きくなっているわけです。大きくなった力のもとで、わが党の実績もきわめて多面的に豊かになっている。これがこの会議全体の特徴だったと思います。

この大きくなった力でかちとった実績を、政策とともにおおいに語って、この党をもっと大きくすれば、もっと住民の暮らしをまもり、平和をまもる力になるのだということを訴えて、必ず

いっせい地方選挙、総選挙での躍進をかちとろうではありませんか。（拍手）

強く大きな党を――議員自身の自覚的・内発的な運動として

党を強く大きくする仕事について、ほとんどの議員のみなさんがそのことを語りました。すすんでいるところは、だれかからいわれたからやっているというわけでもないんですね。いわれてもいるとも思いますが（笑い）。議員のみなさん自身の自覚的な運動、内発的な運動として、支部と協力しながら、党建設にとりくんでいるというのが、討論を聞いての私の強い印象でした。

住民の利益を守るためには、強く大きな党が必要になる

その地域の住民の福祉と利益をまもるという、議員の仕事を果たそうとすれば、どうしても大きな党が必要になる。住民の利益をまもるという原点に立ってしっかり仕事をしようと思えば、大きな党が必要になる。そこから党をつくろうという、まさにやむにやまれぬみなさんの思いが広がり、党建設でもみなさんがすばらしい役割を果たしていることに、心からの敬意を申し上げたいと思います。

たとえば、生活相談のとりくみということが語られました。いまの生活相談というのは、なかなかたいへんな仕事です。生活が深刻すぎて、一件一件の解決のためにたいへんな力が必要で、

簡単には解決しないものも多い。そういうなかで、切実な要求が次々と寄せられて、これに誠実にこたえる活動がおこなわれています。これはもちろん議員の大切な活動です。

同時に、支部と協力して、住民運動にとりくんでこそ、住民要求を実現する道が開かれます。しかしそれを本格的にやろうと思ったら、強い党が必要です。さらに、選挙で勝利して議席を増やしてこそ、住民要求の実現の条件が大きく開けてきます。どんな活動でも、強く大きな党があってこそ――この思いからまさにわが身、わがこととして、党建設に自覚的にとりくんでいるという、みなさんの姿が討論では豊かに語られました。

党建設は、困難も大きいが、ロマンある開拓者のたたかい

湯沢市の経験も報告されました。鈴木市長がどうやって勝利したかということについて、私は、地元紙も引用して報告したわけですが、そこにいたる過程が、発言では報告されました。三年前の定数一の県議選で、鈴木俊夫さんが残念ながら敗れ、市議会選挙で一人落選させてしまった。この反省から、「党勢拡大しかない」と決意して、三年間で党員を三〇％増やしたという報告でした。私は報告で、湯沢の選挙は、「思いがけず」勝利した（笑い）ということを言いましたが、たんなる偶然ではなかったわけですね（笑い、拍手）。やはり偶然に見えることのなかにも、必然性は貫かれているという（爆笑）、この弁証法の論理が働いているということを痛感いたしました。（笑い、拍手）

それから、北海道の当麻町の同志の発言もたいへん感銘を与えました。移住して空白を克服し

た。町民要求実現のためにまず議会活動を知らせようと、「当麻民報」を定例会ごとに発行し、これと「しんぶん赤旗」号外とをいっしょにして全戸配布をおこなった。一回の全戸配布は、大きな広い町でしょうから、これをやるのに一カ月くらいかかったという話もされました。そして三年五カ月かかって、支部と協力して二百八十四部の新聞を増やし、党員拡大は十三倍になったとの発言でした。いったい党員は何人から何人に（笑い）、十三倍になったんだろうと聞いてみましたら、最初はご夫婦二人だったそうであります（笑い）。そこから十三倍になったということで、すばらしい奮闘だと思います。

これらの発言を聞きますと、党勢拡大というのは、もっとも困難も大きいけれども、もっともロマンもある、開拓者のたたかいだということを痛感するものであります。

きょうの分散会では、愛知県の一宮市の議員八期目の同志が、「最近、党勢拡大をやっていて楽しくてしかたがない」という発言をしたと聞きました。地元の党組織を、二・五倍化した。そうしましたら、全戸配布も一気にできる。配達もみんなで手分けしてできるようになった。目に見えて党に力がついてくる。もう楽しくてしかたがないという境地にまで到達した発言もあったことを、報告しておきます。

地域「民報」・読者ニュースをおおいに重視して

それから分散会の発言で、重要だと思ったのは、地域の「民報」の役割です。私たちが地方政治にのぞむモットーは、「住民こそ主人公」です。しかし、「住民こそ主人公」というのは、まず住民に正確な事実と情報を伝えるところから出発しなければならない。そして住民とともにたたかってこそ、「住民こそ主人公」です。そういう見地で、「民報」を発行し、それをまさに党と地域住民とのかけ橋として大事に育てている経験がたくさん報告されました。これは、反共反撃にもたいへん効果的です。よい「民報」をつくるには、わかりやすく伝えるための地方議員の側の努力もいり、議員活動の強化にもなっているという発言もありました。地域の「民報」や読者ニュースもおおいに重視して、強化をはかっていきたいと思います。

党勢拡大の大きな上げ潮のなかで選挙の勝利をつかみとろう

党建設についてさまざまのべましたが、党活動の過重負担の問題についても、「三つの努力目標」にとりくみながら、根本は、この矛盾というのは党の力がまだ弱い、党の力が情勢と国民が党にもとめるものに追いついていない、このギャップからいろいろな矛盾が生まれているわけですから、根本は党を大きくして、さまざまな矛盾も解決するという見地でがんばりたいと思います。

党勢拡大の大きな上げ潮のなかで選挙戦をたたかい、そして二十一世紀の民主的政権を担う強大な日本共産党をつくる――このたたかいの先頭にわれわれが立とうではありませんか。（拍手）

二十一世紀の日本共産党の前途は、洋々と開けている

みなさん、二十一世紀の日本共産党の前途は、洋々と開けています。

報告の冒頭でも紹介した不破議長の中国訪問は、大きな成果をあげ、きょう（〇二年八月三十日）議長は帰国します。一昨日の江沢民総書記との首脳会談では、イラクをめぐる情勢が緊迫するもとで、イラク攻撃に反対、核兵器の廃絶に一致して努力するという非常に重要な合意がえられました。さらに、不破議長は、訪中のさいの一連の会談のなかで、世界と日本と中国が直面する二十一世紀の多面的な問題について、先方は十二項目ぐらいの問題意識をもって対話にのぞんだわけでありますけれども、意見交換をおこない、深い成果をおさめました。わが党は二十一世紀を大きく展望し、世界に視野を広げた外交にもとりくんでいる党であります。

同時に、その党が草の根にしっかり根づいた地道なとりくみをやっている。この点で、みなさんに紹介したいメッセージがあります。ある著名なジャーナリストから、この会議に注目して、こういう談話が寄せられました。

「私は、以前から日本共産党が、とくに地方議員を重視し、地道な活動をおこなっていることに注目してきた。来年のいっせい地方選挙の前にこのような全国規模の議員集会をひらく意義は非常に大きいと思う。来年のいっせい地方選挙は、いまの政治経済状況から見てかなり重

要な意味を持つ選挙になると思う。何よりも地域経済はかつてない深刻な危機になる。グローバル化の名のもと、大企業の海外進出はいっそうすすみ、地域経済の空洞化が広がっている。リストラによる失業の激増、中小企業業者の倒産、営業難をはじめ、都市部、農村部を問わず、各階層の状況と要求は想像以上に深刻化している。こういうときに大事なのは、地域にいまどういう問題があるかを発掘し、それらに個別に対応していくことだと思う。その地道な活動こそが、国政の変革の土台であることを忘れないでがんばっていただきたい。地方議員代表者会議の成功を心から期待してやまない」（拍手）

こういうメッセージであります。

みなさん、わが党は国政でも、世界にも、大きな視野ではたらきかけながら、国民のなかにしっかり根をはった党として、その前途は洋々たるものがあります。さまざまな曲折や困難もあるでしょうが、大局的には未来はわれわれのものです。

みなさん、目前にせまった選挙戦で、かならず勝利者になる。そして、民主的政権の担い手としての強大な党をつくる。この目標に正面から挑み、このすばらしい会議の成果を、わが党の現実の躍進に結びつけるために、ともに力を合わせてがんばりぬこうではありませんか。（大きな拍手）

（「しんぶん赤旗」二〇〇二年九月二日付）

五　第二十二回党大会での党規約改定（二〇〇〇年十一月二十四日）にかかわる地方的な問題の自治権、地方議員団の確立についての諸決定

○　第二十一回党大会第七回中央委員会総会での党規約改定案についての報告から

（二〇〇〇年九月十九日）

地方党機関の〝自治権〟について

第四点は、地方的な問題についての、地方党機関の自治的な役割の明確化であります。「第三章　組織と運営」にもどりますが、第十七条で、国際的、全国的な性質の問題と地方的な性質の問題について、党機関のとりくみと処理の方法の違いを明記してあります。

まず、国際的、全国的な性質の問題についての条項は、次のとおりです。

「全党の行動の統一をはかるために、国際的・全国的な性質の問題については、個々の党組織と党員は、党の全国方針に反する意見を、勝手に発表することをしない」。

全国問題や国際問題は、中央はこう言ってるが、地方の党組織は別のことを言っているというのでは、統一した政党として国民にたいする責任をはたせませんから、この種の問題ではこの規定が重要であります。

第十七条の地方的な問題についての規定は次のとおりです。

「地方的な性質の問題については、その地方の実情に応じて、都道府県機関と地区機関で自治的に処理する」。

これは従来からあった条項ですけれども、全国組織のなかで地方党機関がもつ権限の意味をより明確にするために、改定案では「自治的」という言葉を採用しました。

この規定を受けて、都道府県委員会の任務を定めた第三十一条の第三項に「地方的な問題は、その地方の実情に応じて、自主的に処理する」という条項を、地区委員会の任務を定めた第三十六条の第三項に「地区的な問題は、その地区の実情に応じて、自主的に処理する」という条項を加えました。

それに関連する措置として、これまでは地方のいろいろな問題でも中央に承認を求めるということがかなりあったのですが、できるだけそれを減らして、地方の自主的な権限を、より強化するようにしました。

中央委員会の役割を定めた第二十一条の第七項に、「地方党組織の権限に属する問題でも、必要な助言をおこなうことができる」と、大変ひかえめな表現で規定をしたのも、この見地からであります。同じように、都道府県委員会の地区にたいする発言についても、都道府県委員会の任務を定めた第三十一条の第五項に、「地区党組織の権限に属する問題でも、必要な助言をおこなうことができる」としました。助言というのは、うけとり方はいろいろあってよいわけですから、そういう形で、自治規定をより中身のあるものにするということです。

また役員選出の問題で、従来は、都道府県委員その他の役員を選出した場合には、中央委員会の承認を受ける（現行第四十三条）、地区で地区の役員を選んだ場合には、都道府県委員会の承認を受ける（現行第五十一条）などの条項がありましたが、これらはすべて削除して、この面でも、地方党機関の自主性をより確固としたものにする措置をとりました。

さきほど第三章第十七条の内容について、国際的、全国的な性質の問題での全党の行動の統一の重要性と、地方的な問題での地方党機関の自主性とをあわせて強調しましたが、この両方の関係をよく理解すること、大いに地方的に創意を発揮しながら、全党的には行動の統一を守るということに熟達することを、党規約の改定案は求めているのであります。

「その他の制度的な改定点について」の⑷地方議員団は「適切な単位で」必ずつくる

その次は、それに続く「第九章　被選出公職機関の党組織」の第四十四条、「各級地方自治体の議会に選挙された党の議員」の問題です。地方議員は、党議員団を構成することに従来からなっていましたが、その自治体で議会に党議員が一人しかいないという場合がかなり多いのです。八月末現在で調べてみますと、四千四百五十二人の全地方議員の中で、約三〇％にあたる千三百二十五人の議員が議会で党議員一人の状態で、その自治体だけでは議員団が構成できないことになってきました。地方によっては地域の議員を集めて、地域的な議員団をすでに組織しているところがありますけれども、そうでない場合もあります。ですから、今度の規約改定で、「適切な単位で必ず党議員団を構成する」ということにして、その議会に一人しかいないときには、周辺の自治体の議会をあわせて議員団をつくり、議員団に属さずに一人で活動するという議員の同志は一人もいないようにすることを、規約上明確にしました。

○　第二十二回党大会での党規約改定案についての報告から

（二〇〇〇年十一月二十日）

地方党機関の「自治」的な権限をなぜ強調するのか

第二点は、地方・地区機関の自治的な権限にかんする問題です。

「自治的」ということは、規約第十七条でのべられていますが、地方機関の自主的権限について、ほかのところでは「自主的に処理する」と書いてあるものを、この第十七条ではなぜ「自治的に」と、わざわざ「自治」という言葉を使ってあるのか、という質問がありました。

たしかに「自主」といっても「自治」といっても中身は同じでありますが、問題をより鮮明にとらえる意味で、党の組織の運営の全体をのべたところでは、「地方的な性質の問題については、その地方の実情に応じて、都道府県機関と地区機関で自治的に処理する」（第十七条）と、あえて「自治」という言葉を使ったわけであります。

地方的な問題を地方機関が自主的に処理するということは、規約の建前はいままでもそうなっていました。しかし、これがなかなか、実際問題として建前どおりにはすすまない実態がありました。党中央が〝干渉する〟というよりも、そういう政治問題は中央委員会に相談したほうがはやい、という空気がかなりありまして、なかなか自主・自治の規定が貫徹しないということがしばしばあったのです。

その点で、党の新しい発展段階にふさわしく、この問題をより鮮明にうちだすという意味で、第十七条では、地方の問題については地方党機関が「自治的に処理する」ということを明記したのです。

これは実は、党機関の活動のあり方としては、第二十一回党大会で「党建設の重点的な努力方向」の第一項に、各級の党機関は、「その地方・地域で日本共産党を代表しての政治活動・大衆活動を重視する」と強調したこと、つまり、政治活動の任務を党の機関の活動の第一の重要課題にするという位置づけをしたことに対応するものであります。

このことを本気でやろうと思うと、地方の党機関が、政治問題にもおおいに自主的・自治的に挑戦して、自主的・自治的に答えを出す必要がありますし、そのためには、それぞれの党機関の政治的な力量・水準というものをみずから発展させる努力が不可欠であります。

今度の規約改定案がしめされたときに、ごく一部だと思いますが、党機関の一部から、「これはいいことだが、やるとなったらたいへんだな」という喜びとも嘆きともつかない感想が聞こえてきたと聞きました。この条項はそれだけの意味をもっているわけで、この自治的な精神を十二分に発揮するための政治的な努力を、ぜひもとめたいと思います。

だれでも失敗ということはありうるわけですから、そういうなかで、自治権を行使して失敗したという場合も絶無ではないと思いますが、その場合にも、自身のつまずきから学んで、政治的により強い党にみずからを発展させる心構えが大切であります。

今度の規約には、必要な場合には中央も助言をすると書いてありますし、私たちは事前に相談されて助言する努力を惜しむものではありません。この面でも、いわば循環的に、政治的により強い党を相呼応するお互いの努力でつくってゆきたいと思います。

○　第二十二回党大会での規約改定案の討論についての結語から

（二〇〇〇年十一月二十四日）

地方議員の党生活について

第四点は、議員団の党生活の問題です。第九章の第四十四条で、「すべての議員は日常的には議員団で党生活をおこなう」という規定をおこないましたが、これについて、現実には議員の同志が地域支部の支部長をやっている場合がかなり多い、そういう場合に議員団での党生活が基本だと一律にきめられても困るという意見がかなり多くありました。

実際に調べても、そういう例は相当多くありました。そこで、「すべての議員は、原則として議員団で日常の党生活をおこなう」というようにあらため、弾力的な対応のできるゆとりを、規約の中に明記しました。

六　自治体活動と人民的議会主義

――第一回地方議員全国研究集会での最終報告（一九七〇年八月二十六日）――

不破　哲三

党として最初の全国研究集会

みなさん、暑いなかを連日ご苦労さまでした。みなさんもご承知のように、第十一回党大会（一九七〇年七月）の決定は七〇年代における自治体闘争の意義についてひじょうに深い分析と位置づけをおこなっています。それは二つの面から、一つは「反動政治の害悪から地方自治と地方住民の諸利益を防衛し、地方住民の切実、身近な要求の一定の実現をかちとる」（第十一回大会決議、『前衛』一九七〇年八月臨時増刊号）、そういう重大な課題が自治体闘争の分野に課せられているという側面であります。

もう一つの側面は「全国的な政治の真の革新――民主連合政府樹立の課題に現実に接近する」うえで、党と統一戦線勢力が地方自治体に進出することの重要性、これが「日本の政治の転換の大きな原動力の一つ」になるという問題です。大会の決定は、この二つの側面から自治体の分野での諸活動に大きな意義をあたえ、党建設の部分でも、「自治体の民主的刷新」をはかることを、それぞれの中間機関の重要な課題の一つとして指摘しています。

われわれは第十一回党大会で七〇年代のおそくない時期に民主連合政府を樹立するという課題を、全国民の前に提起しました。この課題に現実にとりくみ、現実に達成することを考えた場合、民主勢力がその首長と地方議会の多数をしめる自治体――民主連合都道府県政あるいは市町村政――を全国に数多くつくりあげることなしには、その課題に接近できないことは、当然であります。

大会では、共産党員が首長となっている地方自治体が、イタリアでは約八百、フランスでも千以上あることも、報告されました。われわれは、都《みやこ》の点では、京都、東京、鎌倉など、新しい都でも古い都でも、統一戦線による民主的な首長を実現しました。残っている都は奈良と邪馬台国の都だけだという話もあるくらいであります。しかしわれわれは、もちろんこれだけで満足することはできません。全国各地に、真の革新政治が実現される県や市町村、それが無数にできて、国民がそれぞれの地方で、新しい革新政治の実際を現実に体験することは、われわれの七〇年代の勝利の重要な土台となるものであります。

そういう意味で、党中央は、七〇年代の展望にたってあらゆる戦線での活動を強化すると同時に、自治体の分野での活動を抜本的に強化する、こういう課題のもとに今回の地方議員全国研究集会を開きました。この集会は、わが党として最初の試みでありましたが、参加したみなさんの積極的で熱心な努力によって大きな成果をおさめて、今日のこの最終日を迎えたことを、みなさんとともによろこびたいと思います。

きょう報告された八つの分散会、分科会のまとめによって、わたしたちが第十一回党大会の決定にもとづき、基調報告のなかで提起した自治体闘争の基本方向が、参加者全体の共通の立場となり認識となったことを確認できると思います。同時に、この八つの分科会、分散会では、合計二百八十一名の参加者から、貴重な報告や発言がおこなわれました。この二百八十一の報告のなかには、日本の政治が現実に全国各地方でどのような姿をもって展開されているか、そして自民党の反動政治、アメリカと日本の独占資本の支配のもとで、国民の生活がどのように圧迫され、破壊されているか、わが党とその議員団が、そのなかで住民の利益の真のまもり手、真の革新政治の原動力、推進力として、どんなに献身的で積極的な活動をしているか、その全貌《ぜんぼう》が生きいきと描きだされています。

また、これらの報告は、党議員の活動が、政策の原則性と柔軟性の点でも、ほんとうに深く大衆と結びついた新しい人民の議会主義を確立するという点でも、第十一回党大会の決定がもとめている方向で、多くのりっぱな成果と蓄積を生みだしていることをも、きわめて具体的にしめしました。

わたしたちはここに報告された無数の経験とそのゆたかな教訓を、たんにこの研究集会あるいは分科会、分散会の参加者だけのものにとどめず、文字どおり全党の財産にするために、これを適切な方法で発表したいと考えます（これは、『議会と自治体』誌一九七〇年十一月臨時増刊号にまとめられた）。

これから、この研究集会の最終報告をおこなうわけですが、今回の集会は研究集会であって、討論されたすべての問題について、ここで一定の結論を出すとか、そういう会議ではありません。それからまた昨日の分散会、分科会の討論についても、これはわたしたち自身がその討論や報告の全体についてこれからつぶさに検討し、研究しなければならない問題であって、この全体の討論についてここで総括的な結語をのべるということは、実状からいって可能なことではありません。

わたしがここでこれからのべたいと思うのは、一つは、下司〔順吉〕同志の基調報告への補足として、議会活動の問題についての報告であります。もちろんそのなかでも、ある程度は、分科会、分散会に提起されたいくつかの問題についてもふれたいと思います。そしてそのつぎに、当面の課題のなかでとくにとりあげるべきいくつかの強調点について話をして、この集会のまとめとしたいと思います。

まず最初に指摘したいことは、第十一回党大会にたいする中央委員会の報告が、議会にたいするわが党の態度、立場について、これを「人民的な議会主義」ということばで特徴づけていることであります。

「われわれは、選挙と議会だけがすべてを決するというような観点から、大衆自体の運動の重要性を無視したり圧迫したりするブルジョア議会主義とは、もちろん無縁です。また真の国民の声を公正に反映することを妨げ、議会においても民主的な党派にさまざまな制約を設けている今日のブルジョア議会制度の階級的性格と限界、欠陥にいささかの幻想ももってはいません。しかしそのことは、われわれが綱領で主張しているように、国会を名実ともに国の最高機関にするという、真に民主的で進歩的な代議制度の重視――ことばをかえていえば、人民的な議会主義の正しさ、重要さをすこしも低めるものではありません」。これは、議会にたいするわれわれの立場を正確に特徴づけたものですけれども、たんに理論上の概念規定にとどまるものではありません。

これは同時に、われわれがそれにふさわしい内容の議会活動を実際にうちたてなければいけないという意味で、重大な政治的、実践的課題でもあります。ほんとうに人民的な議会主義というのにふさわしい活動を確立するかどうか、これはまさにわが党の政治的実践にかかっているのだということを、わたしはここでまず強調したいと思います。

党大会では、革命運動の原理・原則をあきらかにすること、いろいろな分野の活動についてもそれを深く理論化することの意義についてくりかえし強調されました。中央委員会の結語は、原理・原則を深くつかんでおけば、革命運動の波乱万丈の過程のなかで、さまざまなことなった条件、新しい情勢が生まれてきた場合でも、科学的な社会主義の原則に正しくかなった活動ができる、ほんとうに人民の根本的な利益、革命の事業の利益にかなった活動ができる、こういうことを強調しています。そして「大衆運動におけるいろいろな経験の理論化」という点でも、そのための努力の重要性をつよく指摘しています。わたしはその意味で、われわれが国会や地方議会などで活動する場合、どういう原則に立って活動するか、この問題を、大会の決定や綱領の命題あるいは科学的社会主義の基本的な原則、そういう「原理・原則」にたちかえりながら、活動の具体的な内容に即して以下いろいろな側面から検討してゆきたいと思います。

議会活動を運動全体のなかでどう位置づけるか

第一の問題は、議会活動をわが党の政治活動全体のなかで、また日本の人民の運動全体のなかで、どのように位置づけるかの問題であります。いうまでもなく、わが党の議会活動というのは、党の政治活動全体の有機的な一部分であり、日本人民の運動全体のなかの有機的な一部分であって、これは人民の運動や党の政治活動全体からきりはなされた、自己完結的な活動ではけっしてありません。

国会でも地方議会でも、わが党の議員団は、人民の支持のもとに議会に派遣された党の一部隊であります。

「主権在民」という民主主義の原則からいっても、人民解放の事業を人民自身の事業とみなす科学的社会主義の基本的見地からいっても、ごくあたりまえのことですが、この立場をわが党議員団の実際の活動全体のなかで一貫してつらぬくことが、人民的な議会主義の重要な基本問題だということを強調しなければなりません。

とくに、党の議員が選出されて議会活動を展開する「議会」という活動分野は、他の活動分野とはことなる、いろいろの特徴をもっています。たとえば議員に当選すると、「先生」ということばがあたりまえのこととして使われる、ここにひじょうに象徴的にあらわされていますが、大衆からきりはなされた特権的な地位がそこでは保障されています。また、政党政派の関係においても、議会の外では見られないようなブルジョア的なかけひきが、野党とか革新とかいわれる諸党のあいだでも当然のこととして横行していることも、見のがせない特徴です。

さらに、政治的な力関係の面でも、議会内では、議会外の大衆のあいだでよりも、多くの場合、保守勢力、反動勢力に有利な構成となっているのが普通です。たとえば、国会の衆議院の構成をとってみると、日本共産党は昨年（一九六九年）末の総選挙で七パーセント近い得票率をえましたが、ところが衆議院の構成ではわが党の議員団は三パーセントにも足りない比重しかしめていません。これにたいして、自民党は四七パーセントあまりの得票率で、議会の構成では六二パーセント、三分の二に近い大きい比重をしめています。このように、議会の構成は、多くの場合、今日の選挙制度の非民主的なしくみのなかで、反動勢力の側に不当に有利になっており、そのうえに、民主的党派の発言や提案をおさえるさまざまな制約が加重されています。この点は、地方議会においても変わりはありません。

全体としていえば、議会という活動の舞台は、わが党と統一戦線勢力がそのなかで安定した多数をしめるまでは、綱領が規定しているように、「反動支配の道具」という基本的な性格をもっています。党の議員あるいは議員団は、そういう分野で活動している部隊だということをわれわれは重視する必要があります。

もしそのことを忘れて議会活動を議会外の活動や人民の運動の上においたり、あるいは党全体から独立した自己完結的な活動だと考えたり、あるいはまた、いろいろな政治問題を議会内の情勢や力関係からだけ判断したりする、こういう場合にはかならず、議会活動において大きな誤りをおかす結果になります。実際わが党の議員の議会活動のなかに、ときにあらわれるブルジョア議会主義的な弱点が、議会活動についての誤った位置づけと関連している場合が少なくありません。六年前に志賀義雄らがソ連のフルシチョフらと通じてわが党を裏切ったときも、かれらの裏切りの基本的な要因がソ連の大国主義への盲目的な事大主義的な追従であったことはいうまでもありませんが、同時に、議会内での自分たちの活動を最高の政治活動と考える思いあがったブルジョア議会主義がそれと結びついていたこともすでに指摘されているところであります。

なお、関連してここで紹介しておきたいのは、この問題が、レーニンが国会活動を指導した場合にもとくに重視した点の一つだったということであります。

ロシア革命というと、国会活動などあまり問題にならなかったように考えている人がよくありますが、それはまちがいで、一九〇五年の第一革命から第一次世界大戦と一九一七年の二月革命にいたる時期には、ツアーリ専制の補助機関として「国会」が設けられ、この「国会」にどういう態度をとるか、ここでどういう活動をするかはロシアの革命運動のきわめて重要な問題になりました。そして、その時期に、レーニンは、真に人民的な立場にたった議会主義を確立するために、きわめて多くの活動をおこないました。党の国会議員団にたいする原則的で綿密な指導をはじめ、レーニンのこれらの活動は、今日のわれわれにとって多くの教訓をふくむものです。★

★　ロシアの「国会」は、ごく小さな権限しかもたず、選挙方法も、専制政治の支持派が圧倒的多数になるようにしくまれた非民主的なものでした。しかし、レーニンは、そういう「国会」でも、国会での活動をたいへん重視し、議員団の活動に多くの助言をあたえ、国会に提案する法案やその要綱を自分で書いたばかりか、ときには、重要な問題についての演説の草案を、議員団のために書いてやったりしました。レーニンのこうした活動のあらましについては、この報告の翌月「赤旗」に連載した不破「レーニンと議会主義」（一九七〇年九月、『人民的議会主義』所収）を参照してください。

きょうの報告でも、そのいくつかの側面にふれたいと思いますが、国会活動にたいするレーニンの指導のなかで、もっとも重大な焦点の一つとなったのが、党的な議員団の確立という問題でした。

当時はまだ、ボリシェビキとメンシェビキ★が同じ党のなかで活動していた時期でしたが、メンシェビキは、国会議員団は党中央委員会から独立すべきだとつよく主張しました。そして、一九〇七年には、自分たちが議員団のなかで多数派をしめていることを利用して、議員団会議を開いて「国会議員団は自治集団であって、党の意見には耳をかすが、国会活動の個々の具体的な場合には、問題を自主的に解決していく」という事実上の独立決議をしたことさえあります。レーニンは、メンシェビキのこういう誤った方針に反対して、党中央の指導のもとに活動する真に党的な議員団、あらゆる創意を発揮して自主的自発的に活動するが、政治路線においても具体的な政治行動においても、党の一部隊として活動する党的な議員団を確立するために、多年の努力をかたむけたのです。

★　当時、ロシアの社会主義運動では、一つの党のなかに、革命的な潮流（ボリシェビキ）と日和見主義的な潮流（メンシェビキ）とが共存していました。この二つの潮流が組織的にも完全に決裂したのは、一九一二年以後のことで、とくに一九一七年の十月革命以後、ボリシェビキは、党の名前も、ロシア共産党（ボリシェビキ）と名乗るようになりました。

われわれはこの経験からもおおいに学ぶ必要があります。

同時に、党機関の側の問題についても指摘する必要があります。党大会の決議が地方自治体の民主的な刷新を、中間機関の重要な任務の一つとしてかかげているように、それぞれの県、それぞれの地域で地方自治体に党と統一戦線勢力が進出して、ここに民主的な地方政治をうちたてるということは、いわば党が全党的な任務として、民主連合政府の樹立をかかげていることに匹敵する、それぞれの県や地域における党組織の重大な政治的任務であります。この任務が、議員団や自治体関係者だけにまかせておいてすむ問題ではなく、まさに全党が総力をあげてとりくみ、実践すべき課題であることは、いわば自明のことであります。この立場を議員団の活動においても、党機関の指導においても、実際に確立してゆく、ここにほんとうに党的な、ほんとうに人民的なわれわれの議会活動をうちたてる保障があるということを、かさねて指摘したいと思います。

議会活動の三つの任務――革命と改良の関係

つぎに、われわれの議会活動の任務と性格の問題にはいりたいと思います。この点でも、これらの問題についての大会の諸決定を正確に理解し、それを活動の前提にする必要があります。

まず大会では革命と改良の関係の問題について、中央委員会の報告のなかでくわしく解明しています。

わが党は、国民の苦しみを根本的に解決する日本の政治のほんとうの革新、人民の権力の樹立による政治、経済の根本的な変革をめざして奮闘している政党であります。しかし、そのことは、わが党が、日夜革命をさけび、革命の成就する日を待つだけで、国民の目前のさまざまな要求の実現に冷淡な態度をとるなどということをすこしも意味しません。大会の報告は、真の革命家は改良をいささかも軽視しないこと、もっとも真剣に社会の変革をもとめる党は、同時に今日ただいまの大衆の諸要求やそれを反映した民主的な改良の実現にたいしてもっとも真剣な態度をとる党でなければならないこと、こうした点をレーニンの諸命題をも引用しながらくわしく展開しています。革命と改良の関係についてのこうした原則的な態度は、わが党創立以来のものであると同時に、一九六一年の第八回党大会において、わが党が綱領を決定したときにおいても詳細に論議され、深く解明された路線であります。われわれは、議会活動の任務についても、こういう見地からみる必要があります。

大会の決議は、第十六項「国会と自治体、選挙闘争での前進」の項の冒頭の部分で、われわれの議会活動の三つの任務についてつぎのような定式化をおこなっています。

「国会はたんに政治の実態を人民の前にあきらかにするだけでなく、国民のための改良の実現をはじめ、国民の要求を国政に反映させる闘争の舞台として重要な役割をはたす。さらに、今日の日本の政治制度のもとでは、国会の多数の獲得を基礎にして、民主的政府を合法的に樹立できる可能性がある」。

ここであげられている三つの任務は、直接には国会についてのべられたものですが、基本的な点において、地方議会での活動にも共通するものであります。まず第一の「政治の実態を人民の前にあきらかにする」ということは、いまの自民党の政治、反動政治の実態を議会での質問や討論、そこに提出されてくるかれらの諸政策への批判を通じてあきらかにするとともに、人民の利益をほんとうにまもりその要求を実現する道が、自民党政治、反動政治を打倒して新しい民主的な政治をうちたてる方向にあることをあきらかにすることであります。またここで解明すべき「政治の実態」のなかには、さまざまな中間政党の政策の性格や限界にたいする批判も当然ふくまれているということを忘れてはなりません。

これは、いうまでもなく革命――社会の根本的な変革を追求する党としては重要な任務であります。しかし、このことだけに終わったならば、われわれは、わが党の議会活動にあたえられている任務の大半もはたさないことになります。

大会決議は、同時に、第二の任務として「国民のための改良の実現をはじめ、国民の要求を国政に反映させる」任務をあげ、この闘争の舞台としての役割に、国会とそこでの活動の重要な問題があることを指摘しています。つまり、中央でも地方でも、人民の切実な利益をまもり、反動政策に反対するとともに、人民の要求に合致した一定の民主的改良を実現する闘争に、わが党の議会活動のきわめて重要な任務があります。

さらにつづいて、国会の多数を基礎にして新しい民主的な政府を樹立する可能性を追求することが、第三の任務として指摘されていますが、これを地方政治の問題に翻訳するならば、それは自治体の首長を民主勢力でしめることとともに、民主的な統一戦線が地方議会の多数派となり、それによって自民党の反動政治のもとでそれぞれの地方で民主的な地方政治を樹立する可能性を追求するという任務であります。

議会活動の三つの任務についてのこの定式化は、革命と改良の関係についての原則的な見地を、議会闘争の分野に適用したものであります。われわれが議会でさまざまな活動をやる場合、つねにこの三つの任務にてらして正しく活動をすすめてゆかなければなりません。以前から科学的社会主義の議会活動の方針について、「宣伝・扇動の演壇」とか「暴露の演壇」とかいうことがよくいわれます。これは科学的社会主義の立場からみた議会活動の一つの側面、いまあげた三つの任務のなかの第一の側面だけをとりだしたものであって、これだけをわれわれが議会活動の主要な任務だと考え、要するに相手を暴露すればいい、他の党を暴露すればいい、そういう一面的な、安易な態度で議会活動にのぞむならば、これは重大な誤りをおかすことになります。これは党大会の決定がきびしくいましめているところであります。

われわれは議会でどんな活動をやる場合でも、この三つの任務、とくに第一の任務と第二の任務の両面から、なにが問題かを十分考えて活動する必要があります。たとえば、行政当局にたいする議会での質問についても、ある場合には、自民党の「政治の実態の解明」、つまり、当局が住民にかくしている真実を、議員の質問権を行使して、議会での討論を通じて追求し、そこで明白にされた材料をもとにして、広範な住民のあいだに実際におこなわれている政治の実態を知らせ、民主的な政治をめざしての政治的自覚をたかめる、こういうことをおもな目的とした質問もあります。それからまた、ある場合には、たとえ相手が自民党の施政者であってもそこに人民の切実な一定の要求を、質問という形を通じてつきつけ、かれらの政治に反映させる、とりいれさせる、こういう目的をもった質問もあります。もちろん、多くの場合には、この二つの目的は、有機的に結びついていますが、われわれは、質問という問題一つ考える場合でも、ただ漫然と質問するのではなく、そういう角度からいったいなにを目的にしてこの問題をとりあげるのか、そのことを明確にし、その効果を正しくあげられるように、目的にかなった準備や工夫を十分におこなわなければなりません。こうして、全体として、この三つの角度から、議会活動が効果的にすすめられるように努力する必要があります。そういう点で、大会決定の、議会活動の任務についてのこの規定を、活動の基本点として正確にすえてもらいたいと思います。

議会での政策活動――「なんでも反対」「なんでも賛成」の誤り

つぎに議会活動の具体的な問題点にはいりたいと思います。

最初の問題は政策問題であります。政策問題についてはすでに下司同志の基調報告のなかでもその重要性が強調されましたし、工藤〔晃〕同志は、政策活動をすすめるうえでの重要な点について報告しました。これらの点についてここでくりかえす必要はないと思います。また分科会、分散会でも、みなさんから原則的で弾力的な政策活動、具体的で抜本的な政策活動についていろいろ報告され、毎日の実践のなかでかなり高い蓄積がすすめられている実情をきいて、わたしども、たいへん心づよく思っているしだいです。

わたしが、きょうここでみなさんにとくに報告したいのは、こういう政策問題を議会の活動のなかにどう具体化してゆくかという問題であります。たとえば議会に出されてくるいろいろな案件、当局や他の党派から出されてくる案件にたいしてどういう態度をとるのか、またわが党が議会に問題を提起する、政策を提起する、そういう場合にどういう見地が重要なのか、こういう議会のなかの諸活動に関連した政策問題について、必要な点を指摘したいと思います。

議会における政策活動で重要な問題は、まずいろいろな案件にたいする態度の問題です。さきほども、「なんでも反対」の共産党ではないという話が出ましたが、「なんでも反対」の態度、あるいはそれの裏返しとして、「なんでも賛成」の態度、このどちらも誤りであることは、いうまでもありません。ここで重要なことは、いろいろな案件を審議して党として賛否をきめる場合、その基準となる原則的な立場をしっかりと確立することであります。

なぜこのことがこれだけ重要になるかというと、これは支配階級の政策にも大きな関連があります。支配階級が、だれが見ても一目でわかるような弾圧一本槍、抑圧一本槍の政策をとってくるなら、問題はきわめて簡単です。住民の生活や権利への攻撃であることがだれの目にもあきらかなような形で、米日支配層の政策、自民党の政策が中央でも地方でも展開されてくるなら、われわれは「なんでも反対」になるなとか、「なんでも賛成」になるなとかいうことでとくに頭を使う必要はないわけです。ところが実際には、支配階級の政策というのはかならず二つの手口を使ってきます。一方では、人民の基本的な利益、基本的な権利をきびしく抑圧しながら、他方では、人民の運動をそらせ、その支配を安定させるために一定の部分的な妥協や譲歩にも訴える、レーニンは、これを「刑吏の機能」と「坊主の機能」、あるいは「暴力の方法」と「自由主義の方法」と名づけましたが、昔からよくアメとムチの政策といわれている二つの手口であります。国民の政治的自由を否認したあのツアーリズムの専制のもとでも、レーニンは支配階級の二つの手口に人民の注意を喚起し、これにたいして効果的な対処をしなければ党の政治活動は発展しえないということを教えています。

ところが今日の日本では、あのロシアのツアーリ時代とはちがって、ともかく中央でも、地方でも、自民党は選挙を通じて議会の多数をにぎり、首長をにぎらなければ政治を維持できない状態でありますから、当然、この二つの手口はさらに高度な発展をとげています。「地域開発」政策に見られるように、基本的に独占資本の利益を擁護するという、そして地方自治や地方の政治、経済すべてを独占資本の犠牲に供する、奉仕させる、こういう明確な階級的な目的をもった政策であっても、自民党政府や米日独占資本は、その目的がだれの目にもわかるようなむき出しの形では、けっしてそれをもちだしてきません。のみならず、部分的には一定の住民の利益と結びつけ、一見大衆の実利にこたえるようなさまざまな手だてを講じ、オブラートでつつんで、その政策をだしてきます。

われわれが、こういう支配階級の政策にたいして、たとえば、これはぜんぶ支配階級の支配目的に結びついた政策であるからということで、正確にその内容を分析、解明することをしないで、一律にすべて反対するという態度、いわゆる「なんでも反対」の単純な態度をとるならば、階級的人民的勢力が大衆から孤立するという、かれらが願っているとおりの結果をまねくことになります。反対にまた、相手の政策のなかに多少でも改良の要素がはいっており、現状よりは多少はましになるではないかということで、若干の改良をおりこんだ諸政策にすべて賛成する、いわゆる「なんでも賛成」の態度をとるならば、これは一部の「中道」政党のとっている態度にひじょうに典型的にあらわれるわけですけれども、これはまさに部分的な譲歩とのひきかえでかれらの支配を人民にうけいれさせようという支配階級の政策に、完全に乗ぜられる結果となります。こういうなかで、われわれが真に階級的な、真に人民的な政党としてどういう態度をとるか、これはきわめて重要な問題であり、ほんとうに人民の立場に立ち、しかも科学的で原則的なわが党の態度の本領が発揮されなければならない、こういう重要な分野なのであります。

レーニンも、国会議員団にたいする指導でこの問題をひじょうに重視し、きわめて厳格な態度をとりました。部分的な改良にたいする態度についても、中途半端な解決を許さない、革命の根本にかかわるような問題については、非妥協的な対決の態度をつらぬくことをきびしく強調して、メンシェビキなどの無原則的妥協をつよく批判しました。

しかし、同時にレーニンは、国民生活の分野では、勤労人民の生活の実際の改善にいくらかでも役立つような改良法案にたいしては、たとえそれが反動政府やブルジョア政党が提案したものであっても、また、いろいろな制約をもった部分的な改良にとどまるものであっても、これに機械的に反対の態度をとることをいましめ、その内容を十分に分析したうえで、賛成あるいは棄権の態度をとるように、議員団に指示しています。

レーニンのこうした指導ぶりをしめすものとして、一つの興味深い話があります。一九〇八年の党の全国協議会で、国会議員団の戦術問題について討議され、「予算表決」の問題についての一つの決議がおこなわれました。この決議は、予算全体への反対の態度とともに、個々の項目への賛否の基準をあきらかにしたもので、勤労者の状態の改善が明白な場合には、反動的な予算の一部であっても、個々の項目に賛成または棄権の態度をとることがありうることを指示していたのが、特徴でした。ただ、この決議は、「勤労階級にたいする警察的＝官僚的後見と結びついた諸改革を排撃する」という原則を強調して、その心配のない改良法案についても、棄権を一般的態度とし、賛成投票は例外的なものとしてかなりきびしい制限を課していました。ツァーリの専制政府がだしてくる〝改良〟法案は、わずかの譲歩とひきかえに、警察的官僚的支配の強化をはかるというものが大部分でしたから、この制限規定がもうけられたわけです。ところが、この基準にしたがって国会議員団が活動する過程で、あるとき、ぐあいの悪い結果がおこりました。

一九一三年の国会に、カデットというブルジョア政党が、逓信労働者の七時間労働日をもとめる時間短縮法案をだしてきたとき、その基準にもとづいて党の議員団が棄権の投票をし、そのためにこの法案が流れてしまったのです。この問題について、メンシェビキと『プラウダ』（ボリシェビキの機関紙）とのあいだで論争がはじまりましたが、亡命地にいたレーニンは、これはあきらかに党の議員団の態度の誤りだといって、批判すると同時に、つぎの党の会議（一九一三年九月）に、この誤りのもとになった一九〇八年の決議の訂正を提案し、あらためて「勤労大衆の状態を直接に改善することが問題になるときには、これらの改善をふくむ項目には賛成投票」することを原則とし、それにつけられた条件のために改善が疑わしいときには、労働者組織の代表と討議したうえで棄権するという態度をきめました。

こうした経過はレーニン全集にあきらかにされていますが、レーニンが、国会の法案にたいして議員団が正しい態度をとることをどんなに重視していたかは、この簡単な経過からも十分理解することができると思います。そして、この問題でのレーニンの指導が、ツァーリの専制下の国会においても、「なんでも反対」の態度とはまさに無縁のものであったことは、今日のわれわれの議会活動、政策活動にとって、深く教訓とすべきものであります。

国会での活動の経験から

法案審査の三つの基準

党中央は従来からこの問題をひじょうに重視し、国会議員団の活動についても、いろいろな法案に正しい政治的見地から対処するように一貫して注意をはらってきました。とくに第十回党大会（一九六六年）以後この面での指導を強化し、国会議員団は一九六七年、第五十五特別国会にのぞむにあたって、党中央の指導のもとに、法案その他の案件を審査する基準をいちおう確立しました。これは『前衛』一九六八年二月号に発表された谷口善太郎同志の論文「法案審議にたいする党国会議員団の態度」にくわしくのべられていますが、地方自治体の特殊性を考慮にいれれば、地方議会でのみなさんの活動にとっても、一定の指針となりうるものとして、その内容を説明したいと思います。

この法案審査の基準として国会議員団が定式化したのはつぎの三つの点であります。

㈠　その案件が大衆の利益の点からみてどういう意味をもっているか。

㈡　たとえ一部の改良があるとしても、それが原則上の取引きになっていないかどうか。

㈢　大衆の意識基準にてらしてどういう関係をもつか。

若干これについて説明しますと、まず第一の要素です。われわれがいろいろな法案や案件を考える場合に、よくありがちなのは、これは相手がこういう意図で出してきているのだから反対だとか、賛成だとかいうように、法案が実際にどういう内容をもち、どういう結果をもたらすかということをぬきにして、相手の意図からだけ問題を判断する、こういう傾向であります。実際に大衆の利益からみて一定の改良になる問題であっても、これはこれだけの部分的な改良をやることによって大衆の運動をそらせようとしているのだという相手の意図だけでその法案の性格を単純に反動的なものときめてしまう、これはけっして正しい態度ではありません。われわれがいろいろな案件をみる場合、大衆の利益の点からみてそれに実際に改善がふくまれているのかどうか、これがどの程度の改善になるのか、大衆の利益や気分からみてこの改善がどういう意義をもつのか、そういうことをまず正確にみさだめる、事実とその案件の中身に即してみきわめる、このことをしないと、人民の立場にたってその案件にたいする正確な態度はとれません。そしてまた、大衆のいろいろな運動があり、その運動への譲歩として相手が一定の改善に応じるという場合にも、こういう見地から譲歩の内容を正確に客観的に評価して態度をきめるのでなく、ただ党と大衆の要求が一〇〇パーセント反映していないということだけで、機械的に一律に反対の態度をとることは、大衆闘争を正しく前進させる道でもありません。

第二の要素は、その法案に、人民の根本的な利益に反する「原則上の取引き」がふくまれていないかどうかという問題であります。提出された法案に、経済上、社会生活上、またはその他の問題で大衆の利益になる改善が若干あったとしても、その案件に賛成することが、日米支配層の反民族的反人民的な基本政策を推進することへの賛成を意味するような法案には、われわれは、確固として反対しなければなりません。もし、現状より改善ならなんでもいいということで、そこにふくまれている反動的な条項に目をつぶり、「なんでも賛成」といった式の態度におちいるならば、それは、部分的な譲歩を取引きの道具として、反動政策への人民の支持をとりつけようとする自民党政府や支配層の術中にそのままおちこむことになります。ここに、党として正確な態度をうちだす場合に重視すべき重要なポイントがあります。

第三の要素は、大衆の実際の意識水準との関係の問題です。もちろんわれわれは原則的に反対すべき法案にたいして、大衆がまだ反対の立場をとっていないから賛成するといった無原則的な態度をとるものではありません。しかし反対する場合にも、その反対のしかた、あるいはその法案にたいするわが党の批判的態度を「反対」によって表明するか、「棄権」によって表明するか、そういう態度をきめるさいに、大衆の意識の状態や気分に十分な考慮をはらうことは当然必要なことであります。われわれの政策活動との問題についての全般についていえることですが、大衆の要求から出発し、その実現をめざす大衆自身の政治的経験を通じて正しい階級的政治的な自覚に到達させる、ここにわれわれの政治活動、政策活動の一つの眼目がある以上、あれこれの政策問題にたいする態度を決定するさいに、大衆の意識の状況、その問題にたいする大衆の考え方や気分、そういう問題の研究が重要なことは、当然のことであります。

国会議員団で討議してきた二、三の具体例

国会議員団は、この数年間、この基準のもとに活動し、自民党政府提出の法案であっても、国民の要求を一定の程度に反映した一連の改良法案に賛成の態度をとってきました。最近の国会をとってみても、成立した政府提出の法案のうちわが党の国会議員団が賛成した法案は、一九六七年の五十五特別国会では百三十一件中三十四件、一九六八年の五十八通常国会では九十件中二十九件、一九六九年の六十一通常国会では六十三件中十八件、今年（七〇年）の六十三特別国会では九十八件中三十八件あります。しかし、国会議員団は、たとえ一件でもその審査はゆるがせにせず、厳格にその内容を分析して、妥協できない原則問題をふくむ法案にたいしては、反対ないし棄権の態度を明確に表明してきました。最近の国会審議の経過のなかから、わが党のこうした原則的態度をしめす一、二の例を紹介しておきましょう。

㈠　一九六七年の第五十五特別国会に、例の「公害対策基本法」案が政府から提出されました。この「公害対策基本法」は、「公害対策」における企業優先の立場をきめたものとして、いまひじょうに問題になっていますが、当時の国会の大勢は、ともかくいままでにもなかったところで公害対策をやろうというのだからこれは現状よりはましではないかという空気で、自民党はもちろん、民社党、公明党も一定の改良があるのだから、多少不十分さがあっても賛成だという態度をとりました。

わが党はこの「基本法」の内容を分析しましたが、これは部分的には改善点がいくつかあるとしても、公害対策の基本法、こんごの政府の公害対策のすべての対策の中身を律する基本法です。この基本法のなかに、これからの公害対策は「経済発展との調和」、つまり経済の発展、企業の発展をそこなわない範囲に公害対策を限定すべきだという条項が基本法の「目的」としてふくまれている、これはこんごの公害対策の全体をあやまらせるものとして絶対にゆるがせにすることのできない基本問題です。それからまた企業責任の問題もきわめてあいまいであり、むしろ多くの点で大企業を免罪する立場に立っています。こういう点はたとえ他にどんなに部分的な改良がふくまれていようと、これは賛成することはできないということで明確に反対の態度をとりました。

こういう態度を一貫してとったのは日本共産党だけであります。社会党はこの法案そのものには反対しましたが、さきほどの「経済発展との調和」条項をふくんだ修正案には賛成するといった動揺的な態度をとりました。わが党のこうした態度が、公害の防止と根絶を願う国民の利益にかなったものであったことは、今日の事態が十二分に証明しています。

(二) それからもう一つ例をあげますと、こんどの国会に沖縄復帰の準備委員会の設置についての法案がだされました。これは昨年の日米共同声明にそってこれからの沖縄の「施政権返還」についての交渉をやる、そのために日本側の準備委員を任命して交渉にあたらせることを内容とした法案です。ところがこれにたいして、社会党をふくめてわが党をのぞく他の四党がすべて賛成という態度をとりました。日米共同声明に批判的態度をとっていた諸党までがこれに賛成した理由は、おそらく、「施政権返還」それ自体は改良なのだから、いろいろな問題があってもその交渉に反対するわけにはゆかないということだったと思います。しかし、問題はそんなに単純なものではありません。自民党政府がはじめようとする「返還」交渉は無前提のものではなく、法案自体にも明記されているように、日米共同声明の合意事項を前提にした、そのワクのもとでの「返還」交渉であります。これに賛成するということは、いま核も基地もない全面返還か、それとも日米共同声明にもとづく「核かくし、有事核もちこみ、自由使用返還」かという沖縄返還をめぐる二つの道の選択がまさに争われているときに、後者の道そのものに賛成することを意味せざるをえません。わが党の国会議員団は、こういう見地を明確にして、この法案に反対意見を表明しましたが、この問題でもこういう原則的な態度をとったのは日本共産党だけでした。

これらのいくつかの例でおわかりのように、われわれはその法案が、実際にどの程度の改良をふくんでいるかという面から法案をみると同時に、そのなかに原則的な問題点がふくまれていないかどうか、この両面からたえず法案を研究してゆく必要があります。

以上、国会での法案審査の経験について話しましたが、自治体でこれを応用する場合には、当然、自治体の特殊性を考慮する必要があります。ご承知のように、自治体の行政は、けっして独立したものではなく、「三割自治」ということばがあるくらい、中央の自民党政府の反人民的諸政策による非民主的な制約のもとにおかれています。したがって、各自治体で執行される政治の内容には、その自治体の意思と責任においてではなく、法的制度的にさけられない、中央政府による制約と結びついた非民主的な側面がかならずふくまれています。だから、自治体の政治を分析する場合には、それが中央の政治の制約のもとにやむをえず生まれてくる非民主的な側面であるのか、それともその自治体自身の政策の中身の問題であるのか、そのことをみきわめる分析的態度をとる必要があります。そうでないと、たとえば日本共産党員が首長をしめた場合でも、中央の反動政治による制約を完全にまぬがれるわけにはゆかないのですから、この首長の提出する政策に日本共産党の議員が反対しなければならないというようなことにもなりかねないわけです。この面は自治体の特殊な問題として研究する必要のあることです。

政策活動でのいくつかの強調点

つねに具体的内容の具体的分析を

なお、この点に関連して、いくつかの点を補足しておきたいと思います。

その一つは、案件審査の基準というものは、それに機械的にあてはめればすべての問題が自動的に解決されて自動的に反対とか、棄権とか、賛成とかの答えが出てくるコンピューターのようなものではないということです。これは、あくまで基準であって、具体的な問題を解決するには、問題を十分具体的に研究し、この三つの要素を全体として考慮しながら、正しい政治判断をしなければなりません。議員団はこの問題でまさに政治的に熟達する必要があります。

さらに、もう一つ強調したいのは、議員団がその問題に熟達すると同時に、これを指導する党機関がやはりこういう点で熟達する必要があるという問題です。議会の舞台でのいろいろな政治問題にたいする態度、これはたんに議員団の態度にとどまるものではけっしてなく、まさにその地方の党組織を代表しての態度表明であり、ひいては全党の態度にもつらなるものです。こういう重大な性格をもつ問題ですから、けっして議員団だけの態度でやるわけにはゆきません。中央では、こういう問題はかならず書記局が検討し、とくに重要な問題は幹部会で検討して最終的な態度をきめることにしています。それが党活動の有機的な一環としての議員活動を実現し、保障してゆくためにどうしても必要な問題の一つだといってよいでしょう。

この三つの基準にてらして態度を決める場合に、どうしても法案や案件の中身について十分な研究が必要です。法案の見出しだけみて、だいたいこれは悪そうだとか、よさそうだとかいう判断をするわけにはゆきません。またことがらの性質上、反対の態度がすでに決まっているような問題についても、法案の中身を十分研究しないと、日本共産党がなぜ反対するのかということを大衆に説得力をもって説明することができません。

わたしたちの経験でも、五年前の「日韓条約」反対闘争（一九六五年）のときのことですが、「日韓条約」に対する政治的な態度は条約ができる前から、党としても民主運動としてもきまっていました。一九六〇年の安保闘争の当時から「日韓条約」反対運動をすすめてきたわけですから、活動家はみなその本質はよく知っています。ところがいよいよ条約ができあがり、日本と「韓国」のあいだでこれが調印されて国会にかかるという段階で、「日韓条約」にたいする反対運動をすすめる場合、いままでの本質的な理解と宣伝だけですむかというと、けっしてそうではありません。われわれが「日韓条約」の問題点として指摘してきたことが、条約のなかにどう具体的にあらわれているのか、この条約のどの条項が米日「韓」軍事同盟の強化や日本独占資本の南朝鮮への経済侵略につながるのか、そういう問題を条約の具体的な内容に即して具体的にあきらかにしないと、広範な大衆の支持をかちとることはできません。幹部会の指導でそういう活動にとりくみ、それによって「日韓条約」反対闘争の大きな理論的な武器と指針をえたわけですが、この種の問題は日常の活動のなかでたえずぶつかることです。

たとえば「地域開発」の諸法案があります。これにわが党が反対するとき、「地域開発」はそもそも独占資本奉仕の本質をもっているから反対だというだけでは、わが党の態度を大衆に理解させることはできません。反対にこの条例、この法案がどういう点で大企業への奉仕という内容をもち、地域住民に害悪をもたらすのか、このことを具体的に解明することで、はじめて共産党のいっているとおり「地域開発」は独占奉仕の政策なんだなということが、結論として、大衆の認識になるわけです。われわれは、あらゆる問題でたんに本質論を一般的にふりまわすだけでなく、つねに具体的内容の具体的分析、具体的解明を合言葉にする必要があります。

実際にわれわれが国会でいろいろな法案にたいする態度をきめるときでも、その理由を大衆に説明してわからないようなときは、だいたい、まだ研究が不足な場合です。大衆のところへいって日本共産党の綱領とあわない、方針とあわないから反対だといっても通用しません。具体的な説得力をもって大衆に党の態度を説明できるところまでいったときには、だいたい、その案件にたいする研究はいいところまでにつまったといえるわけで、そこまで十分研究することを強調したいと思います。

わが党の積極的政策を前面に

つぎの問題は、政策活動において、つねにわが党の積極的政策を前面にだすという問題です。いろいろな案件にたいする態度をきめる場合、われわれは相手からだされた問題への賛否をきめることで事終われりとすることはできません。われわれが、ある法案に賛成するという場合、それはその法案に大衆の要求にこたえる一定の内容がふくまれているから賛成するわけですが、そこにわが党の政策が一〇〇パーセントおりこまれているというようなことは、ほとんどありえないし、批判すべき問題点がふくまれていることも、少なくないはずです。だから、その法案にたいする党の態度を表明するとき、ただ賛成ということだけではなく、その問題についての党の積極的政策を前面におしだし、この法案はこれこれの点で大衆の要求にこたえる一定の積極的な内容をふくむものとして賛成するが、この点では、不十分な点や批判すべき問題点があるということをあきらかにしないと、党のほんとうの態度を大衆に正しくしめすことはできません。

反対する場合でも同じです。とくに、一部に改良がふくまれてはいるが、人民の利益に反する反動的な攻撃を基調としている法案の場合には、自民党などの反共勢力は、この改良に日本共産党が反対したかのように逆宣伝をかけてくるのがつねです。だから、党はなぜこれに反対するのかの内容を、その問題についての党の積極的政策を対置させながら、明確にする、つまり大衆の要求をより積極的に実現する正しい方向と政策をあきらかにしながら、提出されたこの法案は、これこれの点で、大衆の根本的利益からいって賛成しがたい重大な問題をふくんでいるということを説明する、こうした態度表明をどうしてもやる必要があります。

このように賛成の場合でも反対あるいは棄権の場合でも、受身にたつのではなく、そこの基礎にある大衆の要求にたいしてわが党はこういう抜本的かつ建設的な政策でこの問題を解決するのだという党自身の積極的政策をつねに前面におしだしながら、それにてらしてこの法案にたいするわが党の立場を大衆にわからせてゆく、こういう積極的な態度が必要であります。

たとえば今年（七〇年）の国会で、自民党が農民年金法を提案してきました。これは一定の幻想を農民にあたえながら、実際には離農の促進をはかる、そういう内容の法案であり、わが党は反対しましたが、反対すると同時に、年金問題についてのわが党の政策をさらに発展させて、農民年金にたいするわが党の積極的見解を同時にうちだし、離農のためではなしにほんとうに農業の民主的な発展、農民経営の安定、農村、農民の生活の安定、この観点からいうならば、こういう農民年金こそ必要だということを堂々とあきらかにしました。これは、自民党がこんご農村で、共産党は農民年金反対だというデマ宣伝をやる余地を封じるとともに、同時に、その年金にかけている農民の期待をほんとうに実現する道はなにかという問題をもあきらかにしたものであります。

また、地方議会で、千島問題や「暴力」問題などについて、日本共産党攻撃の材料をつくることに一つのねらいをもった決議案がだされることが、よくあります。これにたいしてその決議案にふくまれているかれらの反動的な意図を粉砕するためには、たんに反対したり、棄権したりするだけの消極的な態度にとどまらず、独自の決議案を提案するなどして、この問題にたいするわが党の主張と政策をかならず対置し、それによってわが党の政策的なイニシアチブを議会闘争の舞台でも発揮することが重要であります。

そういう角度からとくに重視する必要があるのは議会における提案権の問題です。あれこれの問題で、われわれの政策を具体的かつ積極的にうちだそうとする場合、問題になるのはわが党が国会や多くの地方議会においてまだ提案権をもっていないという問題です。提案権はそれをもってさえいれば、その態度をわが党自身の法案や提案の形でしめすことができる、そういう意味で、提案権の確立は党としてきわめて重要な課題であります。

ただ提案権がなければなにもできないのかというとそうではありません。地方議会でも、予算をふくむ問題については提案権がない場合でも、決議案やその他の提案は少数でも保障されています。国会でも、われわれは、討論や質問のなかで、あるいは法案成立にあたっての談話などの形で、党の態度を表明してきましたし、またいろいろな問題について、共産党独自の法案を発表し、国会のなかでもわれわれの討論の材料に使う、そういうことで従来も多くの積極的な成果をあげてきました。たとえば、学童を交通事故からまもるための緊急措置を積極的に提起して、自民党政府に要求して実行させるとか、あるいは沖縄の国政参加問題について、ことしの一月にわが党独自の国政参加法案の要綱をいちはやく発表して、その内容がただちに沖縄の立法院の決議に反映され、その多くの点が国政参加の立法のなかにも実際上とりいれられたなどの活動は、その一例であります。

また、国会法によれば、委員会で、上程された議案にたいする修正案を出すことは、たとえ一人の議員でもできるという規定があり、これを活用することは、こんご国会の政策活動の重要な分野であります。このほか、われわれは国会や地方議会で現行の諸法規も十分に研究し、わが党の政策的イニシアチブを具体的に発揮してゆくようにする必要があります。

すでに提案権を確立している議会の問題ですが、党が提案する場合には、大衆の支持のもとにかならず、現実政治に一定の影響をあたえる、それくらいの意気ごみと迫力をもった提案をやる必要があります。そうでないと値うちがさがります。しかし「伝家の宝刀」というものは、反対にいつまでも抜かないでおいておくとさびつくものであります。共産党は提案権をもっているけれどもさっぱりこれを発動しないというのでは困ります。そういう点ですでに提案権を確立している三十一の自治体で党議員団がこれを、わが党の政策的な指導性を現実政治のなかに正しく発揮するという観点から正しく活用することをとくに要望したいと思います。

議会のしくみの十分な研究のうえに効果的な戦術を

つぎは、いわば議会活動の戦術問題ともいうべき分野の問題ですが、この点でわたしが強調したい問題の一つは、われわれが議会のなかで効果的に活動し、またその民主的な刷新をめざす闘争を効果的にすすめるためには、そのしくみの徹底した研究が必要だという問題です。議会というのは独特のルールをもった政治闘争の舞台であります。このルールのなかには、世間の常識からいってもきわめて不合理なものがたくさんありますが、将棋をさす場合でもルールを無視したり、相手の出方を研究しないままでさしたりした場合には、上手な勝負はできません。議会においても、この闘争分野の特殊性を十分に研究しないで、わが党の政治方針、われわれの政治的な願望をなまのまま議会にもちこんだのでは、ほんとうに効果のある政治的なたたかいをすすめ、成果をあげることはできません。

なお、この研究という点に関連して、一言付言しておきたいことがあります。基調報告でもアメリカ帝国主義の支配、独立、平和の闘争と自治体闘争との関係の問題を重視することについて提起されましたが、この問題でも、ただその地域に基地があるから基地反対の問題を議会にもちこむということだけで満足するのではなく、今日の日本で、自治体の活動がどういうしくみで安保条約の体制にくみこまれているか、アメリカの支配やそれによる被害がどういう具体的な形で地域住民の前にあらわれているか、これを具体的に研究することが重要であります。

この問題については、三年前のいっせい地方選挙のあとまとめられた『議会と自治体』誌の政策特集に、かなりくわしく分析した政策が収録されているのでぜひ参照してもらいたいと思います。

いったい、自治体には、地方自治法によって米軍基地とその活動へのどんな協力が義務づけられているのか、自衛隊の防衛出動や治安出動にどんな協力が義務づけられているのか、あるいは、アメリカ資本の侵入が、その地方の公害にどんな影響をおよぼしているか、そういう問題までふくめて、わが党の議員団が正確な実情を自分のものにすることによって、独立、平和、民主主義の課題を、自治体活動の具体的な課題として追求することができるようになる、その意味で、こういう問題についても、自治体のしくみの徹底した調査と研究が、自治体活動の前進のために重要だということを、指摘しておきたいと思います。

では、自治体のしくみや議会のルールの研究をいったいなんのためにやるのか。それは、いうまでもなく議会で効果的にたたかうためであり、その反動的反民主的なしくみを効果的にうちやぶって、自治体の民主的刷新という仕事を効果的にすすめるためであります。この点で、一部に、議会のベテランになって、議会のしくみについても熟達してしまうと、自分がそれのとりこになってしまって、それを打破するという問題が頭からぬけてしまうという傾向、ミイラとりがミイラになって、反民主的な慣行を不動の前提にしてしまう保守主義におちいる傾向がときどき見られます。これは大きなまちがいです。われわれが議会などのしくみを研究するのは、政治を変革するためだということを、かたときも忘れてはなりません。このしくみの徹底した研究と、政治の変革、自治体の刷新をめざす立場との結合こそ、われわれが議会活動の全体を通じて、たえず指針としなければいけない観点であります。

もう一つの点は、それを打破するうえで、憲法や地方自治法の民主的な条項を活用するという問題です。自治体の活動でも、地方自治法には一定の民主的な権利が保障されているけれども、自治体の議会規則や慣行のなかではそれがきりちぢめられているというような場合がしばしばあります。国会でも、国会法では保障されているのに国会の慣行とか内部規則でそれがしばしば無視されているのと同じです。

地方自治法は戦後なんべんも改悪されましたが、憲法の民主的条項に対応する民主的な諸規定は今日でもかなり残っている部分があり、これを活用することは、自治体の民主的刷新の活動にきわめて重要な役割をはたしうるものです。

この点で国会でのいくつかの経験をのべますと、この面でも、国会議員団の活動は、第十回党大会以来、かなりの前進がおこなわれました。共産党の発言をおさえるという問題は、以前から大きな問題でしたが、以前は議員の数が少なかったこともありますが、少数意見の圧殺は不当だという基本的な議論一本でおしていた時期もありました。しかし、第十回党大会以後、国会に一定数の議員団が生まれたという条件のもとで、われわれはこの問題をさらにいちだんとほりさげて提起しました。

国会のしくみを十分に研究し、国会のいろいろな運営のうち、国会法によってやられている問題、国会の規則によってやられている問題、法律にも規則にもなくて、いわゆる〝自社二大政党〟時代の勝手な先例、慣例によってやられている問題、それらを分析し、研究して、そのうえにたって国会運営の民主的刷新についていくつかの具体的な提案をおこなったわけです。参議院の議院運営委員会の問題もその一つです。国会法の正当な基準にてらせば、当然わが党は一人の委員を送る資格があるのに、慣例を理由にして不当にわが党を排除している問題について、われわれは、その法的な根拠をあきらかにして、国会法の民主的規定を忠実に実行せよという提案をして、自民党その他にせまりました。

これは今日まだ解決されていませんけれども、自民党その他はわが党の正論の前に、非民主的なやり方を正当化する根拠を失って、ひじょうに困惑しています。また、国会の本会議や予算委員会その他でのわが党議員の発言にたいする不当な制限の問題にかんしても、ただこれを糾弾するだけではなしに、われわれの主張の論理的な根拠をあきらかにして追及し、実際問題としても、わが党の発言権を拡大するうえでかなりの成果をかちとっています。

自民党による強行採決が連続した昨年（六九年）の国会にさいしても、「国会の民主的刷新のために」という全面的な国会運営民主化の政策も発表しました。これはわが党の国会民主化の活動における重要な、政策上の武器となっており、第十一回党大会の結語のなかでも、宮本委員長がわれわれの活動の「理論化」の成果の一つだと指摘しているとおりであります。

地方議会の場合でも、たとえば去年、部落解放同盟の朝田一派が不当な圧力をかけて、大阪の八尾市議会からわが党の議員を除名するという事件がおこりました。われわれはこれを政治的社会的に糾弾すると同時に、地裁にこの不当な措置の執行停止の仮処分を要求し、また、地方自治法の民主的な条項を研究し、この条項の一つに、議会において不当な処置がとられた場合、これにたいする再審査を上級にもとめる「審決」の規定がある（地方自治法第二五五条の三）、これを活用して、大阪の府知事に、それにたいする取り消しを要求するという闘争をおこしました。大阪の府知事は、いまだにこの結論をだすことを回避しつづけていますが、裁判所では、わが党の道理のある要求にたいし、この八尾市議会の除名処分の執行停止を認める判決を下しました。

このように、反動的反民主的な内容をふくんだ法律であっても、その民主的な諸条項を正々堂々と活用するというわが党の態度、そして自治体や国会のしくみを十分に研究して、わがものにし、これを変革の武器に活用するという態度は、すでに地方政治の分野でも中央政治の分野でも、いくつかの成果をあげています。議会のしくみの研究は、国会あるいは地方議会での戦術のうえでも、重要であります。

こんどの国会で党の国会議員団は、公明党・創価学会の出版妨害問題を国政の大問題としてとりあげ、大きな成果をあげました。しかし、国会の開会にあたっての国会議員団の声明のなかで、この問題を重要問題の一つとしてとりあげるという態度をあきらかにしたときには、国会の事情通である多くの新聞記者たちも、〝とても無理ではないか〟という意見でした。日本共産党はいくら躍進したといっても、十四議席で、相手は自民党の三百二プラス公明党の四十七で三百四十九であるということ、また国会で政府の追及はできるが、野党の問題の追及はそれをやれる場がないというのが、そのおもな理由でした。しかし、わが党議員団は、これをどうしたら実際に国会の問題としてとりあげざるをえないようにすることができるか、国会の非民主的な規則や慣例を最大限に活用してやってくる相手側の妨害もぜんぶ計算にいれて、どういう攻め方をしたらこの障害を突破できるか、こういう戦術について研究に研究をかさね、一つひとつの局面で相手の打つ手も読みながらこの闘争をすすめました。

そして最後には、国会の論議を通じて、多くの商業新聞が社説でこの問題の国会での徹底した解明を主張するくらいの大問題に発展させることができたわけです。その詳細は略しますが、わたしは、国会、地方議会その他での活動の場合、民主的な刷新の活動においても、いろいろな議会戦術においても、政治活動、政治闘争のこの分野を、その独特なしくみやルールをふくめてわがものとし、効果的なたたかい方をすることの重要性をかさねて強調したいと思います。

他党派との関係と共闘問題

他党派との関係の問題は、下司同志が基調報告でものべましたが、重要な問題なので、基本点をふくめてもう一度、報告したいと思います。

現在、全国的に見るならば、わが党の政治的比重はきわめて大きくなり、自民党の幹部でさえ七〇年代は自共対決だといわざるをえない、そして他の政党もなにをやるにも、日本共産党のことを頭にいれないわけにはいかないという政治的な条件が生まれている時代であります。したがって、他党との関係にたいしてどう対処するか、そのなかでわれわれが正しい政治的立場をつらぬけるかどうかという問題は、わが党が現実政治に積極的な役割をはたすうえで、きわめて重要な内容の一つとなっています。したがって、この問題について第十一回党大会では相当くわしい分析を各所においておこなっています。

大会の決議では、第五項で、一九七〇年代の政治戦線の特徴と各政党の動向が分析され、中央委員会の報告では、決議を補足しつつ、その後問題になってきた「野党再編成」論の評価、「中道」政党の動き、統一戦線の問題などについて、また「江田構想」の批判および地方自治体、地方選挙での統一戦線の問題についてくわしく展開しています。さらに結語でもふたたび「江田構想」に関連して他党との共闘の問題についてのべられています。みなさんがこれらの点をぜひ、全体として研究、学習して、他政党との関係と共闘問題にたいする党大会の方針を正確につかんでもらいたいと思います。

政治戦線の特徴と共闘問題での原則的で弾力的な方針

では、今日、政治戦線の動向をみる場合、重要な点はどこにあるかといいますと、第一は、基本的な一九七〇年代における政治戦線の大きな見取図は、民主勢力の統一戦線と自民党を中心にした反共、反動勢力との対決だという点であります。これは、さきの京都府知事選挙においては、共産、社会両党の統一戦線と、それから自民、民社、公明三党の反動反共連合と、この二つの陣営の対決という形で、きわめて典型的にあらわれました。これは七〇年代を展望しての大きな流れですが、ところがこれが、七〇年の初頭の京都選挙で、あのような惨敗を喫したために、反共反動勢力の側も多少この見取図に修正を加えないわけにはいかなくなりました。

これから第二の点が生まれてまいります。それは反共野党の結集という問題であります。これをとなえている当事者自身は「反自民」をさかんに口にし、七〇年代にこれ以上自民党政権をつづけさせるわけにはいかない、ともかく「反自民」の一線で結集し、この自民党から政権を移譲させせうる健全で現実的な新しい野党をつくろうではないか、こういうことでその「野党再編成」を合理化しようとしています。

しかし、この動きがどんな本質をもったものであるか、そのほんとうのねらいは、「再編成」の推進者たちが、「反自民」と同時に公然と主張している「共産党の進出をおさえる」ことにあるのです。いいかえれば、七〇年代の対決のカナメとなる民主勢力の統一戦線を妨害し、それによって自民党をたすける、ここに中心問題があります。大会の報告でくわしくのべてありますが、自民、公明、民社の公然たる反共連合が破算したあとにおいて、いわば別の形で、自民党にも対決しながら共産党にも対決するというかっこうで反共連合戦線を野党なりにつくる、それで自民党の反共政治を横から補強しようという、反共連合の新しいくわだてだという点、この点をはっきりみきわめ、みきわめるだけでなしに、事実にもとづいて大衆にその本質を解明することが重要であります。

第三の問題点は、社会党の内部に、現実の政治の発展を反映して、統一をめざす傾向が存在すると同時に、共産党への不当な対抗意識やせまいセクト的な打算、さらに、社会党の綱領の「共産主義の克服」という規定にも裏づけられた根づよい反共主義、そういうことから共産党との共闘、民主勢力の統一戦線に背を向けて、民社、公明との三党連合の方にかたむこうという動きが一方で存在しています。統一の傾向と反共を媒介としながら民社、公明、社会の三党連合にかたむこうという傾向と、この二つの傾向が現実に社会党の内部に共存して、それが同党の「再建」

論議とかさなりあっているところに、現状の一つの重要な特徴があります。それはまた、たとえば例の「江田構想★」のように、現実に、共産党、社会党を中心にした統一戦線がすでに陣地をつくりあげて、革新都政を発展させている東京のようなところで、この既成の統一戦線の陣地をくずしてご破算にしてしまい、あらためて、公明、民社、社会、共産の四党連合におきかえようではないかという形ともなってあらわれています。これは直接は共産党排除の提案ではありませんが、じつはそのなかに革新の統一戦線をくずすこととともに、共産党がそれに応じない場合には、公明、民社との三党連合の方に傾斜していく可能性をもはらんだ、ひじょうに危険な提案であります。

★　江田構想　東京都知事選や安保闘争のなかで共産党と社会党との統一戦線が進んでいるなかで、一九七〇年、社会党の江田三郎前書記長が、これに対抗する路線として提唱した社会党、公明党、民社党の連合路線構想のこと。報告でとりあげた東京都政における革新統一戦線ご破算論も、この立場から提唱されたものでした。江田氏がとなえた社公民路線は、七〇年代に、革新統一戦線に反対する勢力の代表的な主張となりました。

以上、三つの点をあげましたが、それをみただけでも、今日、政党戦線の状況はひじょうに複雑であります。したがって、その状況に、われわれが正確な政治方針をもって対処する、そしてわれわれがこの分野でもイニシアチブをとることによって、現実に七〇年代の政治の革新をになういうる政党が日本共産党であるということを、ここでも、具体的な政治行動を通じて大衆にあきらかにする、これはきわめて重要であります。

では、わが党はどういう政治方針でのぞむべきであるのか、大会はこの点について、いくつかの基本的な指針をしめしています。

第一は、いうまでもないことですが、安保条約に反対し、国の平和、中立を明確にもとめ、国民の利益を代表する民主政治をうちたてる方向での民主勢力の結集という問題であります。政党でいえば、共産党、社会党をふくめ、安保廃棄の立場を明確にとっている勢力の結集という問題です。これは、七〇年代の統一戦線についてのわれわれの基本方針であって国の政治の根本的な転換にかかわる問題では、安保条約の存続に賛成して改定論をとなえたり、あるいは廃棄に反対しているような政党といっしょに国政の革新の仕事をやるわけにはゆかないことは、この大会の報告のなかでもさらに明確にされています。

第二に、それならば、われわれはそれ以外の政党との共闘はいっさい考えないのかというとそうではありません。大会の結語は、その点についての明確な態度をのべています。これは都知事選挙の共闘の問題で、「江田構想」にたいする批判としてのべたところでありますが、「わが党の立場は、もちろん都知事選における都民の多数派を結集することを念願としております。したがって、もしたとえば民社党、公明党が、反美濃部・反革新の姿勢をとりさって、かつて美濃部都政の出発点になったあいう路線――これは共、社両党の一致、知事との一致によってきめたものですが、そういう路線上において共同する現実の可能性があるならば、もちろん、われわれは、それを歓迎します」とのべています。つづいて結語は、われわれが「江田構想」を批判するのは、革新都政をまもり発展させるという点で、明確に共同の路線にたつこと、その前提をあいまいにしたままで、ただ民社、公明をいれれば、たし算がより多数になるということで、結果的には民社党や公明党がうけいれるところまで路線を水割りにしてしまう構想だからだということを、はっきり指摘しています。「真の方向を明らかにしないままで、ただ政治的なかけひきや離合集散によって名目上の多数をとろうとして右往左往するならば、結局、その本来の立場そのものをあいまいにして、団結はこわれ、混乱し、まもるべきものを失ってしまうということをわれわれは警戒しなければなりません」。

こういうように、大会の結語は、共闘問題についてのわが党の、原則的で同時に、住民の多数派を結集しようという弾力的な態度、これをきわめて明確にうちだしています。この点を、これからさらに複雑な形で展開されてくる共闘問題にたいする指針とすることが重要であります。

路線をあいまいにして、ただ多数、算術的な多数を集めようとしても、けっしてその計算どおりにはなりません。政治は代数であって算術ではないということは、あの京都の選挙がみごとに証明したところであります。京都では、自民党などの反共勢力は、衆議院選挙の投票結果から自民党と公明党と民社党をあわせれば三分の二の多数をえられる、こういう算術で府知事選挙にのぞんだのですが、結果は、この算術はみごとに破算してしまいました。これは敵の陣営の教訓ですが、われわれも教訓にする必要がある問題であります。

われわれは、公害や物価の問題などでも、正しい路線、正しい要求で共同する現実の可能性がある場合には、その元凶である自民党は別ですけれども、公明党や民社党との共同をも原則的にこばむものでありません。しかし、「反自民」というだけで、路線をあいまいにした共同には応じるわけにはいかない、それでは、ただ数のうえでより多数になったとしても、実際には公害の問題や物価の問題で、ほんとうに国民の期待にこたえる内容をもった共闘にはならないというのがわれわれの態度であります。

総括的にいえば、国の政治の革新の問題、一九七〇年代の統一戦線の基本としては、安保廃棄を明確にした民主勢力の結集を追求してゆく、しかし同時に、部分的な問題、局部的な問題にかんしては、共同の要求で、明確な一致があるならば、その他の政党との共同の可能性も探求するにやぶさかでない、これが共闘問題にたいする党の基本的な態度であります。

公害問題での「野党共闘」をめぐって

この基本的な態度を正しくつかみ、いろいろな政治状況に応用するならば、他政党との関係、共闘問題でも、受身にならず、積極的にイニシアチブをもって活動することができます。そのことは、いわゆる公害共闘の問題で、現実に立証されました。

基調報告のなかで下司同志は、東京都段階の共闘の問題について話しましたが、同時にこれは、中央段階でも、いま問題になっています。社会党が、公明党、民社党とともに、昨年以来、国会を中心にして三党の「野党共闘」をすすめてきたのはご承知のとおりですが、公害問題でも、わが党との話し合いはやらないで、七月ごろから三党で話し合いをつづけてきました。そこで去年とちがう一つの点は、共産党を無視することはできないという状況から、社会党が三党で共闘の話し合いができたら共産党にもこれに加わることをよびかけようという提案をしていることです。もちろんこれらの動きの背景に「野党再編成」や、都知事選での四党共闘という〝江田構想〟など、さまざまな思惑や打算のあることも、明瞭であります。

こうして公害問題での「野党共闘」が一つの政治問題になってきた状況のなかで、わが党は、まだ中央段階ではわが党に、どの政党からも正式の提案はなんらないわけですが、公害共闘にたいするわが党の態度を、この問題が提起されると同時にあきらかにしてきました。八月三日には、記者会見でわたしが談話を発表し、つづいて八月八日には「赤旗」の主張として、わが党の主張の内容をいっそう明確にしました。われわれは、ここで公害問題での政党間の共闘に積極的態度をとるものであり、四党が共同の可能性を探求することにやぶさかではない。しかし、そういう共闘が、ほんとうにいまの深刻な公害問題で国民の期待にこたえる共闘となるためには、少なくとも二つの条件が必要だとして、わが党の積極的な提案をおこないました。

第一は、明確な政策上の一致という点です。公害問題では、一般的、抽象的に、公害対策を推進するとか、公害をなくそうというかぎりでは自民党から独占資本まですべて一致できるが、これでは現実にはなんの役にもたちません。

問題は公害対策一般ではなく、「公害対策」を企業の利益をそこなわない範囲におさえてきた自民党政府の企業優先の立場にたつのか、大企業の横暴をおさえて国民の生命と健康を無条件でまもる立場にたつのか、という点にあります。企業優先か人間優先かというこの根本問題で明確に共通の立場にたつことなしに、また企業の責任を明確にし、公害の根源をおさえる方向で政策上の一致をはかることなしに、公害の防止と根絶にほんとうに力を発揮できる共闘をくむことはできません。この一致なしに、ただ「公害対策」強化ということだけでの共闘では、これは自民党政府の企業優先の公害対策を鞭撻するだけの結果におわります。

第二の条件は、政党間の共闘を問題にする以上、各政党が対等、平等の立場でこれに参加するというのは、当然の民主的ルールだということです。三党だけであらかじめ話し合ってすっかり段取りをきめ、共闘の内容、要求ややり方もきめてしまったうえで、共産党に参加をよびかけるというのは、まじめに政党間の共闘を追求する態度ではありません。当然、四党がはじめから対等、平等の資格で協議し、共闘の政策的基礎や共闘の形態をはじめ、共闘の可能性を探求し、その協議の結果にもとづいて一致点で共同するというのが民主的なやり方です。また、つけ加えていえば、四、五年前に沖縄問題で四党共闘をやったとき、せっかく四党の協議で共通の要求までにつめながら、民社党が中途で〝共産党との共闘はできない〟といいだして脱退したことがありました。真剣に国民的な共闘をくむためには、それが中途で不当な理由でこわされない保証も確立しておく必要があります。

わが党のこの積極的な問題提起にたいして、社会党その他から明確な解明はまだありませんが、われわれはこれによってまじめに共闘を願うものならだれにでも理解される、わが党の道理のある態度をあきらかにしたのであります。もし、わが党がこういう態度をとらないで、ああいう形の「野党共闘」のよびかけに無条件に応じるという態度をとったならば、それは、今日の公害闘争の方向を大きく誤らせると同時に、「反自民」の結集ということで七〇年代の政治的対決をそらせる構想に手をかす結果ともなります。また、反対に、わが党が、公明党、民社党との共闘をなんでも拒否するという単純で硬直的な態度をとったならば、それは反共勢力に共産党の〝セクト的態度〟を理由に反共野党連合を正当化する口実をつくりだしてやることにもなります。その意味で、わが党が、第十一回党大会の決定にもとづいて、「野党共闘」の問題にたいしてとってきた態度は、きわめて重要な経験であり、他党との関係において、イニシアチブをもって活動するということの一つの積極的な教訓とすべきものであります。

公害共闘の問題は、今日の生きた問題であり、こんごもいろいろな局面でわが党の態度をあきらかにしてゆきますが、みなさんがぜひ「赤旗」を通じてこれを研究し、地方での活動の参考にしてもらいたいと思います。もちろん、政治はすべて応用問題でありますからさまざまな状況が生まれてきますが、この面でも原理・原則をしっかりつかんで、十分考えて正しく応用をしていただきたい、これが、大会報告がいっている「老練な指導」という問題であります。

革新首長の問題をめぐって

他党との関係にも関連して重要な問題に革新首長の問題がありますが、その分科会の報告もありましたから、ここではごく簡単に二、三の点をいいたいと思います。

第一に、革新首長の問題では、第十回党大会（一九六六年）以後、全国的な経験として多くの前進がありました。たとえば、政策協定、組織協定を結んで統一首長候補をおすというのは、今日では首長選挙における共同闘争のあたりまえのやり方になっています。ところが第九回党大会（一九六四年）のころには、こうしたやり方は、まだ、いわば例外的であって、革新首長といっても、社会党や総評がおす首長候補をわが党もおすといった安易な形のものがかなり多くありました。ところが今日では、首長選挙を統一してたたかう場合には、かならず政策問題、組織問題についての協定をはっきり結び、無所属の候補の場合はもちろん、政党に属する候補をおす場合でも、共闘組織が確認団体となる。さらに、この共闘組織は選挙の期間中だけでなく、選挙に勝利して革新首長が誕生したのちも、自治体の民主的な刷新、民主政治の実現、強化の推進力になる、こういう経験が民主勢力の自治体闘争の典型になってきています。これは第十回党大会以後にわが党と民主勢力がかちとった重要な前進の一つであり、さらにこの面での経験を豊富に発展させてゆく必要があります。なお、革新首長の問題は、民主連合地方政治への発展の展望をもふくめて、前回のいっせい地方選挙の教訓を総括した第十回党大会四中総（一九六七年六月）の決定で詳細に論じられていますので、これを参照してください。

第二に、従来統一首長というと、無所属の候補を統一戦線でおす場合と、社会党系の候補を統一協定でおす場合、この二つの場合が大部分でしたが、最近、いくつかの地方で共産党員の候補を社会党もふくめて統一候補としておすという新しい経験が生まれています。

基調報告でもふれましたが、東京ではことし、町田市の市長選挙では社会党員を統一候補とし、府中市の市長選挙では共産党員の候補を社会党員も統一候補としておすという、いわば「ギブ・アンド・テイク」の協定を、東京都の段階で、共、社両党間で結びました。そして、町田市でわが党が奮闘したのはもちろんですが、府中市での選挙の場合には、社会党の国会議員も共産党の候補の応援に国会からかけつけるという共同の闘争がやられました。これはひじょうに意義のある経験であります。政治戦線にしめるわが党の政治的比重が大きくなると同時に、この問題はいっそう重要になってきます。こんごいろいろな地方で統一首長選挙にとりくむ場合、この点を重視することが必要です。

第三に、ひろい意味で革新の陣営に属するといえるが、統一戦線のうえになりたっていない、いわゆる革新首長の問題であります。この場合には革新といっても、政策協定も統一戦線もないわけですから当然の結果として、その施策には統一革新首長の場合とは同列にふれられない多くの弱点があるのが普通です。

こうしたいわゆる革新首長にたいする態度は政治的にかなり重要な問題をふくんでおります。もちろん、これは一律には論じられない問題ですが、一般的にいえることは二つの傾向を警戒する必要があるということです。一つは、ともかく革新首長なんだからということでこれに無条件に追随する結果になる傾向、もう一つは統一協定ができていないということで、一律に機械的に敵視する傾向、この二つの傾向はどちらも正しくない一面的な誤りです。この二つの傾向に注意しながら、自治体活動においても、選挙においても、情勢を具体的に判断しながら、正確な政治的な対処をしなければなりません。

議会活動と大衆運動との結合

最後に、議会外の大衆運動との結合についてのべたいと思います。最後になったからといって、重要性がうすいということではもちろんありません。反対に、これは、わが党が「人民的な議会主義」という場合、そのもっとも重要な特徴の一つであります。大会における中央委員会の報告も、「今日の議会制度のなかで、いかなる党派が国民の代表として、中央、地方の議会で席をしめるかということは、政治の力関係と政治の発展方向に重大な影響をあたえるものです」と、議会を重視する見地をのべるとともに、冒頭にも引用したように「われわれは、選挙と議会だけがすべてを決するというような観点から、大衆自体の運動の重要性を無視したり圧迫したりするブルジョア議会主義とは、もちろん無縁です」として、わが党の立場を明確にしています。

国民大衆こそが国の主権者なのですから、これは主権在民の民主主義的立場にたつものには、当然のことであります。わが党の綱領もまた、「党と労働者階級の指導する民族民主統一戦線勢力が積極的に国会の議席をしめ、国会外の大衆闘争とむすびついてたたかうことは、重要である」と、この問題でのわが党の原則的立場をはっきり定式化しています。

わが党の各級の議員は、議会のなかで大衆の要求にこたえて、その実現のために積極的に活動すると同時に、議会外の大衆運動との結びつきをたえずつよめ、大衆運動の発展のためにも独自の積極的な役割をはたす必要があります。これは、わが党の議員の政治活動のかくことのできない重要な内容をなすものといわなければなりません。また、党機関が自治体闘争を指導するさいには、議会内での党議員の活動の指導を重視するのはもちろんですが、大会の決議にもありますように、「『私の要求運動』など、自治体にむけた大衆運動の組織化」に意識的、積極的にとりくむことが必要です。これは、革新首長が実現したところでも、基本的には同じであって、新しい民主政治をめざす住民のひろく力づよい運動があり、民主勢力の統一的な共闘組織があってこそ、そしてこれにささえられてこそ、自民党政治の害悪から地方住民の利益をまもる政治の民主的な発展が保障されるのであります。

これらのことは、わが党の自治体活動、議員活動のいわば大前提です。分科会、分散会でのみなさんの報告をきいても、大衆のあいだに不満や要求があれば、ただちにそこへかけつける。そして住民のなかにはいり、大衆の声に耳をかたむけ、自分で実情の調査もする、大衆の要求運動の組織化の先頭にたつと同時に、議会のなかで、あるいは行政当局との交渉で、その正当な要求の実現のために全力をかたむける、こういった活動態度を、多くのみなさんがりっぱに身につけていることがわかります。これは、ブルジョア議会主義とは無縁な、わが党の議会活動、人民的な議会主義の活動の貴重な財産であって、重要なことは、これをさらにつよめ、前進させることであります。したがって、この問題では、あまり多くをいう必要はありません。一、二の点だけ、のべたいと思います。

一つの問題は、われわれが議会内で少数であっても、大衆の支持を正しくえることができるならば、これは多数の議会勢力をもった保守勢力、反動勢力をおさえるだけの力を、ある場合には発揮しうることです。このことをわたしたちは中央、地方の闘争のなかで、多数経験しています。今日の分散会のまとめのなかでも、その点でのいくつかの経験が報告されました。国会においても言論妨害に反対する闘争を、さきほどあげた三百四十九対十四という力関係にもかかわらず、大きく発展させることができたのは、まさにわが党の立場が国民世論の多数の支持を結集することに成功したからであります。

こうした経験にてらしても、われわれが、議会内の活動と同時に、議会外の大衆闘争と積極的に結びついてたたかうことの重要性は明白です。これからの七〇年代の自治体闘争を展望するにあたって、こうした方向でわが党の活動をさらに発展させる必要があります。

もう一つは、議会外の大衆運動との結合という場合、大衆がかかげている要求、大衆の運動を支持することと同時に、この要求を政策化することに、議員団の独自の仕事があるという点であります。このことは、議員団だけでなく、党の政策活動一般においてきわめて重要な点です。

われわれの政策活動は、大衆の要求から出発しますが、ただ大衆の要求をそのままなまの形で代弁するというだけで、政党としての役割を十分にはたすことにはなりません。大衆の要求から出発して、それに正確な内容と方向をしめす、綱領の方針にもとづいて、この大衆の要求の実現の手段やたたかいの方向をあきらかにする、そしてそのことによって要求の一定の実現をはかると同時に、切実な要求をもっている大衆を、大衆自身の政治的経験を通じて綱領がしめす政治の変革の立場にみちびいていく、ここにわれわれの政策活動の基本がある、このことはわが党がすでにこれまでにくりかえしあきらかにしてきたところであります。

だからわれわれは、党全体として、この政策化の仕事を重視しなければいけませんが、議員団は、まさにその政策活動の第一線にたち、しかもそれぞれの地方の行政と直面して活動しているのですから、大衆の要求運動の先頭にたつと同時に、この要求を政策化するという独自の任務にとくに力をいれることが重要です。そうでないと、人民の支持のもとに議会に送りだされた党の一部隊としての議員団の任務を十分にはたさないことになります。

たとえば「公害をなくせ」という問題をとってみても、この要求は住民のほんとうに切実で、正当な要求ですが、議会のなかで「公害をなくせ」と主張するだけでは問題を前進させることはできないし、大衆の要求にもこたえられません。公害をなくすためにどういう手段をとったらいいのか、どのような立法措置、どのような行政措置を自治体に要求し、あるいは政府や公害の根源である大企業に要求するのか、こういう問題に明確な解答をもたなければ、これは政策化したことになりません。

また、公害をなくす問題でも、中小零細企業が大企業に圧迫されてひじょうに経済的にも困難ななかで仕事をやらされている、そこから、有害な廃棄物が出てくる、こういう場合には、大企業にたいすると同じやり方ではなく、党の公害政策があきらかにしているように、そういう中小企業にももれなく公害防止装置をつけさせるための具体的な政策、国や地方自治体の援助の問題などを政策化して提起しないと、公害問題の正しい解決にもならないし、人民のいろいろな階層をふくめた全人民の運動を統一することにもなりません。

ときにはまた、大衆自身の要求が、要求の根底にある気持ちは正当だけれども、実際に要求として出されてきた場合には、不正確な、あるいはまちがった方向にむいているという場合もないわけではありません。その場合には、この要求をただ無条件にとりあげるとか、反対に無条件にしりぞけるということではなく、要求の根底にある大衆の正当な気持ちをほりさげてつかみ、この気持ちを正しくいかすように要求を定式化することが重要であります。

われわれは、七〇年代に、多くの自治体で民主首長をしめ、それから民主連合都道府県政、民主連合市町村政をうちたてるという展望を提起している政党であります。したがって、大衆の要求にわれわれがこたえるという場合、たんに要求の代弁者としてそれをなまでもちこむだけにあまんじる、それを国政や地方政治に具体化するのは、行政当局の仕事だ、政権についている自民党の仕事だという態度をとるのではなくて、われわれ自身が、それを実際の政治に具体化するうえで十分な力をもつ、そのことによって党と統一戦線が、民主的な政治をになういうる現実的な力をもっていることをしめす、このことは、実際に七〇年代に政治の革新を実現する展望をもっている政党として、その面からいってもきわめて重要な問題であります。政策化の仕事にはいろいろと複雑な問題がありますが、そういう点で、とくに自治体関係の同志、議員の同志が政策活動についてこの努力を集中することを要望したいと思います。

なお政策の問題については、すでにわが党は、総選挙やいっせい地方選挙のたびに、たくさんの政策を発表し、『前衛』や『議会と自治体』の臨時増刊にまとめて発表しています。この点では、まだ、百科全書とまでいえませんが、相当の成果が蓄積されています。ですから、みなさんが、いろいろな政策問題にぶつかった場合、まず、わが党の政策活動の今日の到達点をつかんで、それを具体化するという努力をぜひやってもらいたいと思います。

多くの問題では、政策集にまとめられた党の政策と、それからみなさんの地域の実情の具体的な調査の結果、大衆の要求の調査の結果を結合するならば、正しい答えをだすことができます。これまで、各地方の党組織の政策援助にわれわれ自身がでかけた経験からいっても、あんがいそういうものをたなざらしにしたままで、ただ政策をもとめているという場合がしばしばありましたので、すでに発表されている政策集の活用をとくに強調しておきたいと思います。

なお、政策問題では、分科会、分散会でも、まだ未解決の問題について援助をもとめる要望が数多くだされました。そこには、各地に共通する一般的な問題もあれば、局地的な問題もありますが、これらの点については、こんごの中央の活動のなかで、昨年もやったような政策担当者の会議をひらくなど、いろいろな方法で具体化していきたいと考えています。しかし、みなさんも受身で中央の政策的援助を待つということではなく、すでにみなさんのもっている蓄積と全党の成果の蓄積とを武器にして、さらに政策活動の前進をはかっていただきたいと思います。

当面のいくつかの課題について

最後に、当面のいくつかの課題についてのべたいと思います。

第一は、学習の問題であります。第十一回党大会の決議は、第二十一項「党の思想的、政治的建設のかなめとしての学習・教育活動」についてのべたなかで、各級議員の学習の問題についてとくに強調しています。「国会議員をはじめ、政治の舞台で公然と党を代表して活動している各級の議員は、政策や理論の学習にとくに努力し、不断にその政治水準を高める必要がある」。これは、中央でも、地方でも、議会活動がわが党の政治活動全体にしめる重要な地位、また、大衆が共産党を見るとき、なによりもまず見るのが、その地域での議員の活動だということ、議員はいわば二十四時間、党を代表して大衆のあいだで活動しているわけですから、党の政策や党の理念などすべてにわたって大衆のあいだに宣伝し、啓蒙する第一線の宣伝家でもあるということ、そういう点から、中央は、とくに各級議員の学習を重視しているわけであります。

したがって、第十一回党大会の諸決定を自治体闘争に関係した部分だけではなく全体について学習することはもちろんですが、この大会決議が幹部の学習の問題として、「幹部の科学的分析力と政策能力、明確な総合的判断力をやしなうためには、党の重要論文、重要政策とともに、古典の学習、とくに哲学と経済学の学習を重視する」と書いていることもふくめて学習の課題にとりくんでもらいたいと思います。

第二に、この大会の決議が第十六項でのべている「議会活動の水準の引き上げ」の問題です。これはわが党の議会活動の水準を、党大会が要求している水準、いいかえれば、七〇年代に自治体の政治を民主勢力の側に転換させる仕事をやりとげるのにふさわしい水準、われわれ自身がその地方での政治や行政の実際のにない手になり、民主政治のまもり手になる、そういうことを達成するのにふさわしい水準にまで引き上げることです。

今回の全国研究集会もそのための努力の重要な一つでありますが、みなさんがこの会議の成果もおおいに活用して、こんごの活動のなかで、議会活動の水準の引き上げの問題にたえず系統的、意識的にとりくんでいただきたいと考えます。

第三の問題は、大衆運動へのとりくみの問題です。今日、公害問題をはじめ、大衆の無数の要求と運動が全国各地域でおこっていることは、分散会、分科会でくわしい報告がありました。なかでも公害問題は、全国いたるところで、都市と農村で例外なくおきており、文字どおりに全国的に共通した重要な政治課題になっています。

これらの大衆の要求と運動に各級の議員、あるいは議員候補が機敏に反応し、問題がおきればただちに実情の調査にあたり、大衆運動の発展を援助し、その要求を実現するたたかいの先頭にたつ、こういう機敏な活動がいま、なによりももとめられております。これは、わが党が方針としているだけではなく、広範な国民の期待でもあります。『エコノミスト』という雑誌がありますが、この雑誌が六月十六日号の「公害問題と野党の立場」という文章で、公害追放を現実化するためには、「住民を組織し、政策要求をかかげて突きあげる」野党の機能が重要だが、そういう点で有効な力を発揮しうるのは、野党四党のなかでも、組織力、行動力をもった共産党と公明党ではないかということを書いていました。

ここにも一定の反映がみられるように、いま共産党の活動にたいする大衆の期待はひじょうに大きくなってきている。公害問題でも、真にその根源をついた科学的で、住民の立場にたった政策をもつとともに、実際に地域に生きた組織をもち、いく百万、いく千万の住民と生きた結びつきをもって活動できる政党はだれかということを、多くの人びとが理解しはじめ、期待をつよめています。この期待にこたえるような活動、これを全党がやる必要がある。なかでもその先頭にたつ役割がわが党の議員団にあります。全国でわが党の地方議員の数は最近千七百名をこえました。この千七百名の地方議員が、ほんとうにそういう点で、全国的な統一した運動をいたるところの地域で連帯してすすめるならば、これが公害追放の運動の成否をきめる大きな力ともなりうることは、これはこの三日間の討論を通じても、われわれが力づよく確信できるところであります。

第四は、選挙に勝利する準備という問題であります。この点は基調報告でくわしくのべられていますので、それをくりかえすつもりはありません。ただ一つ指摘したいのは、選挙に勝利する準備の活動という場合、議員のみなさんが、自分が勝利することだけでその任務が終えると考えるわけにはゆかないという点であります。大会の報告のなかでも、決議のなかでも自治体の空白の克服という問題をひじょうに重視しています。市議会で、現在全国五百六十四の市のうち、だいたい四分の一が空白であります。町村の方へいくと、約二千七百ある町村のうち、二千近い町村が空白であります。

こういう空白の自治体を残しておかない、計画的にこの空白をつぶして、どの自治体議会でもわが党の議員が活動するようにすることは、わが党の政治的な影響力を全国にひろげるうえで、きわめて重要です。そういう見地から大会の決議は空白を克服する三カ年計画について提起したのです。空白克服のこうした活動では、すでに地方政治に現実の実績をもっている議員の同志の積極的な役割が重要です。

この課題もぜひみなさんの選挙準備の活動のプログラムに重要な部分として位置づけていただきたい。それから、来年の選挙は、参議院の選挙が全国区と地方区とある。いっせい地方選挙も、多くの場合都道府県の首長と議会、市町村の首長と議会と四段階にわたります。あわせると、多くの地域では六つの選挙をほぼ同時にたたかうわけで、この複数の選挙でともに躍進するようにたたかわなければなりません。直接自分のうけもっている段階だけではなしに、六段階の選挙のぜんぶで、効果的に前進できるように、そういう力を、すべての党組織、なかでも議員のみなさんが発揮してもらうという点が選挙の勝利のための活動として重要です。ぜひ、これらの課題を全体として、自分の任務として位置づけて、ただちに、それにむかっての前進を開始していただきたいと思います。

最後の問題は、当面の党建設の諸課題、八月十五日の幹部会の声明（「第十一回党大会を記念し、大会決定の学習と新入党者教育、党建設計画の作成、読者拡大・減紙克服の大運動をよびかける」）にこたえて、第十一回党大会以後の党建設の課題を急速に、やりとげるという問題であります。

第十一回党大会は、一般的にいえば、日本の国民のあいだでそれからまた日本の政治のなかで、共産党の政治的な比重を大きくたかめる役割をはたしました。いままでわが党にあまり関心をもたなかった層、共産党といえばそれこそ「なんでも反対」の党、「暴力政党」、「破壊的な政党」だと思いこんで毛ぎらいしていたような層にまで、第十一回党大会にいたるわれわれの活動や、第十一回党大会が公開され、テレビや一般の新聞を通じても、真剣に日本の人民の利益をまもる、新しい政治を追求する党の姿が国民にアピールされる、また、その後のジャーナリズムもいろいろな期待や関心をもってわが党の活動や主張をとりあげる、こういうことを通じて党にたいする新しい期待と関心がひじょうに大きくひろがっています。

このようにまじめに共産党を理解しようという声が、かってなくひろい層にあるとき、われわれの系統的な活動によって、この人たちを「赤旗」の読者として、あるいは党の支持者としてどれだけ定着できるか、これは大会が提起した一九七〇年代の課題を展望する場合、きわめて切実な重要な問題であります。ところが残念ながら、現状ではそうなっていない、反対に逆の現象が実際には生まれていて、機関紙の減紙がすすんでいるわけです。

今日の一つの特徴点は、党の影響力をひろげる有利な客観条件がつよまっているのに、その時期に、主としてわれわれの側の主体的な条件、たとえば党大会後の県党会議などの準備に手をとられるとか、いくつかの事情からこういう傾向が生まれているという点にあります。

このことは、われわれが必要なとりくみをやるならば、今日の減紙をかならず克服でき、さらに大会までに達成した成果を、いっそう大きく発展させうる条件は、客観的には全国的に存在している、ということをしめしているものです。しかし、わが党が必要なとりくみを積極的にやらないで、この傾向を克服できないまま放置するならば、客観的な条件は有利なのに、あとでたいへん大きな力を集中しなければのりこえられないような損失を、わが党の勢力にあたえる結果になる、そういう点も重視する必要があります。

ですから、党中央委員会幹部会は八月十五日の声明で、党大会後の状況をあきらかにし、大衆闘争や選挙の準備に総合的にとりくみながら、党建設の面で、①大会決定を全党員が読みきる、②党建設計画をいそいでつくる、③減紙を克服して読者拡大で前進をかちとるという三つの課題を提起し、確実にやりとげることを全党によびかけました。みなさんも十分ご承知のように、いまは、まさにこの課題にむかって、各地で、各県で全党が「旬間」などを独自に設けて、努力を集中しているさなかであります。

この全国研究集会は、ちょうどこの時期にひらかれることになりました。ここで党中央が、この集会をそういう状況のなかで、予定どおり開いたのは、第一に全国の自治体活動の発展という問題がそれだけの重要性をもつ重要な課題であるからでありますが、同時にまた、全国的な地方議員や自治体関係者が、この集会で今日の情勢と七〇年代の展望、党大会の方針についての十分な意思統一をおこない、確信をもって、各地方での活動にとりくむことが、当面する党建設の課題のうえでもかならず大きな成果をもたらすことを確信したからであります。

実際にこの集会の分科会、分散会でも、多くの議員のみなさんから、「赤旗」読者の拡大をはじめ党建設の諸課題に積極的にとりくみ、この三日間の損失をおぎなってあまりあるだけの活動をやり終えてこの集会に参加したという報告もききました。これはこの集会を終えてのみなさん全体の共通の気持ちだと思います。それだけにここで、みなさんが、今日の成果を、自治体活動の前進のために全面的にいかすと同時に、いま全党がとりくんでいるこの党建設の三つの課題の遂行、なかでも現在の減紙を克服し、大衆の期待にこたえるような読者や党勢の拡大をはかるという問題について、全党の活動の先頭にたって、さらに大きな活動をやられることを、最後に要望したいと思います。

七〇年代のわれわれの闘争の展望はきわめて大きなものがあります。そのなかで、自治体闘争、自治体活動は民主連合政府の基礎をつくる活動ともいうべき、きわめて重大な任務をになっており、われわれが全力をあげてこれにとりくむのにふさわしい、やりがいのある課題であります。みなさんが、この三日間の全国集会の成果をこの歴史的な重大な課題の実行に全面的にいかして、自治体活動の画期的な抜本的な改善をはかることを願いまして、わたしの報告を終わります。

（『議会と自治体』一九七〇年十一月臨時増刊号）

自治体活動《じちたいかつどう》と地方議会《ちほうぎかい》

2015年8月5日　初　版

編　者　『議会と自治体』編集部
発行者　田　所　　稔

郵便番号　151-0051　東京都渋谷区千駄ヶ谷4-25-6
発行所　株式会社　新　日　本　出　版　社
電話　03(3423)8402（営業）
03(3423)9323（編集）
info@shinnihon-net.co.jp
www.shinnihon-net.co.jp
振替番号　00130-0-13681
印刷・製本　光陽メディア

落丁・乱丁がありましたらおとりかえいたします。

ISBN978-4-406-05922-0　C0031　Printed in Japan